SYMBOLON
JAHRBUCH FÜR SYMBOLFORSCHUNG
NEUE FOLGE
BAND 11

SYMBOLON

JAHRBUCH FÜR SYMBOLFORSCHUNG

Neue Folge, Band 11

Herausgegeben von
PETER GERLITZ
Gesellschaft für wissenschaftliche
Symbolforschung e.V.

PETER LANG
Frankfurt am Main · Berlin · Bern · New York · Paris · Wien

Die Deutsche Bibliothek - CIP-Einheitsaufnahme

Symbolon : Jahrbuch für Symbolforschung. - Frankfurt am Main ; Bern ; New York ; Paris : Lang
  Erscheint unregelmäßig. - Früher im Verl. Wienand, Köln, danach im Verl. Brill, Köln. - Aufnahme nach N.F., Bd. 10 (1991)
  ISSN 0082-0660

N.F., Bd. 10 (1991) -
  Verl.-Wechsel-Anzeige

Entwurf des Schutzumschlages:
Prof. Heinrich Hussmann

ISSN 0082-0660
ISBN 3-631-46073-2
© Verlag Peter Lang GmbH,
Frankfurt am Main 1993
Alle Rechte vorbehalten.

Das Werk einschließlich aller seiner Teile ist urheberrechtlich geschützt. Jede Verwertung außerhalb der engen Grenzen des Urheberrechtsgesetzes ist ohne Zustimmung des Verlages unzulässig und strafbar. Das gilt insbesondere für Vervielfältigungen, Übersetzungen, Mikroverfilmungen und die Einspeicherung und Verarbeitung in elektronischen Systemen.

Satz: Unitext, Frankfurt/Main

Printed in Germany 1 3 4 5 6 7

INHALTSVERZEICHNIS

Hermann Jung
Symbole als Brücken zum Unerforschlichen. Manfred Lurker in memoriam — 7

Emmanuel Kennedy
Unsterblichkeit: Das Selbst als die post-mortale Belohnung — 11

Otto Betz
Die Jenseitsfahrt und ihre Spuren im Volksmärchen — 35

Joachim Gaus
Einführung — 49

Heinrich Beck
Die Lebensetappen als Trinitätssymbol — 53

Ernst Thomas Reimbold
Der Nachtweg der Sonne — 75

Ingeborg Clarus
Des Menschen und der Sonne Weg durch Nacht und Tod. Dargestellt an dem ägyptischen Buch "Amduat" — 89

Nikolitsa Georgopoulou
Die symbolische Triadik im kosmogonisch-anthropologischen Mythos des Hesiod — 121

Erwin Schadel
Methodische und Ontotriadische Überlegungen zur Zahlensymbolik — 137

Rezensionen — 159

Gedenken — 167

Biographische Angaben — 169

HERMANN JUNG

Symbole als Brücken zum Unerforschlichen

Manfred Lurker in memoriam

Selbst für seine näheren Freunde kam der Tod von Manfred Lurker am 11. Juni 1990 in Bühl (Baden) völlig überraschend. Wenige Tage zuvor saßen der Verleger Valentin Koerner und ich mit ihm zusammen in einem Lokal an der Badischen Weinstraße, einem Lieblingsplatz, wohin er seine Gäste stets einzuladen pflegte. Wir sprachen über Zukünftiges, über weitere schriftstellerische Projekte und Pläne. Mit großer Freude und innerer Zufriedenheit stellte uns Manfred Lurker sein neuestes Werk "Die Botschaft der Symbole" vor, dessen Erscheinen er fast mit Ungeduld erwartet hatte. Wer wie er die Dimensionen des Symbolischen in Jahrzehnten intensiven Arbeitens und Forschens wahrhaft er-lebt hat, wird wohl gespürt haben, daß dieses Buch zum *opus ultimum* bestimmt sein würde.

Mit Ernst Thomas Reimbold und Franz Vonessen gründete Manfred Lurker 1970 die "Gesellschaft für wissenschaftliche Symbolforschung" mit Sitz in Köln. Julius Schwabe hatte eine solche Institution bereits 1955 in Basel angeregt und betreut. Die zunächst von Schwabe, später von Reimbold herausgegebenen SYMBOLON-Jahrbücher trugen die Ergebnisse der hochrangigen Jahrestagungen in alle Welt. Manfred Lurker beteiligte sich immer wieder mit Vorträgen und Aufsätzen, die eine interdisziplinäre Zielsetzung und den Wissenschaftsanspruch der Gesellschaft mitgestalteten. Im "Salzburger Forschungskreis für Symbolik" war er von 1974-1986 zudem stellvertretender Vorsitzender.

"Was den im Aberglauben Befangenen als Tiefsinn, dem nur rational Denkenden als Unsinn erscheint, das ist dem 'Einsichtigen': Symbol. Das bedeutet, daß ein Symbol nicht für jeden Symbol sein muß, daß es andererseits aber in seinem Aussagewert auch nicht von der Einsicht einzelner Menschen abhängt. Die auf Synthese zielende symbolische Schau will und kann nicht das begrifflich-analytische Denken der Wissenschaft ersetzen, aber sie kann und muß es ergänzen. Wer die Welt mit der Vernunft allein begreifen will, wird nur einen Teil der Wirklichkeit erfassen und – um mit Goethe zu sprechen – nicht zu dem anderen vorstoßen, dem Unmeßbaren, Unsichtbaren, Unsagbaren, das überall noch dahintersteckt." (Welträtsel, hrsg. von G.-K. Kaltenbrunner, Freiburg 1988, S. 101)

Dieses in einer seiner letzten Arbeiten *Symbole als Brücken zum Unerforschlichen* formulierte Verständnis war ihm zugleich Lebensauftrag.

Geboren am 17. März 1928 im pfälzischen Zweibrücken, faszinierte bereits den Gymnasiasten in Graz wie später den für Grund-, Haupt- und Realschule ausgebildeten Pädagogen die Welt alter Kulturen, fremder Völker und Religionen, vorzugsweise Ägypten, Babylonien, Griechenland und China. Ein geplantes Universitätsstudium scheiterte an fehlenden finanziellen Mitteln. So studierte Lurker als begeisterungsfähiger Autodidakt Ägyptologie und Kunstgeschichte auf der Basis von Publikationen Hermann Kees', Siegfried Schotts, Josef Strzygowskis, Alfred Stanges und Karl Künstles. Als kunsthistorischer Führer von Kulturreisen sowie als Leiter von Arbeitsgemeinschaften und Seminaren in der Erwachsenenbildung konnte er sein so erworbenes Wissen weitergeben. Zwei bis heute gültige, in mehreren Auflagen erschienene Bücher dieser Jahre, *Symbol, Mythos und Legende in der Kunst* (1958) und *Der Baum in Glauben und Kunst* (1960), beide bei Valentin Koerner in Baden-Baden verlegt, hätten ihm zweifellos den damals wie heute durchaus denkbaren Sprung von der Pädagogik in die Wissenschaft ermöglichen können. Manfred Lurker beschritt jedoch ohne akademische Laufbahn und Graduierung in den nächsten drei Jahrzehnten einen anderen, einen doppelten Weg: als Pionier auf dem Gebiet der wissenschaftlichen Symbol- und Mythenforschung und als erfolgreich praktizierender Pädagoge und Fachseminarleiter für Deutsch und Geschichte.

Dreizehn selbständige Buchpublikationen Lurkers sind in zahlreichen Auflagen und Lizenzausgaben erschienen und in mehrere Sprachen übersetzt worden. Hier wie in den über dreißig Aufsätzen, Artikeln und weiteren Veröffentlichungen, bei denen er als Herausgeber fungierte, zeichnen sich drei erfolgreiche "Medien" ab: das griffige Handbuch mit enzyklopädischem Anspruch und umfassendem Informationscharakter, die mit Akribie betriebenen Einzeluntersuchungen und die für einen interdisziplinären Nutzerkreis gedachten und von diesem auch voll angenommenen Bibliographien.

Drei Werke seien stellvertretend genannt. Das *Wörterbuch der Symbolik* (Kroener-Verlag) konnte 1991 zwölf Jahre nach seinem ersten Erscheinen bereits die fünfte Auflage verzeichnen. *Die Botschaft der Symbole in Mythen, Kulturen und Religionen* (1990, Kösel-Verlag) darf als eine Summa seines Schaffens gelten. Die *Bibliographie zur Symbolik, Ikonographie und Mythologie* (Koerner-Verlag), 1968 von ihm als Internationales Referateorgan unter Mitarbeit zahlreicher renommierter Fachvertreter ins Leben gerufen, wird heute von zwei Herausgebern weitergeführt. Schließlich spiegeln die Beiträge einer *Festschrift*, die zum 60. Geburtstag von Manfred Lurker erschien (1988, Koerner-Verlag), in facettenreicher Vielfalt die Arbeitsgebiete zwischen Geistes- und Naturwissenschaft, in denen er sich heimisch fühlte.

Die Gesellschaft für wissenschaftliche Symbolforschung gedenkt mit diesem SYMBOLON-Band ihres Gründungsmitglieds, des Gelehrten und Forschers Manfred Lurker. Sein rastloser Pioniergeist und sein zwischen Wissenschaftlichkeit und praktischer Lebenserfahrung vermittelndes schriftstellerisches Werk wird uns ein verpflichtendes Erbe sein.

1.
Jenseitssymbolik

Referate
der Tagung vom 12. bis 14. April 1991

(Dominikanerkloster St. Albert, Walberberg bei Köln)

EMMANUEL KENNEDY

Unsterblichkeit: Das Selbst als die post-mortale Belohnung

Das menschliche Interesse an der Unsterblichkeit wäre schon längst erloschen, wenn diese Idee nicht in den tiefsten Schichten der Psyche verwurzelt wäre. Sie ist derart in unserer Seele verankert, daß wir ähnliche symbolische Muster in den verschiedenen Schöpfungen des menschlichen Geistes zu finden erwarten: in religiösen Lehren, metaphysischen und eschatologischen Aussagen, ethnologischen und parapsychologischen Befunden, mythologischen Auffassungen, alchemistischen Ideen, spontanen Phantasien, Visionen, Träumen, Todesliturgien, Jenseitsvorstellungen usw.

Die verschiedenen Ideen, Bilder und Darstellungen über das Leben nach dem Tode sollten jedoch *nicht* wörtlich oder *konkret* genommen werden. Sie müssen symbolisch verstanden werden – d.h. als unbekannte *psychische* Realitäten – wenn sie nicht ihre Wahrheit und ihre psychisch-*objektive* Wirklichkeit verlieren sollen. Denn die psychische Wirklichkeit ist vermutlich die einzige Wirklichkeit hinter solchen geistigen Manifestationen.

Es ist leicht zu verstehen, warum der durchschnittliche moderne Mensch dazu neigt, solche symbolischen irrationalen Realitäten als Unsinn oder Illusionen abzutun. Sie passen nämlich nicht in seine einseitige, rationalistische, materialistische, technologischorientierte Weltanschauung, die leider die Materie und den Körper ihrer innewohnenden Seele respektive des im Körper innewohnenden Geistes beraubt hat.

Nehmen wir zum Beispiel die archetypische Idee der Wiederherstellung, der Re-Konstitution oder Apokatastasis des "Leibes" nach dem Tode.

Bereits in den paläolithischen Zeiten hatte der Mensch den Leichnam für seine jenseitige Heimat mit Werkzeugen, Ornamenten oder sogar Eßwaren versorgt. Der frühere Mensch schien offensichtlich zu glauben, daß es nicht nur ein Weiterleben nach dem Tode gibt, sondern daß der Tote auch fähig sei, von diesen Gegenständen, die ins Grab gelegt wurden, Gebrauch zu machen. Die grundlegende intuitive Idee war, daß die Seele oder der Geist der toten Person seinen "Leib", d.h. einen Teil seiner irdischen Existenz, erhält.

Das alte Ägypten bietet eine ausführlichere Form der Wiederherstellung des "Körpers" des Verstorbenen, welcher öfters der "Wieder-Hergestellte" genannt wird. Einer der Zaubersprüche, die den Toten auf seine Reise ins Jenseits begleiten, befaßt sich damit, "die Seele in den Körper zurückzugewinnen."[1] Der Verstorbene, der mit dem Gott Osiris identisch ist und sich selbst so nennt, sagt: "Setz [Osiris'] Seele in seinem Körper [und] in seinem Herzen ein; versieh seine Seele mit seinem Körper [und] mit seinem Herzen."[2] Zauberspruch Nr. 148 beschäftigt sich sogar mit dem Wiederherstellen der Seele des Verstorbenen *auf Erden* und verspricht dem Verstorbenen "ihn für immer lebendig" zu erhalten. Gemäß dem Text tut der Verstorbene "was die Lebenden tun."[3]

In der Mythologie ist das Wiederbringungs- oder Wiederherstellungsmotiv symbolisch durch den Mythus ausgedrückt, nach dem der Held, wenn er aus dem Walfischbauch herauskommt, auch seine Eltern und all diejenigen, die vom Ungeheuer früher verschluckt worden sind, herausführt.[4] Dies ist das "allausschlüpfen" (FROBENIUS), die Wiederbringung aller Dinge, eine Idee, die im Neuen Testament als die *Apokatastasis* panton wiederkehrt.[5] Es ist die Wiederherstellung des ganzheitlichen Menschen und alles Vereinzelten zur ursprünglichen Ganzheit.[6]

Die wunderwirkende Erneuerung bzw. Wiedergebung der Seele und des Körpers zu ihrer ursprünglichen Ganzheit ist auch in der jüdisch-christlichen Tradition vorzufinden. Bei Jesaja lesen wir: Die "Toten werden leben, werden auferstehen; aufwachen, jubeln werden die Bewohner des Staubes."[7] Und gemäß dem Neuen Testament werden beim zweiten Erscheinen Christi alle Toten auferstehen. Ihr alter Körper wird irgendwie wieder hergestellt. Dieser neu produzierte Körper wird ein unvergänglicher geistiger Körper sein.[8]

Die Idee der Wiederherstellung des toten "Körpers", die prima materia, ist ziemlich ausführlich in der Alchemie zu finden. Das Hauptziel des alchemistischen Opus bestand darin, den unzerstörbaren lapis zu schaffen, jene inkorruptible Substanz bzw. Medizin der Unsterblichkeit (*pharmakon athanasias*), welche eben das Selbst bedeutet, den ewigen Teil der menschlichen Seele. Wie der Yogi mittels Meditation, stellt der Adept im alchemistischen Werk seinen eigenen Auferstehungsleib *schon zu Lebzeiten* her.[9] Die Alchemisten sahen ihr Opus als eine Art Apokatastasis, das Wiederherstellen eines ursprünglichen Ganzheitszustandes in einen eschatologischen. Dieser mystische Erneuerungsakt wurde in der Alchemie durch das Symbol des Uroboros ausgedrückt – die Schlange bzw. der Drache, der seinen eigenen Schwanz verschlingt. Dieser Serpens Mercurialis verschlingt und erneuert sich selbst. Der Uroboros stellt die prima materia des alchemistischen Prozesses dar, woraus der unsterbliche Stein der Weisen geboren wird. Psychologisch wäre der *lapis philosophorum* ein Symbol des Selbst, des ewigen unkorruptiblen Kernes unserer Persönlichkeit. Der Uroboros deutet auf den in der Dunkelheit der Seele stattfindenden natürlichen Prozeß der Umwandlung, des Todes und der Wiedergeburt hin. Es ist ein symbolisches Bild für jene selbst-wiederbelebende Kraft des Unbewußten. Daher auch die häufige Bezeichnung des Uroboros als "ewiges Leben" oder "göttliches Wasser" und seine Verbindung mit Ewigkeit.[10]

Unsere moderne Zeit bildet keine Ausnahme bezüglich der Apokatastasisvorstellung. Es gibt in Amerika einen neuen Trend, den man "Körper-Suspensierung" (body suspension) nennt. Tausende von Leuten haben Verträge mit Gesellschaften abgeschlossen, die garantieren, daß nach ihrem Tode ihre Körper eingefroren und während einiger hundert Jahre preserviert bleiben. Dann werden sie enteist und wiederbelebt, falls die Wissenschaft bis dahin soweit fortgeschritten ist. Man kann zwischen einer Ganz-Suspensierung oder einer Teil-Suspensierung wählen. Im ersten Fall wird der ganze Körper eingefroren. Nur das Herz wird durch ein künstliches ersetzt, das die Wiederbelebung nach einigen Jahrhunderten unterstützen soll. In der Teil-Suspensierung wird nur der Kopf eingefroren und in einem alchemistisch versiegelten Metallgefäß unter niedrigen Temperaturen aufbewahrt. Der Rest des Körpers wird kremiert. Wenn man bedenkt, daß der weitverbreitete Glaube herrscht, der Kopf sei der Sitz der Seele, dann würde diese moderne Einbalsamierung, die auf die Wiederherstellung des Körperlebens nach dem Tode zielt, auch einer archetypischen Idee entsprechen. Denn, so wie bei der ägyptischen Einbalsamierung (Taricheusis) die Grundidee ist, daß, wenn der Körper den Tod überlebt, warum nicht auch die distinktive Persönlichkeit, die Seele bzw. der Geist der Person? Mit anderen Worten, man hofft, die persönliche Identität eines Menschen nach dem Tode zu bewahren. Ob dies ein utopischer Traum oder ein starker Glaube an die allmächtige Wissenschaft ist, jedenfalls scheint das archetypische Unsterblichkeitsmotiv nicht gestorben zu sein, weder auf der bewußten Ebene und sicherlich, wie wir sehen werden, nicht auf der unbewußten Ebene.

In all diesen Fällen und mehreren Dutzend weiteren von anderen Epochen und Kulturen, die erwähnt werden können, herrscht die Idee vor, daß nach dem Tod eine Wiederbringung und eine Substanzialisierung der Seele oder des sogenannten "subtle body" des Toten stattfinden. So lesen wir im Lukas-Evangelium, daß Christus nach seinem Tod seinen Jüngern erschienen sei. Letztere gerieten "in Bestürzung und Furcht und meinten, einen Geist zu sehen. Und er sprach zu ihnen: Was seid ihr erschrocken, und warum steigen Bedenken in eurem Herzen auf? Sehet meine Hände und meine Füße, daß ich es selbst bin! Rühret mich an und sehet! Denn ein Geist hat nicht Fleisch und Bein, wie ihr seht, daß ich es habe ... Habt ihr etwas zu essen hier? Da reichten sie ihm ein Stück von einem gebratenen Fisch. Und er nahm es und aß vor ihren Augen."[11]

Was auch immer diese Wiederherstellung des Körpers nach dem Tod bedeutet, spiegelt dieses Phänomen einen zu Grunde liegenden *psychischen* Prozeß und eine *empirische* Erfahrung wider – eine Erfahrung, die vermutlich schon in diesem Leben stattfindet bzw. stattzufinden *beginnt* und sich nach dem Tode vollendet. Meine Vermutung ist, daß das post-mortale Ereignis der Wiederherstellung des Körpers ein Teil der Erfahrung der Auferstehung ist – ein Wieder-Erwecken zum Leben, zu einer psychisch-geistigen Form der post-mortalen Existenz.

Die Idee einer Verbindung zwischen der Wiederherstellung des Körpers und der Auferstehung wird auch vom Unbewußten in Träumen über Verstorbene bestätigt. Mehrere Monate nach dem Tod ihres Mannes hatte eine Frau folgenden Traum:

[Sie] sah ein Bild (Foto) eines von vielen Betten mit einem eisernen Gitter am Kopfende, um sich bei Schmerzen daran zu halten, um sie ertragen und erleichtern zu können. War Dennis (ihr Ehemann) in einem von diesen Betten, bevor er starb? Ist er immer noch hier? Das Bett ist leer. Zuerst dachte ich, "es ist ein Bild des Ortes seines Todeskampfes, die Stätte seiner Geburt und seines Todes". Ich schaue etwas näher, doch kann ich ihn nicht finden. Ich denke mir, "er ist auferstanden". Das nächste Foto zeigt Dennis, der "mit uns lebt und sich unter uns befindet". Er wird uns sprechend gezeigt und er ist wie ein Segen für jene, zu denen er spricht. Ich bin tief berührt von ihm. Der Schmerz der Liebe läßt mich laut schreien. Ich weine als ich ihn sehe. Er versichert mir, er lebe wieder und stehe unter uns.

Man kann kaum die Ähnlichkeit zwischen den beiden Fällen übersehen – Christus und Dennis. Was die transpsychische *Objektivität* des Ereignisses betrifft, so zeigt und sagt das Unbewußte schlicht und klar: "Es *ist* objektiv wirklich!" (Das Foto nämlich.) Selbstverständlich muß diese spezifische post-mortale Existenzform der auferstandenen Seele von Dennis auf einer psychisch-geistigen Ebene verstanden werden: Was vermutlich geschieht, ist eine "Entrealisierung" des Lebens oder der Energie des groben materiellen Körpers durch die Psyche. Dieses Leben des Körpers ändert sich allmählich oder geht in die nicht-inkarnierte Psyche über, die die post-mortale Existenzform darstellt. Es ist ein Prozeß der "Intensivierung" oder "Psychifizierung" des materiellen Körpers, des mortalen Menschen, des *Anthropos hylikos*.

Denn die Psyche ist laut C. G. JUNG "höchste *Intensität* auf kleinstem Raum."[12] Der verwandelte, verklärte Körper bzw. "subtle body" würde dann eine "Form von Psyche, die zwar noch körpernah wäre und noch eine gewisse minimale Masse und zeiträumliche Ausdehnung besäße, eine Erscheinungsweise, die allerdings nicht mehr physikalisch materiell im groben Wortsinn zu verstehen wäre."[13] Es ist die unverwesliche, inkorruptible oder "ewige" Psyche des Verstorbenen. Diese Psyche, auf Grund ihrer Zeit- und Raumlosigkeit, lebt weiter nach dem Auslöschen des irdischen Bewußtseins, nach dem Tod des physikalischen Menschen. Wie wir später sehen werden, vereinigt sich diese persönliche Psyche bzw. das individuelle Selbst mit dem archetypischen Selbst, dem *Anthropos teleios*, mit der Gottheit. Diese Wiedervereinigung der Seele des Verstorbenen mit der ursprünglichen psychischen Totalität geschieht allerdings nach einem sehr komplexen, drastischen Umwandlungsprozeß, der im Jenseits, d.h. im kollektiven Unbewußten, stattfindet. Wie der Traum über Dennis zeigt, ist dieser Prozeß ein Prozeß von Qual *und* Geburt, der Geburt der post-mortalen Seele.

Es ist also sehr wichtig, gleich am Anfang dieses Referats die Tatsache festzuhalten, daß die verschiedenen Jenseitsvorstellungen *symbolisch* verstanden werden müssen. Sie drücken unbekannte psychische Realitäten aus, die tief in der menschlichen Psyche verwurzelt sind. Die symbolischen Bilder wachsen spontan im seelischen Boden, ähnlich wie Samen von Pflanzen, "aus den nie erfundenen, sondern überall vorhandenen Voraussetzungen, die der menschlichen Natur eigentümlich sind."[14] Die absolute Wahrheit über lebenswichtige Mysterien und undurchschaubare Realitäten kann nicht in Büchern, wohl aber in der menschlichen Psyche gefunden werden[15], deren wesentlichste Prärogative in der Suche nach der Wahrheit liegen.

In keinem anderen Moment wird die Frage über das Leben nach dem Tode und der Unsterblichkeit derart akut gestellt, als wenn man sich in Gegenwart eines seinen letzten Atem aushauchenden geliebten Menschen befindet. Heimlich fragt man sich: Endet alles Leben mit dem Erlöschen des Bewußtseinslichtes? Verschwindet die persönliche Individualität *vollständig* nach dem Tode? Ist ein Teil von mir unsterblich? Werden all meine Taten, die Opfer, das Leiden und meine Liebe zu Menschen im Nichts vergehen? Sind alle Brücken zu weiteren Beziehungen mit den Lebenden *und* den Toten für immer abgebrochen? Werden sich die Toten wieder begegnen? Wenn ja, wie kann diese Verbindung verstanden werden? Was geschieht mit unseren Beziehungen zu Menschen, die wir lieben? Werde ich die Seelen all jener Menschen, welche ich haßte oder denen ich Unrecht in diesem Leben getan habe, wieder sehen und mit ihnen zusammensein?

Und natürlich hat sich der Mensch immer gefragt: Wie kann ich es wissen? Wie und wo kann ich es ausfindig machen? JUNGs hypothetische Antwort zur letzten Frage lautet, daß dies *durch Träume* möglich ist.[16] Denn Träume sind die unvoreingenommensten Produkte des Unbewußten, die reinsten Offenbarungen des innersten Teils unserer Seele, des Selbst. Träume kann man bekanntlich nicht manipulieren. Sie geschehen spontan und stehen außerhalb der Kontrolle unseres Ich-Bewußtseins. Ein Traum ist eine spontane psychische Manifestation, ein unabsichtliches, d.h. nicht bewußt bezwecktes, seelisches *Naturprodukt*.[17] Ich folge JUNGs Antwort und will das Thema von *innen*, von der inneren Welt des Traumes, angehen. Das ist das Mittel, durch das die wissenden Geister der Toten mit den Lebenden kommunizieren. Ich lasse das Unbewußte – die Quelle allen Wissens – über die Unsterblichkeit und über die Möglichkeit eines post-mortalen Lebens sprechen.

Ich werde eine besondere Kategorie von Träumen verwenden, die ich "metapsychische" oder "transpsychisch-objektive" Träume nenne.

Unter "metapsychischen" Träumen verstehe ich einen Traum, in dem das Bild einer toten Person erscheint und einen objektiven Charakter hat. Das will heißen, daß die Figur des Verstorbenen im Traum nicht einen *subjektiven* Aspekt der Persönlichkeit des Träumers darstellt, sondern sich auf die konkrete tote Person, auf ihre post-mortale Seele oder ihren Geist bezieht. Demnach sind diese Träume *metapsychisch* im Sinne, daß sie auf eine metapsychische jenseitige Realität hinweisen – d.h. eine Realität jenseits der rein persönlichen psychischen Sphäre des Träumers. Sie sind von numinoser Art, mit einer lebendigen, kristall-klaren, "fotographischen" Objektivität. Viele Träumer beschreiben diese Objektivität als die "einzig *wirkliche* Realität." Diese Träume enthalten wertvolle Hinweise und werfen etwas Licht in die scheinbar psychophysische Transformation und in die *Entwicklung* der individuellen Seele nach dem Tode. Mit anderen Worten, sie enthüllen etwas über des Menschen post-mortale *psychische* Existenz, die wahrscheinlich die einzig vorstellbare Existenz nach dem Tode zu sein scheint. Wie JUNG in seinem Buch "Erinnerungen, Träume, Gedanken" im Kapitel "Über das Leben nach dem Tode", erklärt:

> Wenn wir annehmen, daß es «dort» weitergeht, so können wir uns keine andere Existenz denken als eine psychische; denn das Leben der Psyche bedarf keines Raumes und keiner Zeit. Die psychische Existenz, vor allem die inneren Bilder, liefern den Stoff für alle mythischen Spekulationen über eine Existenz im Jenseits, und diese stelle ich mir als ein Fortschreiten in der Bilderwelt vor. So könnte die Psyche jene Existenz sein, in der sich das «Jenseits» oder das «Totenland» befindet. Das Unbewußte und das «Totenland» sind in dieser Hinsicht Synonyma.[18]

Ganz besonders der moderne Mensch hat große Schwierigkeiten, an ein Leben nach dem Tode zu glauben, und dies auf Grund der Tatsache, daß "wir uns zu Lebzeiten fast völlig mit unserem Körper identifizieren. Unser ganzes Gefühl von Ich-Identität ist mit dem Körper verbunden."[19] Als Resultat davon wird die Frage nach dem Tode und nach dem, was nachher geschieht, bei vielen von uns *mit Angst verbunden*, mit schlaflosen Nächten und erschreckenden Träumen.

Die Dinge sehen anders aus, wenn wir die Tatsache akzeptieren, daß es außer dem Körper, außer *physischer* Realität, auch eine *psychische* Realität gibt. Diese Realität steht zwischen den unbekannten Essenzen von Geist und Materie und wird direkt durch die spontane Herstellung von inneren Bildern erlebt. Mit anderen Worten, in dieser Arbeit wird vorausgesetzt, daß zusätzlich zum Körper auch eine Psyche besteht, die im Raume nicht richtig zu lokalisieren ist,[20] und daß zusätzlich zu unserem begrenzten Ich-Bewußtsein auch ein Reichtum von dynamischem *unbewußtem* Leben in uns, in unserem Körper existiert.

Im Buddhismus würde dies der Idee der Existenz eines "Astral"- oder "Diamant-Leibes" entsprechen – einer anderen Form des sublimierten, des verklärten und auferstandenen Körpers. Dieser individuell geprägte "subtle body" wird während unserer Lebzeiten hergestellt und überlebt vermutlich das Ende unserer physischen Existenz. Psychologisch stellt der "subtle body" jenen Teil des kollektiven Unbewußten dar, den der Einzelne von der Unbewußtheit exstrahiert, ins Bewußtsein erhoben und in sein ganzes Wesen integriert hat.

In der Alchemie äußert sich die Idee der Existenz der Seele, indem der Adept akzeptiert, daß die "Materie" oder der tote Körper Geist hat, der von der dunklen unreinen *prima materia* oder *massa confusa* extrahiert werden muß – psychologisch vom Unbewußten. Durch die mühsame Bearbeitung der ursprünglichen Materie, aus welcher die Wundergeburt erfolgt, versuchten die Alchemisten Gold bzw. den unsichtbaren, unzerstörbaren Stein der Philosophen zu erzeugen. Der *lapis philosophorum* war gleichzeitig eine heilwirkende Substanz und das Agens der Unsterblichkeit (*cibus immortalis*). Der Stein oder lapis ist im Menschen drinnen, von Gott erschaffen, und wird vom Menschen entwickelt. Man könnte unter dem Verfahren der Extraktion des lapis aus der *prima materia* "leicht die Bewußtmachung eines unbewußten Inhalts verstehen".[21] Psychologisch betrachtet, wäre der lapis ein Symbol des Selbst, der inneren psychischen Totalität. Er wird als ein Teil des Unbewußten bewußt gemacht und im Bewußtsein fixiert, im Rest der Persönlichkeit assimiliert. Diese Erweiterung und psychische Entfaltung der Persönlichkeit gleicht symbolisch dem Aufgehen des Schwanzes eines Pfaus oder dem Aufgehen der Sonne – beides bekannte Auferstehungssymbole. JUNG dazu: "Was im 'psychischen' Sinne die alchemistische Transmutation zum Golde ist, das bewirkt im moralischen Sinne die Selbsterkenntnis,"[22] welche eine Wiedervereinigung der Seele mit dem Mensch-Gott, dem Theanthropos bedeutet. In der Tat wird der Mensch selber zum ganzheitlichen "großen Menschen", zum "homo maximus" oder Anthropos, das heißt zum Selbst. Damit übereinstimmend sagt HIPPOLYTUS in seinem Elenchos: "Und du bist Gott geworden ... als unsterblicher erzeugt. Das ist das 'Erkenne dich selbst', nämlich indem du den Gott erkennst."[23] Selbsterkenntnis ist also gleichzeitig Erkenntnis des Göttlichen. So sagt zum Beispiel schon OLYMPIODOR: "Wenn du ... dich selbst erkennst, so wirst du auch den wahrhaften einen Gott erkennen."[24] An was eigentlich die Alchemisten in einem viel tieferen Sinn interessiert waren, war die *Herstellung einer Beziehung zwischen Gott und der Seele*. Denn die menschliche Seele hat in sich die Gabe, sich der Möglichkeit einer Beziehung zur Gottheit bewußt zu sein, "das heißt eine Entsprechung zum Wesen Gottes ... sonst könnte ein Zusammenhang nie zustande kommen. Diese Entsprechung ist, psychologisch formuliert, der *Archetypus des Gottesbildes*."[25] Wie wir sehen werden, scheint es als ob das, was jeder Mensch in seinem jetzigen Leben von dieser inneren psychischen Instanz integriert hat, die Seele nach dem biologischen Tod begleitet. *Unsere post-mortale Belohnung ist das Selbst, die psychische Ganzheit.*

Der Ursprung des geheimnisvollen opus alchymicum – ein psychophysischer Prozeß, der den sterblichen Körper in ein lebendes Wesen verwandelt, rührt hauptsächlich aus Ägypten her. Die Idee der Alchemisten, das *corpus glorificationis* und das *pharmakon athanasias* zu erzeugen, wird von ägyptischen Einbalsamierungsbräuchen hergeleitet. So wie der Anubispriester mittels chemischer Verfahren, mittels Gebeten und verschiedenen Ritualen versucht, die Leiche des Königs in ein unsterbliches Wesen zu verwandeln, in der Tat in einen Gott, so versuchten die Alchemisten, durch chemische Operationen, das vergängliche Silber- und Kupfermetall in unverwesbare Materie, nämlich Gold, zu verwandeln. Die Alchemisten nannten sogar ihre chemische Prozedur Taricheusis, das heißt Mumifizierung.

Was die alten Ägypter wirklich bei ihrem Mumifizierungsprozeß bewerkstelligen wollten, war ein ewiger Körper, ein Auferstehungskörper, so daß die einzigartige Identität der verstorbenen Person beibehalten werden konnte. Die Ägypter glaubten daran und zielten *konkret* darauf, die ewige Aufbewahrung und Auferstehung der lebendigen Seele, sowie auch die endgültige Vereinigung des Toten mit dem Sonnengott herbeizuführen.

Bevor dies aber geschehen könnte, müßte sich der Verstorbene verschiedener Prüfungen und einem Reinigungs- und Transformationsprozeß in der "anderen Welt" unterziehen. Dies würde bedeuten, daß die psychische Entwicklung der Seele, die die Ägypter auf den im mumifizierten Leichnam und im Grabe stattgefundenen Prozeß projizierten, sich nach dem Tode fortsetzt, sich jenseits des Grabes vollendet. Die Ägypter schufen somit die ausführlichste und kompletteste "Metathanatologie" – d.h. ein komplexes System von Vorstellungen und Ideen, die sich mit der Seele und deren Schicksal nach dem Tode befassen.

In moderner psychologischer Sprache würden wir sagen, daß beide – der ägyptische Priester und der Alchemist – das Unbewußte und den Individuationsprozeß auf den Leichnam bzw. auf die *prima materia* projizierten. Sie übertrugen auf die Mumie und auf die Retorte, worin die Wandlung stattfand, den inneren Prozeß der psychischen Reifung, der Selbstwerdung. Demnach sind, zusammen mit metapsychischen Träumen, alchemistische Abhandlungen und ägyptische Todesliturgien reiche Informationsquellen für das Studieren dessen, was man als die Wissenschaft der "Psycho-metathanatologie" – das Erforschen des post-mortalen Lebens der Seele – nennen könnte.

Nach dieser sehr langen, jedoch notwendigen Einführung, komme ich jetzt zu meinem Thema: "Unsterblichkeit: Das Selbst als die post-mortale Belohnung, des Menschen kostbarster Schatz."

Wie bereits ersichtlich, ist der Zweck meines Referats nicht so sehr, zu zeigen, *daß* ein Teil des Menschen unsterblich ist, sondern *welcher* Teil vom Menschen den physischen Tod überleben und dadurch unsterblich werden kann. Dieses Referat ist ein sehr kleiner Teil eines unfertigen Forschungsprojektes über "Die Alchemie des Todes: Analyse und Interpretation von Träumen bezüglich der Existenz der Seele nach dem Tode." Das Projekt basiert auf über 2000 mit dem Tod zusammenhängenden Träumen, die gegenwärtig gemäß den Ideen und psychologischen Befunden von C. G. JUNG untersucht und gedeutet werden. Ich trete daher an das Thema der Jenseitssymbolik und der Unsterblichkeit vom Standpunkt der Analytischen Psychologie heran, die eine Psychologie des Unbewußten ist. Als solche interessiert sich die Analytische Psychologie mehr für den tieferen inneren Kern des Menschen, das Selbst, und nicht so sehr für die ephemerische, vergängliche Persönlichkeit. Letztere ist wie die vorübergehende Blüte des unterirdischen Rhizoms.[26]

Das Selbst repräsentiert den wichtigsten Archetypus des "kollektiven Unbewußten" bzw. der "objektiven Psyche" im Gegensatz zum "persönlichen Unbewußten" oder zum Bewußtsein, dessen Zentrum das Ich ist. Das Selbst ist die innere, größere Persönlichkeit, die psychische Totalität, die beides, das Bewußtsein wie auch das Unbewußte umschließt. Dieser grundlegende *psychische* Bestandteil ist das Allgemeingut der ganzen Menschheit, der Nährboden *und* das Ziel der ganzen Existenz. Seine Essenz ist unzerstörbar und verkörpert daher das Ewige im Menschen. Dieses absolute geistige Prinzip wird als das "Göttliche" in der eigenen Seele empfunden.

JUNG bezeichnete diese zentrale Einheit als das Selbst, um es vom Ich, das nur das einschließt, was wir über uns wissen und wovon wir uns bewußt sind, zu unterscheiden. Allgemein gesehen, ist die Entwicklung und das Verstärken des Ich die Hauptaufgabe der ersten Lebenshälfte; während in der zweiten Lebenshälfte die Aufgabe darin besteht, das Selbst zu verwirklichen – d.h. sich darüber bewußt zu werden, damit in eine Beziehung zu treten, es zu entwickeln, es möglichst zu vollenden. Weil es unbekannte Komponenten einschließt – d.h. uns *und* sich selbst zum größten Teil unbewußt ist – kann das Selbst nicht vollständig mit dem Verstand und menschlichem Verstehen begriffen werden; es kann auch nicht direkt erforscht werden. Es kann uns nur indirekt durch seine Wirkungen, seine Manifestationen bekannt gemacht werden. Demnach ist das Selbst von transzendentaler Natur in dem Sinne, daß es im Grunde genommen irrepräsentabel und nur durch Bilder und Symbole wahrnehmbar ist. Letztere sind per definitionem der bestmögliche Ausdruck eines grundsätzlich unbekannten psychischen Tatbestandes.

Einige der häufigsten symbolischen Darstellungen des Selbst, wie sie in Träumen, Visionen, unbewußten Phantasien, Mythen, Malereien, religiösen Ritualen und anderen spontanen Manifestationen der menschlichen Seele erscheinen, sind: eine numinose Gestalt, von der eine Ausstrahlung von Frieden, Liebe oder auch Chaos und Zerstörung ausgeht; eine Gottheit, ein Gott oder eine Göttin; die Figur einer übergeordneten oder idealen Persönlichkeit, wie zum Beispiel ein König, ein Held, eine alte weise Frau, die Jungfrau Maria; das Bild eines außergewöhnlichen Kindes, der Erlöser; ein Ganzheitssymbol, wie der Kreis, eine erleuchtete Kugel, eine Mandala, eine Quaternität; eine goldene Blume, eine rote Rose, eine gigantische Statue, eine Stadt im Zentrum einer Wüste, eine Burg am Gipfel eines Berges usw. Erlebnisse dieser inneren *objektiven* Ganzheit sind häufig mit einem Gefühl der Ewigkeit, oder mit dem Gefühl der Unsterblichwerdung oder mit dem Gefühl, mit der ganzen Welt in Liebe eins zu sein, verbunden. Die Erfahrung des Selbst ist ein natürlicher Prozeß, der sich in uns allen ereignet, ob wir uns dessen bewußt sind oder nicht. Denn jedes Wesen strebt nach Vollständigkeit, nach Ganzheit.

Im alten Olympia befand sich das Heroengrab des Pelops, und außerdem noch das "Grab eines unbekannten Heroen", welches einen mandala-ähnlichen Grundriß hatte – einen quadrierten Kreis. Dieses Symbol stellt bekanntlich das Selbst, den *filius sapientiae* dar.[27] In ihrem Buch "Die Visionen des Niklaus von Flüe" schreibt M.-L. von FRANZ:

> Wenn ein archaisches Heroengrab einen Mandalagrundriß aufweist, so scheint dies anzudeuten, daß der dort verehrte Tote für die ihn umgebenden Menschen das Symbol eines vollständigeren und bewußteren Menschen darstellt, der im Individuationsprozeß weiter fortgeschritten war und deshalb die Ahnung eines größeren, vollständigeren Menschseins übermittelte. Ja ein solcher Toter schien annähernd das Göttliche der menschlichen Seele verkörpert und durch Einswerdung mit dem göttlichen inneren Sinn Ewigkeit erlangt zu haben.[28]

Das Selbst ist die umfassende größere Persönlichkeit, die ständig nach Differenzierung und Verwirklichung im Leben des Einzelnen strebt. Des Menschen höchste Aufgabe, das Ziel der Individuation, besteht aus ständigen Versuchen des Menschen, diese in den Tiefen seiner unbewußten Psyche verborgene, übergeordnete Entität zu befreien und zu assimilieren.

Wie wir sehen werden, ist das, was den physischen Tod überlebt, jener Aspekt des Selbst, den wir aus der dunklen Tiefe unserer Seele extrahieren konnten, uns bewußt machten und in unsere ganze Persönlichkeit integrierten. In diesem Licht gesehen, ist der Mensch nicht nur ein potentieller Träger, sondern auch ein *Schöpfer* dieses heilenden Steines, des *Anthropos pneumatikos*, welcher dadurch gekennzeichnet ist, daß er Selbst- und Gotteskenntnis sucht,[29] und dadurch ein Stück Ewigkeit gewinnt. Ich bin sogar der Überzeugung, daß der Grad unserer Bewußtmachung dieser ewigen göttlichen Energiequelle unser *ganzes* Schicksal beeinflußt, das diesseitige wie auch das jenseitige. Der Wert unseres Lebens hängt vom Grad unserer Integration dieser unbewußten Ganzheit ab. Was wir mit uns ins Jenseits nehmen, ist das ewige Selbst, der "lebendige Stein", der alchemistische lapis – ein Symbol der Unsterblichkeit. Die Inkorruptibilität des lapis zeigt sich auch in der archetypischen Idee, daß der Körper eines Heiligen sich in einen Stein verwandelt. Da die Entwicklung der Persönlichkeit und des inneren geistigen Menschen die schwerste und wertvollste Aufgabe ist, ist auch der Gewinn unermeßlich: des Menschen höchster Schatz und höchste post-mortale Belohnung scheint das Selbst – d.h. das Gottesbild – zu sein.

Unser Ariadne-Faden wird der Traum eines Mannes sein, den wir Matthäus nennen wollen. Er träumte ihn fünf Wochen nach dem Tod eines seiner besten Freunde namens

Julian. Julian starb an Krebs, als er sich gut in der zweiten Lebenshälfte befand. Dieser Traum war der neunte einer Serie von 15 metapsychischen Träumen bezüglich Julian nach dessen Tod. Diese Träume schilderten Vorgänge einer psycho-physischen, "alchemistischen" Transformation von Julians Seele nach seinem Tod. Sie reflektierten das Geheimnis des *opus divinum*, des Individuationsprozesses, der offensichtlich in einer unsichtbaren geistigen Welt außerhalb des irdischen Bewußtseins seinen Abschluß findet. Hier ist der Traum:

> Ich watete von einem Schiff zum Ufer. Als ich das Ufer erreicht hatte, sah ich ein großes schloßähnliches Haus oben auf dem Hügel über mir. Ich war voller Freude, denn ich wußte, daß mein Freund Julian dort war und auf mich wartete. Als ich mich dann näherte, erkannte ich das Haus, denn vor dem Haus stand die Selbst-Pflanze, die Julian und mir gehörte und die nun außerordentlich hoch war. Ich rannte den Hügel hinauf, zu der Pflanze und zum Haus.

Lassen Sie uns nun den Traum von Matthäus auf der transpsychisch-"objektiven" Ebene deuten. Wenn man diesen Traum von der post-mortalen Perspektive betiteln würde, dann könnte man ihm leicht den Titel "Ein Besuch im Jenseits" geben. Im Traum wandert ein Teil von Matthäus' träumender Seele durch tiefe Schluchten des Unbewußten (der Ozean) und erreicht ein Land, wo vermutlich der tote Julian wohnt. Die Idee, daß das Land der Toten jenseits einer Schwelle liegt, die gewöhnlich von der Welt des Bewußtseins und der Lebenden durch das Bild eines Flusses, eines Meeres oder Ozeans getrennt wird, ist eine archetypische Idee.

Man denkt zum Beispiel an den Fluß Acheron, oder die Gewässer von Styx im Hades, oder den Fluß Okeanus, hinter dem das Elysium liegt.

In den ägyptischen Unterweltdarstellungen überqueren die Toten unterirdische Flüsse, sie treiben durch die sogenannten Ur-Gewässer, sie schwimmen durch feurige Seen mit feuerspuckenden Reptilien, sie überqueren Nu (den himmlischen Ozean) auf der Sonnenbarke auf dem Weg zum Anu – dem Himmelwohnsitz der Gesegneten. In verschiedenen Grabdarstellungen wird die Sonnenbarke von Gottheiten begleitet und/oder unterstützt. Dies würde darauf hindeuten, daß die der Psyche innewohnenden göttlichen Kräfte, die wir in unser Leben zu integrieren vermochten, unserer post-mortalen Seele in ihrem Unterweltübergang helfen.

Das archetypische Motiv der Wasserschwelle und des Seelentransitus kommt auch im Islamischen Totenbuch vor. Die Brücke *Sirat*, heißt es, liegt über *Hohannam* (dem Höllenfeuer) und schwankt "wie ein Schiff in einem ungestümen Sturm auf dem Meer."[30] Jenen post-mortalen Seelen, die Angst haben, die Brücke zu überqueren, wird der Engel *Jibril* die Moscheen, in welchen sie zu beten pflegten, "in der Gestalt von Schiffen bringen. Dann werden sie diese besteigen und *Sirat* überqueren."[31] Dies deutet darauf hin, daß, so wie in diesem Leben, das, was dem Menschen bei der Überwindung seiner Angst auf seiner jenseitigen Reise hilft, der von ihm geschaffene *Temenos* ist – d.h. die innere Behausung, worin der religiöse Geist wohnt. Unsere Bestrebungen, mit dem Selbst zu kommunizieren und uns damit zu vereinigen (dies wäre das Beten in der Kirche), werden zu Schiffen umgewandelt, worauf unsere Seele durch das Höllenfeuer (psychologisch wäre die Hölle psychische Tortur), durch das Feuer der Umwandlung und der Wiedergeburt hindurchgeht.

Das Bild der Reise durch die Unterwelt mit Hilfe eines Schiffes, bevor die Seele die "andere Seite" und/oder den endgültigen Bestimmungsort erreicht, erscheint auch in Todes- und metapsychischen Träumen. Hier sind drei Beispiele:

Ein Sohn, welcher neben dem Spitalbett seines Vaters saß, hatte folgende hypnagogische Vision kurz vor dem Tod des Vaters:

Ich sah meinen Vater als einen Vikinger-König. Sein Körper lag auf einem Schiff, und das Schiff war ins Meer hinausgestoßen.

Dieses Bild erinnert an die ägyptische Sonnenbarke (mit der Mumie des Verstorbenen und verschiedenen Gottheiten) auf dem Weg zum "Großen Haus im Himmel", zur Sphäre des kollektiven Unbewußten, der ursprünglichen Ganzheit. Es ist bemerkenswert, daß der sterbende Vater skandinavischer Herkunft und nach Amerika ausgewandert war. Im Traum des Sohnes ist der Vater ein *Vikinger*-König! Psychologisch ist der König, unter anderem, eine Manifestation des Selbst.[32] Es scheint also, als ob der Vater des Träumers den königlichen, d.h. archetypisch transpersönlichen Geist integriert und ihn *mit sich* ins Jenseits als die Trophäe seines Lebenswerkes mitgenommen habe.

Einige Zeit nach dem Tod seines Vaters träumte ein Mann:

Ich bin mit meinem Vater zusammen. Er teilte mir mit, daß er eine Schiffsfahrt stromaufwärts unternehmen werde. Vater nahm mich zu einem Landungssteg mit und zeigte mir ein neues Paddelboot, indem er sagte, er habe es selber gebaut.

Bemerkenswert ist die Mitteilung, daß der Vater das Boot *selber* gebaut hat – d.h. das Mittel, seine Seele stromaufwärts zu navigieren. Dies deutet darauf hin, daß wir uns *aktiv* an unserer Entwicklung nach dem Tod beteiligen. So wie in diesem Leben passieren uns Dinge im Jenseits, die durch das Selbst – das Schicksal – herbeigebracht sind, während andere Dinge vom Bewußtsein, von uns selber bestimmt werden.

Gemäß den Aussagen des Sohnes besaß der Vater, als er lebte, gar kein Talent, kein Interesse, überhaupt keine Geschicklichkeit, um ein Boot zu bauen. Dies würde andeuten, daß wir nach dem Tod an jenen "Dingen" in uns arbeiten, die wir vernachlässigt, verdrängt oder nicht genügend entwickelt haben. Diese psychische Tatsache trifft man auch bei verschiedenen metathanatologischen Vorstellungen an. Sie entsprechen somit einem archetypischen Muster im kollektiven Unbewußten.

Folgender Traum geschah nach dem Tod von David, einem Freud des Träumers:

Im Traum schlafe ich. Ich wache durch den Ruf von jemandem auf. Es ist eine männliche Stimme. Es ist dunkel überall. Ich strenge mich an, durch die Dunkelheit zu sehen. Es wird klarer mit der Zeit, und ich kann einen Mann sehen. Ich habe das Gefühl, es ist David. Er ist in einem Boot zusammen mit anderen Leuten. Sie lächeln und scheinen glücklich zu sein. Das Boot nähert sich und bewegt sich aufwärts. Da ich während dieses Traumes bewußt bin, habe ich das Gefühl, daß David mit mir kommuniziert, und daß er auf eine andere Stufe avanciert, oder vielleicht auf eine Wiedergeburt.

Die Dunkelheit weist darauf hin, daß diese metapsychische Begegnung in den tiefsten Schichten der unbewußten Psyche stattfindet. Das ganze Ereignis wird als ein Wieder-Aufwachen vom Traum erlebt, ein Wieder-Aufwachen zu einer anderen Bewußtseinsstufe. Etwas ähnliches scheint auch das post-mortale Schicksal von David zu beinhalten – vielleicht sogar eine Art Wiedergeburt.

Die Idee der Wiedergeburt nach dem Überqueren der heilenden Gewässer des Unbewußten wurde am eindrücklichsten durch die Ägypter ausgedrückt. Und zwar, im Bild, in dem die Sonnenbarke durch eine große Schlange fährt, im Schwanz ein- und im Mund austritt. Bei diesem Vorgang geschieht eine Umwandlung: Der Tote tritt als ein alter Mensch ein und kommt als Baby heraus. Psychologisch symbolisiert die Schlange die tiefsten Schichten des kollektiven Unbewußten, wo die Umwandlung und die Verjüngung geschieht. Andere Darstellungen zeigen die verstorbene Person als Baby eingehüllt in eine Sonne bzw. die Sonne als Baby ist eingehüllt in einem *Uroboros*. Das ganze weist offensichtlich auf einen post-mortalen Vorgang der *Solifikatio* hin. Das Mandala-ähnliche Bild des *Uroboros*, bzw. das Bild der die strahlende umgewandelte Seele des Verstorbenen umhüllenden Sonne, zeigt, daß es die göttliche Ganzheit ist, welche unsere inkorruptible post-mortale Quintessenz, den *filius regius* der Alchemie, schützt. Der alte Körper stirbt, aber die zweimal geborene Seele des Menschen bleibt mittels der Sonne, mittels dem universellen kreativen Geist, erhalten. Das sichtbare körperliche Leben löst sich in der Erde auf, aber der unsichtbare innere, geistige Mensch hat, so JUNG, "seine Herkunft und seine Zukunft im Urbild der Ganzheit, im ewigen Vater, wie der Mythus der christlichen Heilsgeschichte lautet."[33]

In beiden Träumen wandert die Seele des Verstorbenen, wie Matthäus' träumende Seele, durch "Gewässer" – ein häufig auftretendes Symbol für den Bereich des Unbewußten. Dies würde darauf hindeuten, daß der Tod, wie der Schlaf, ein *Transitus* ist, ein Übergang und ein Eintauchen, oder vielmehr ein Durchgang durch die dunklen psychoiden Schichten der objektiven Psyche, wo vermutlich die Wandlung, die Wiederbelebung und die Heilung stattfinden.[34]

Im letzten Traum bewegt sich das Boot nach oben – "stromaufwärts". Auch im Traum von Matthäus liegt das zentrale Bild (das schloßähnliche Haus mit der Selbst-Pflanze) *hoch oben auf dem Hügel*. Dies deutet an, daß das Erlangen des Individuationsziels ein graduelles Hinaufsteigen zu höheren geistigen Ebenen ist.

Gemäß islamischen Jenseitsdarstellungen liegt das Haus der Toten nicht auf einem Hügel, sondern weiter oben, auf einem *Berg*, unter dem der Fluß *Salsabil* fließt – einer der Paradiesflüsse. Jene, welche von diesem Fluß trinken, fliegen während eintausend Jahren, bis sie das Schloß erreichen, in dem es Betten zum Ausruhen gibt. Im Schloß ereignen sich wundersame Dinge. Später fliegen die Seelen der Verstorbenen erneut während eintausend Jahren, bis sie endlich den Sitz der Wahrhaftigkeit und Unsterblichkeit erreichen.[35] Der Berg entspricht wie der Hügel einem intensiven Bewußtsein, das bis zur Sonne, die ein archetypisches *göttliches* Bewußtseinsprinzip darstellt, erreicht. Der Berg ist gewöhnlich die Sphäre der Manifestation des Göttlichen. Auch in der Alchemie ist der Berg der geheimnisvolle Ort, wo die Erneuerung und Geburt des lapis geschieht.[36] In manchen alchemistischen Bildern liegt das End-ziel des opus auf der Spitze eines Berges oder im Inneren hoch oben auf seinem Gipfel.

In ägyptischen Todes- und Unterweltdarstellungen führt die Aufwärtsbewegung der Seele sogar viel höher, bis zum *Himmel* hinauf. Irgendwann in seiner außerweltlichen Reise besteigt der Verstorbene eine Leiter, um *Anu* (den Himmel) und das Große Haus des Re (des Sonnengottes) zu erreichen,[37], wo die ewigen *Bau* und *Kuh* (die Herz-Seelen und Geist-Seelen) wohnen. Dort findet vermutlich, neben anderen Dingen, das große Urteil (eine Art Jüngstes Gericht) in den geheimen Räumen des Osiris statt.[38]

Das Leiter- oder Treppenhausmotiv, das den Aufstieg der Seele darstellt, ist eine archetypische Idee und wird häufig in Todesträumen und auch metpsychischen Träumen angetroffen. Zum Beispiel, kurz vor ihrem Märtyrertod soll Perpetua folgende Traum-Vision gehabt haben:

Ich erblickte eine gigantische Messingleiter, die zum Himmel reichte ... und ich stieg ganz hinauf. Und ich erblickte einen großen Garten, und in seiner Mitte saß ein großer, weißbärtiger Mann in einem Schäferkleid, welcher Schafe melkte und von tausenden weißgekleideten Menschen umgeben war. Und er hob den Kopf, schaute mich an und sagte: "Es ist gut, daß du gekommen bist."[39]

Marie-Louise von FRANZ bespricht und interpretiert diesen Traum ausführlich in ihrem Buch "Die Passio Perpetua".

Vier Monate nach dem Tod ihrer Mutter hatte eine junge Frau diesen Traum:

Ich sah eine auf dem Boden und gegen ein offenes viereckiges Dachfenster liegende Leiter. Meine Mutter stieg die Sprossen hinauf, ihr Kopf verschwand durch das Decklicht, und als sie weiter hinauf kletterte, verschwand allmählich der Rest ihres Körpers. Ich verstand dies so, daß sie das "Grenzland" durchquert und die "andere Seite" heil erreicht hatte.

Acht Monate nach dem Tod ihres Bruders (er starb an Krebs) träumte eine Frau folgendes:

Ich lebte immer noch mit meiner Familie, als mein Bruder starb. Ich schrieb in mein Tagebuch: "Eine schöne und reine Seele ist am heutigen Tag in den Himmel eingetreten." Dort war überall ein strahlendes Licht.

Das Licht ist wahrscheinlich die Seele des verstorbenen Bruders, welcher die Erleuchtung erlangt hat. Hier erinnere ich mich an die Worte Christi: "Selig sind, die reinen Herzens sind; denn sie werden Gott schauen.[40] Und: "Dann werden die Gerechten im Reich ihres Vaters leuchten wie die Sonne. Wer Ohren hat, der höre!"[41]

Das Leiter- oder Treppenhausmotiv erschien auch im Traum einer Frau nach dem Tod eines jungen Freundes, welcher an einem Gewehrschuß gestorben war:

Mein Freund erschien am obersten Ende eines brennenden schmalen Treppenaufganges. Er sagte: "Die Leute denken, ich habe mich selbst erschossen. Das spielt keine Rolle. Schließe die Türe nicht!" (die Türe am obersten Ende der Treppe)

So wie die Geburt ist unser Individuationsprozeß (der "Treppenaufgang") und unser Tod ein individuelles Schicksal, das mit etwas Geheimnisvollem umwoben, von archetypischen Mächten bestimmt ist. Von der post-mortalen Perspektive her interpretiert, könnte sich das Bild des brennenden Treppenaufganges mit dem Verstorbenen am Ende desselben, auf den post-mortalen Prozeß der Sublimierung und Vergeistigung des "Körpers" beziehen.

Die Bemerkung vom Geist des Verstorbenen – bevor er in eine höhere, spirituellere Dimension verschwand – "Schließe die Türe nicht!" – könnte der Träumerin empfehlen: "Breche die Verbindung mit den himmlischen Sphären nicht; nähre deine Beziehung mit den göttlichen Kräften in dir; lasse den Zugang zum kollektiven Unbewußten offen, so daß du im konstanten Kontakt mit dem Selbst bist. Denn vom Selbst hängt unser ganzes Leben ab!" *Das* ist das Ziel und des Lebens größte Aufgabe.

Es scheint also, daß nach der Reise durch die dunkle Unterwelt – d.h. durch die chthonischen, instinktiven, psychoiden Schichten der unbewußten Psyche – die post-mortale Seele zu immer höheren und höheren Stufen ihrer psychisch-geistigen Entwicklung steigt, bis sie die Sphäre des universellen kreativen Geistes und das Haus des Sonnengottes erreicht. In unserem paradigmatischen Traum wird das Haus des Selbst symbolisch durch das schloßähnliche Haus dargestellt – ein Bild, dem wir jetzt unsere Aufmerksamkeit schenken sollen.

Wie JUNG öfters hervorgehoben hat, sind Bilder wie das große Haus auf einem Hügel oder Berg, ein gut befestigtes Schloß, eine Zitadelle oder eine Festung in der Wüste, eine Stadt oder ein Tempel in einem Hohlraum, ein domähnliches Gebäude in der Mitte, ein goldenes wohlbewehrtes Schloß im Zentrum, eine allein stehende Bergquelle, eine von Steinen umkreiste Bergkapelle usw. *Mandalasymbole*, die die Ganzheit, die innere Befestigung bedeuten. Sie sind Ausdruck des Selbst, des Zentrums. Das Mandala, schreibt JUNG, ist "der Ausdruck für alle Wege. Es ist der Weg zur Mitte, zur Individuation" und "der Keim des unsterblichen Körpers".[42] Diese Symbole stellen psychologisch das Selbst, die psychische Ganzheit und die innere Einheit, das Prinzip und den Archetypus der Orientierung und des Sinns dar.[43] Diese symbolischen Bilder enthüllen die Idee, daß das endgültige Ziel des psychischen opus des Menschen (dessen Vollendung anscheinend *nach* dem Tod stattfindet) das Selbst, die Quelle höheren Bewußtseins, ist.

Eine häufige symbolische Darstellung des Hauses des Selbst in metapsychischen Träumen ist jene eines "Herrenhauses" von großer Schönheit und Reichtum. Hier ist ein Beispiel von einer Frau, welche fünf Jahre nach dem Tod ihrer Großmutter mütterlicherseits, mit welcher sie in einer engen und positiven Beziehung gestanden hatte, folgendes träumte:

<small>Ich stand draußen vor einem mächtigen Herrenhaus ... Treppen führten zu ihm hinauf. Die Türen öffneten sich für mich, und ich trat ein. Ich bemerkte dort alle Leute. Alle schlenderten herum, besuchten einander, redeten, aßen und tranken. Sie befanden sich auf verschiedenen Ebenen, kamen und gingen, verließen jedoch das Gebäude nicht. Alle waren glücklich und friedlich. Keine Konflikte. Es war der *Himmel*. Ich "wußte", daß alle gestorben waren und dorthin kamen. Ich stand immer noch im Treppen-</small>

haus, als Jesus durch die Menge ging. Ich *sah* ihn nicht, ich *fühlte* seine Gegenwart. Sie bestärkte und bestätigte den Frieden und die ausstrahlende Fröhlichkeit ... Alsdann befand ich mich hinter einer Säule versteckt, denn ich wollte nicht entdeckt werden. Ich erblickte meine Großmutter an einem Tisch. Sie war glücklich und gesund und sah wie 60 aus (meine beste Erinnerung an sie).

Dieser Traum zeigt wunderschön, daß die Vereinigung mit dem Selbst – verkörpert hier durch das strahlende Christusbild – das höchste Lebensziel und die post-mortale Belohnung ist. Bezüglich der Tatsache, daß die Enkelin Zeuge eines Momentes im Himmel wurde, so denke ich hier an die Worte Jesu: "Wahrlich, ich sage euch: Unter denen, die hier stehen, sind einige, die den Tod nicht schmecken werden, bis sie den Menschensohn mit seiner Königsherrschaft haben kommen sehen."[44]

Das Bild der am Tisch sitzenden glücklich und gesund aussehenden Großmutter in diesem himmlischen Haus erinnert an den "Tisch der Unsterblichkeit" im islamischen Totenbuch.[45] Dieser Tisch ist vermutlich die letzte Station des psycho-physischen Wandlungsprozesses nach dem Tode, und wird erreicht, *nachdem* die Seele des Verstorbenen das göttliche Schloß verlassen hat. In ihrem Buch "Aurora Consurgens" und beim Besprechen der psychologischen und metapsychischen Bedeutung des "Schatzhauses, das sich die Weisheit auf dem Felsen erbaute", schreibt Marie-Louise von FRANZ: "In diesen Bildern drückt sich die *Hoffnung auf ein Leben nach dem Tode* aus. Die Erfahrung des Selbst bringt tatsächlich infolge der relativen Raum- und Zeitlosigkeit des Archetypus oft ein Gefühl von Unsterblichkeit mit sich."[46] Man darf nicht übersehen, schreibt sie an einer anderen Stelle, daß die *Fixatio* oder Inkarnation des geistig konzipierten Inhaltes – in unserem Fall das wohlbefestigte Schloß auf dem Hügel – als eine Realisierung des Archetypus des Selbst aufgefaßt werden dürfte. Die *Fixatio* findet im *Jenseits* statt, "d.h. im Unbewußten; denn sowohl das Schatzhaus der Weisheit, wie das himmlische Jerusalem und die 'Wohnungen des Vaters' sind 'nicht von dieser Welt'."[47] Es wird angenommen, daß der Autor der Aurora Consurgens (vermutlich der hl. THOMAS VON AQUIN) den Text "in einem seltsam unbewußten, ergriffenen Zustand" geschrieben hatte; "vielleicht handelt es sich um einen dem Tode nahen Zustand."[48]

Das Unbewußte ist unerschöpflich in der Wahl seiner symbolischen Bilder, die das Haus des archetypischen Selbst darstellen sollen. Hier nochmals ein Beispiel:

Sieben Monate nach dem Tod ihres Mannes, welcher Selbstmord begangen hatte, träumte eine Frau folgendes (es war der dritte einer Serie von sechs metapsychischen Träumen):

Ich sitze mit meinem Mann auf einem Lastkraftwagen der städtischen Elektrizitätskraftanlagen, wo er zu Lebzeiten arbeitete. Wir fuhren in die Garage, die nicht der Kraftanlage, sondern einer anderen Firma gehörte – einer Fabrik für elektrische Lichter. Ich weiß nicht, warum ich dort war. Mein Mann kam von der Arbeit zurück. Ich fragte ihn, ob er seine neue Stelle lieber habe. Er antwortete, daß er wirklich glücklich sei, dort zu arbeiten. Es sei nie vorher so schön gewesen.

Sollte die Ehefrau mit dem Gedanken zu Bett gegangen sein, "wie traurig und unglücklich" ihr Mann "dort drüben" sein könnte, so scheint dieser Traum ihr das

Gegenteil sagen zu wollen. In der Tat ist er glücklicher als früher, denn er ist zu einer höheren Stellung aufgestiegen, er arbeitet jetzt im Haus des Selbst – des Generators des geistigen supranaturalen Lichtes,[49] das psychologisch das ewige individuelle Selbst in jedem Menschen darstellt. Gemäß der klassischen alchemistischen Anschauung wird der lapis aus Mond *und* Sonne erzeugt. In der Offenbarung des Johannes strömt das spirituelle Licht aus dem heiligen Jerusalem heraus:

> Und er entrückte mich im Geist auf einen großen und hohen Berg und zeigte mir die heilige Stadt Jerusalem, wie sie von Gott her aus dem Himmel herabkam im Besitz der Herrlichkeit Gottes. Ihre Leuchte ist gleich dem kostbarsten Edelstein, wie ein kristallheller Jaspis ... Und die Stadt ist reines Gold ... Der Lichtglanz Gottes erleuchtet sie, und ihre Leuchte ist das Lamm.[50]

In unserem Traum ist das Haus Gottes eine "elektrische Lichtfabrik", d.h. eine Stätte, wo verschiedene Arten von Bewußtsein erzeugt werden, die Quelle von strahlenden Licht-Seelen sozusagen. Dieser metapsychische Traum, wie hundert ähnliche Träume deutet an, daß die Herstellung und Vollendung des "subtle body", des spirituelleren Teils unserer Seele, *nach* dem Tode geschieht.

Das Haus des Selbst wird nicht immer als ein abgeschlossenes, wohlbewehrtes Gebäude gezeigt, sondern es kann auch andere Formen annehmen: zum Beispiel ein gigantisches sich bewegendes Podium oder Wortex, auf dem Verstorbene sitzen, oder ein immenser Musik-Registrierapparat, auf dem der Tote nach Musik von Bach tanzt, als eine erhöhte Plattform mit einem Thron oder eine Insel mit einem riesigen Baum im Zentrum mit den Toten auf oder unter ihm, ein riesengroßes grünes Haus mit dem Siegeskreuz auf ihm, ein großer Garten mit einem Springbrunnen in der Mitte, eine große Stadt, ein riesengroßes Erholungsheim oder Spital, große Räume mit unterirdischen Grüften usw.

Die vorgehenden Beispiele deuten darauf hin, daß das Leben nicht mit dem Ende unserer physischen Existenz und dem Auslöschen des Ich-Bewußtseins aufhört, sondern daß unser Geist oder unsere Seele weiter existiert und sich psychisch entwickelt. Die psychische Entwicklung besteht aus einem graduellen Streben, die leuchtende Stätte des Selbst zu erreichen, dort zu dienen und sich mit dem heilenden Archetypus des Selbst zu vereinen.

Was wir in diesem Leben vom Archetypus des Selbst integriert haben, wird zum *Temenos*, der unseren Geist und unsere Seele im jenseitigen Leben enthält.

Dieses göttliche Haus wird das unzerstörbare Schloß der Seele, wo etwas größeres wohnt, nämlich Christus, das Licht der Welt, das Gottesbild selbst. Julians schloßähnliches Haus, ähnlich wie das biblische Schatzhaus der Weisheit, ist das Haus Gottes, wo Julians Seele verweilt, und wo er vermutlich weiteren Behandlungen unterzogen wird. Dies ging aus späteren metapsychischen Träumen von Julians Sohn über seinen Verstorbenen Vater hervor. Dieses Haus stellt die persönliche Grundlage der geistig gefestigten Persönlichkeit dar; es ist der lebendige Stein und das Fundament, das Julian für sich in diesem Leben gebaut, d.h. verwirklicht hat. Es ist die Verkörperung der jeweiligen unbewußten geistigen Ganzheit, die Julian vom kollektiven Unbewußten extrahiert und in seiner ganzen Persönlichkeit gefestigt hatte. Denn der Bau des Schatzhauses, meint VON FRANZ, stellt die Coagulation des Lapis dar.[51] Die Idee des gefestigten bzw. coagulierten Teils der Seele, den der Verstorbene mit sich nimmt, und der das post-mortale Schicksal der Seele bestimmt, wird auf naivste aber profundeste Art und Weise von den alten Ägyptern ausgedrückt beim Ritual des "Wägens des Herzens" mit der Feder einer Göttin. Psychologisch bedeutet dies: Der Wert unserer Seelen-Herzen hängt von unseren geistigen Errungenschaften der Gottheit und der Weisheit Gottes gegenüber ab.

Wie schon darauf hingewiesen, stellt das Schatzhaus den Ort dar, wo das Gottesbild selbst offenbart wird und wo der Heilige Geist sich konkret manifestiert. Dies würde bedeuten, daß der Prozeß der Selbstverwirklichung – eine Idee, der JUNG so sehr hingegeben war – nicht nur eine *Vergeistigung* oder Sublimierung des Körpers, sondern auch eine Materialisierung, Konkretisierung oder *Somatisierung* des Geistes hervorbringt. Dies scheint der tiefere Sinn des alchemistischen Prozesses gewesen zu sein[52], und es ist genau das, was in der menschlichen Psyche geschieht. Von dieser Auffassung ausgehend, versteht sich der tiefere Sinn der Individuation als eine *Inkarnation Gottes*.[53]

Zusammenfassend könnte man sagen, daß das schloßähnliche Haus auf dem Felsen eine Form des "Himmelreichs" wäre; es stellt eine Auskristallisierung des Selbst im Jenseits, im Unbewußten, dar.[54] Ähnlich wie der lapis ist dieses Haus der Träger des Menschen moralischer und geistiger Aspirationen. Die verfestigten Aspekte des Selbst begleiten offensichtlich die Seele des Verstorbenen auf der pneumatischen Ebene im Jenseits.

Nach den Bildern der Überfahrt des Ozeans, des Aufstiegs der Seele und des Schloßhauses auf dem Berg kommen wir nun zum letzten Bild des Traumes von Matthäus, nämlich zu dem Baum. Dieses Symbol, zu dem Matthäus' "Selbst-Pflanze" assoziierte, bezieht sich auf einen früheren Traum, den Matthäus drei Monate vor Julians Tod hatte:

> Auf der Seite eines Hügels stand eine bemerkenswerte Pflanze, ganz anders als je in der Pflanzenwelt, nicht so sehr in ihrem Aussehen, wohl aber in der Qualität ihrer Blätter. Ihr Stengel war hoch und röhrenförmig, die Blätter an der Spitze waren breit und rauh. Wir wußten aber, daß die Blätter eine neue Art von Material erzeugen, das die Bekleidungsproduktion revolutionieren würde, da es beinahe unzerstörbar wäre und nie gereinigt werden müßte. Die Pflanze gehörte Julian und mir, warum aber war nicht klar. Wir haben sie vielleicht gepflanzt, wir haben sie vielleicht entdeckt, oder sie wuchs auf einem Boden, der uns beiden gehörte. In jedem Fall repräsentierte diese Pflanze ein großes zukünftiges Vermögen, einen zukünftigen Reichtum.
> Ich rief Julian, er möge doch kommen und sehen, wie enorm die Pflanze gewachsen sei, seit wir sie das letzte Mal angeschaut hätten. Er kam aus dem Haus, an dessen Vorderseite die Pflanze wuchs. Sie war jetzt etwa sechs oder sieben Meter hoch und wuchs stündlich. Jemand schätzte, daß das Material von der Pflanze einen astronomischen Wert habe.

Der Kern beider Träume ist, daß die Selbst-Pflanze bereits *vor* Julians Tod existierte, und daß sie *nach* seinem Tod weiter besteht.

Die Idee des Lebensbaumes, der hier auf Erden *und* im Jenseits wächst, ist ein archetypisches Motiv. Hier folgen einige Beispiele.

Im alten Ägypten erhielten die Seelen der Verstorbenen ewiges Leben vom Lebensbaum, der auch der große Himmelsbaum genannt wurde. Diese zugrundeliegende Verbindung zwischen dem vegetativen Leben und der Unsterblichkeit wurde von den Ägyptern mannigfaltig ausgedrückt. So zeigen verschiedene Darstellungen Samen und Knollen, die aus der Mumie herauswachsen; die Toten verwandeln sich in eine Lilie; der Kopf eines Verstorbenen erhebt sich aus einem blühenden Lotus; der Tote steht vor Osiris mit seiner Lotusblume gegen den Gott gerichtet. Letzteres deutet darauf hin, daß das, was der Richter der Toten zu sehen wünscht, vermutlich unsere persönlich angebaute "Frucht" oder "Blume" ist. Beide sind bekannte Symbole des Selbst. *Das* ist unsere Trophäe. Anders ausgedrückt: Unsere Identitätskarte im Jenseits ist das Selbst.

In der christlichen Tradition treffen wir den Baum der Erkenntnis im Paradies[55] und auch den ewigen Baum des Lebens mit seinen unsterblichen Früchten.[56] Die Blätter dieses Lebensbaums – so heißt es in der Offenbarung – sind Platz der ewigen Ruhe für diejenigen, "die ihre Kleider waschen, damit sie ... durch die Tore in die Stadt eingehen."[57] Psychologisch betrachtet, bedeutet das Waschen der Kleider den Prozeß der Bewußtwerdung, in dem die Dunkelheit unseres Unbewußten überwunden wird.

Die Pflanze spielt auch eine zentrale Rolle in der Alchemie. Der ganze Opus alchymicum, der psychologisch den Individuationsprozeß – d.h. die Verwirklichung des Selbst – symbolisiert, wurde als der "philosophische Baum" bezeichnet. Das natürliche Wachstum der lebenden Psyche und des vegetativen Lebens wurde somit in enge Beziehung – allerdings auf eine projizierte Form – gebracht. Die Äste des *Arbor philosophorum* repräsentierten die verschiedenen Phasen des alchemistischen Prozesses, und die goldenen Blätter bzw. die goldene Blüte war das End-Resultat, woraus die Nahrung der Unsterblichkeit gewonnen wurde. Der Baum war in der Tat identisch mit dem lapis – der inkorruptiblen ewig lebenden Lebenssubstanz. Eine der vielen Bezeichnungen von lapis war daher die "Saphirblüte"[58] oder die "Frucht", die "nicht ins Feuer geworfen wird", sondern "in eine Scheune gebracht wird."[59] Die Frucht ist natürlich der Mensch, der sich bewährt und die Einheit Gott-Mensch erlangt hat. Ein anderes Synonym des lapis, der eben den inneren, ganzheitlichen Menschen bedeutet, war deshalb "frumentum nostrum" (unser Getreide).[60] "Obschon die Alchemisten immer wieder das Sterben des Weizenkorns in der Erde betonen, ist der Stein trotz seiner Samennatur 'unverweslich'. Er stellt, wie der Mensch, ein ewiges und zugleich immer sterbliches Wesen dar."[61] Ähnlich wie im Johannes-Evangelium: "Wenn das Weizenkorn nicht in die Erde fällt und erstirbt, bleibt es allein; wenn es aber erstirbt, trägt es viel Frucht."[62]

Die vorgehenden Beschreibungen deuten an, daß die Pflanze oder der Baum das psycho-spirituelle Werk der Erlangung von Einheit und Ganzheit in unserer Seele symbolisiert. Die Pflanze stellt unser konstantes Streben nach immer höherem und höherem Bewußtsein, nach Selbstkenntnis dar.

Im Traum von Matthäus wird dies durch die Tatsache angedeutet, daß die Selbst-Pflanze *hoch oben* auf dem Hügel steht. Auch der philosophische Baum wächst hauptsächlich auf einem Hügel bzw. auf der Spitze eines Berges. So erwähnt die "Practica Mariae Prophetissae", daß die Wunderpflanze auf Hügeln wachse ("crescens super monticulis"); und im arabischen Traktat des OSTANES heißt es, daß es eine Pflanze sei, die auf den Spitzen von Bergen wächst.[63]

Die Verbindung zwischen dem Lebensbaum, Unsterblichkeit und einem hochgelegenen Platz hat eine psychologische Bedeutung: Die Selbst-Pflanze stellt die innere Persönlichkeit, das Selbst, dar, welches auch die post-mortale Seele ist.[64] Diese Seele bedient sich des Symbols des Baumes für ihr Hinaufsteigen zum Himmel. Die *hohe Ebene* würde demnach auf eine Erhöhung und Intensivierung von psychischer Energie, auf einen Vergeistigungsprozeß der Seele hinweisen. Träume deuten an, daß – ähnlich wie beim Baum, der aus der unsichtbaren unterirdischen und ätherischen Welt wächst – je mehr unbewußte Inhalte ein Mensch in seinem Leben integriert hat, je substantieller seine Seele wird und, dementsprechend, je höher sie reicht – um so größer der Wert dieser Seele ist. Die sublimierte psychische Energie – d.h. unbewußte psychische Inhalte, die im Licht des Bewußtseins erhoben worden sind, und die in der Tiefe der Seele frei wirkende göttliche Substanz, die wir integriert haben –, diese bewußt gewordene psychische Energie wird zur treibenden Kraft sozusagen für die endgültige Vereinigung der Seele mit dem archetypischen Selbst, der Gottheit.

Unsere Belohnung nach dem Tod ist jener Teil des undifferenzierten, unbewußten göttlichen Geistes, den wir vom kollektiven Unbewußten extrahiert und in unserem Leben assimiliert haben. Die Alchemisten sagten deshalb: "Des Menschen höchste Aufgabe ist, Gott von der Materie zu befreien." Der "göttliche große Mensch" oder "Lichtmensch", welcher in der Tiefe der Seele jedes Menschen ist, muß, schreibt VON FRANZ, "aus seiner Gefangenschaft im Stoff und in der Dunkelheit befreit werden", "ein Werk, durch das der Befreier zugleich Unsterblichkeit" erlangt.[65] Dies wird beides mittels menschlichem bewußten Bemühen *und* durch Gnade. Denn selbst die Gottheit scheint ungeheuer daran interessiert zu sein, aus dem Zustand der Dunkelheit, der Unbewußtheit, befreit zu werden. Denn beide, Mensch und Gott, profitieren davon. Jeder hilft bei der Vollendung des anderen.[66]

Die Idee, daß unsere Bewußtwerdungsbemühungen unterschwellig auch der Gottheit bei deren Vollendung helfen – diese psychologische Tatsache –, spiegelt sich auch wider in unserem paradigmatischen Trauma, in dem es heißt, daß die Selbst-Pflanze von Julian und Matthäus vor dem Haus des Selbst steht. Es ist, als ob diese wertvolle Pflanze das Haus der Gottheit schmücken wolle. Dies drückt aus, daß durch unsere Bemühungen, die unbewußte Ganzheit von Unbewußtheit zu erheben und uns so viel wie möglich geistig zu entwickeln, wir unserer eigenen individuellen Existenz Sinn zu geben und gleichzeitig das archetypische kosmische Selbst zu bereichern. Unsere persönliche Selbst-Pflanze schmückt später das Haus des Herrn.

Anders ausgedrückt: Wenn wir individuieren, helfen wir gleichzeitig bei der Individuation der objektiven Psyche bei ihrer Vollendung und Glorifizierung. Gleichzeitig helfen wir auch bei der Individuation des Selbst, des *spiritus rector* der objektiven Psyche.[67] Die Realisierung und Visualisierung desselben (d.h. des Selbst) ist wie ein "Fenster" zur Ewigkeit. In einer anderen Sprache ausgedrückt: Unsere Liebe für unsere Seele verwandelt sich in Nahrung für den inneren Christus, der ebenso als Berg wie als Baum allegorisiert wird.⁶⁸ Z.B. spricht GREGORIUS MAGNUS von Christus als "fruchttragendem Baum, der in unseren Herzen herangezogen werden soll."⁶⁹

Eine interessante Amplifikation ist, daß der philosophische Baum oft in einem privaten Garten der seligen Insel wächst. Diese alchemistische Vorstellung entspricht gänzlich der Mitteilung des Traumes von Matthäus, daß die Selbst-Pflanze sowohl Matthäus und Julian gehörte und gleichzeitig auch im Jenseits zu finden ist. Dies deutet an, daß unsere geistigen Errungenschaften hier auf der Erde eine mittelbare Wirkung auf den jenseitigen Garten haben, wo der Samen für jede individuelle Seele wächst. Unsere Bestrebungen und Taten werden auf der "anderen Seite" sorgfältig registriert. Letztere Tatsache entspricht auch der biblischen Vorstellung vom Leben nach dem Tode. Das, was wir innerlich vereinigen und im jetzigen Leben verfestigen, wird uns im anderen Leben zurückgegeben; das, was wir jetzt vom Unbewußten befreien, wartet auf uns "da drüben".

Julians Selbst-Pflanze würde also das sublimierte Selbst, die vergeistigte Essenz seiner Seele darstellen. Sie ist ein Symbol seiner eigenen psychischen, jetzt ins Jenseits verpflanzten, auf der "anderen Seite" *für ewig verwirklichten Ganzheit*. Dies würde heißen, daß die individuell-realisierte transzendentale Quintessenz unseres Seins den physischen Tod überlebt. Das Ziel unserer Individuation, das wahre ewige Selbst, liegt im Jenseits, im Unbewußten. Das Selbst, das aus unseren Bemühungen, im irdischen Leben ein Stück Ganzheit zu erlangen, geboren wird, wartet auf uns im anderen Leben.

Ungefähr ein Jahr vor seinem Tod hatte JUNG einen Traum, in dem er auf der anderen Seite des Sees eine Replik seines Turmes in Bollingen sah. In ihrer unübertrefflichen JUNG-Biographie berichtet Barbara HANNAH:

> Er sah das "andere Bollingen" in einen goldenen Lichtglanz getaucht, und eine Stimme sagte ihm, daß es nun fertig und zum Einzug bereit sei.⁷⁰

Wie man weiß, bedeutete für JUNG der diesseitige Turm in Bollingen psychische Reifung, eine Konkretisierung seines Individuationsprozesses. Er war ein Symbol seines wahren Selbst und wahren Lebens – eines Lebens, dessen Geschichte die Selbstverwirklichung des Unbewußten war.⁷¹

In den ersten Nächten, als VON FRANZ allein in ihrem eigenen Turm, ebenfalls in Bollingen, war, träumte sie von einem identischen Turm im Jenseits. In einem Filminterview sagte sie: "Dies bedeutet, daß dieser Turm nur ein irdisches Bild einer ewigen Idee ist. Das Selbst, die größere Persönlichkeit – denn der Turm *ist* ein Symbol des Selbst – gehört zum Jenseits ... Der wahre Turm steht auf der anderen Welt."

Eine interessante Information ist, daß Julians Selbst-Pflanze außerordentlich hoch gewachsen war. Diese Mitteilung weist auf den geheimnisvollen Prozeß einer Vermehrung (*augmentatio*) der Essenz der Seele nach dem Tode hin. Dies ist auch eine archetypische Vorstellung, d.h. eine psychische Tatsache.

Man denke zum Beispiel an ägyptische Bilder, in denen aus der Mumie, die den post-mortalen geistigen "subtle body" darstellt, hoher Weizen wächst. Für die Ägypter bedeutete Weizen Auferstehung.

Die Augmentation der Seele findet man auch in der Alchemie, in der Idee der *Multiplicatio* des lapis, der psychologisch eine symbolische Antizipation des Selbst darstellt. Gerhard DORNEUS' Idee des Caelums bietet ein Beispiel dafür. Das Caelum ist die gesuchte himmlische Substanz, die innere Einheit. Es ist ein "lebender Stein" (λίθος ἔμψυχος) ein "Stein, der Pneuma hat".[72] Nebst seiner Inkorruptibilität, seiner Universalität, seiner heilenden und göttlichen Natur, wird vor allem seine Fähigkeit betont, sich zu multiplizieren, zu augmentieren. Im Mysterium Coniunctionis schreibt JUNG über das Caelum, DORNEUS' Äquivalent vom lapis: "Er dauert lange und ewig; er ist, obschon lebend, doch unbewegt; er strahlt magische Kraft aus und wandelt Vergängliches in Unvergängliches und Unreines in Reines; er ergänzt und *vermehrt sich selber*."[73]

Das Caelum bzw. der lapis *vermehrt sich selber*! Zahlreiche metapsychische Träume weisen darauf hin, daß die Idee der *Multiplicatio* mit der Auferstehung der Seele zu tun hat. Träume besagen auch, daß der post-mortale Akt der Auferstehung im lapis drinnen, im "subtle body" geschieht.

Es würde die Länge und die Absicht dieses Vortrags sprengen, andere Beispiele der engen Verbindung zwischen Multiplicatio und Auferstehung zu bringen. So bleiben wir beim Traum mit der Selbst-Pflanze, die "stündlich wächst", d.h. sich in einer wundersamen supranaturalen Weise multipliziert.

Sollte es eine solche Apotheosis wie jene einer *Auferstehung innerhalb des Selbst* geben, dann könnte der Bezug auf die Multiplicatio der Selbst-Pflanze und deren außergewöhnliche "Frucht" (das wertvolle Blätterwerk) eine Anspielung und Antizipation eines solchen vitalen Ereignisses in *Julians* Fall sein. Ich betone Julian, denn ich glaube, daß *nicht* jede diesseitige bzw. post-mortale Seele immer das Stadium der Auferstehung erreicht.

Es wurde angekündigt im Traum, daß die Pflanze einen sehr beträchtlichen *zukünftigen* Reichtum darstelle. Da Julian drei Monate nach diesem Traum starb, darf hier angenommen werden, daß sich hier "zukünftig" auf das zukünftige Leben *nach* dem physischen Tod bezieht.

Der zukünftige Reichtum der Selbst-Pflanze bestand spezifisch in der Qualität ihres Laubwerkes. Beide, Matthäus und Julian, wußten, daß die Blätter "eine neue Art von Material erzeugen, das die Bekleidungsindustrie revolutionieren würde, da es unzerstörbar wäre und nie gereinigt werden müßte." Diese Einzigartigkeit der Selbst-Pflanze erinnert an den *Tula*-Baum im islamischen Paradies. Seine Äste verdorren nie, seine Frucht verdirbt nie, seine Blätter sind aus Seide; aus seiner Krone treten "Ehrgewänder" für die Frommen hervor.[74] Auch im himmlischen Jerusalem gibt es einen solchen Baum: Es ist "das Holz des Lebens ... er trug zwölfmal Früchte ... und die Blätter des Holzes dienen zur Gesundheit der Heiden(-Nationen)".[75] Die Unverweslichkeit des Kleiderstoff-Materials der Selbst-Pflanze entspräche auch dem biblischen *Endyma anastaseos*, dem Auferstehungsgewand bzw. dem Gewand für den Lobgesang Gottes und die "Pflanzung des Herrn ihm zur Verherrlichung."[76]

Psychologisch würde sich der unzerstörbare Kleiderstoff der Selbst-Pflanze auf eine *geistige Form der Existenz beziehen*, ein *göttliches* Licht-Gewand sozusagen, das die

Seele nach dem Tode anzieht. Ein solches Gewand wäre eine Form des Solificatio-Gewandes, der neu integrierten, auf höherer Bewußtseinsstufe aktivierten religiösen Haltung im Himmel, d.h. im Bereich des Jenseitigen, des Unbewußten.

Zum Schluß möchte ich noch kurz folgendes ansprechen: In unserem Traum heißt es, daß beide, Matthäus und Julian, vom einmaligen Wert des Blattwerkes der Selbst-Pflanze *wußten*.

Tief in unserer Seele *wissen* wir um den wahren Wert unserer Bemühungen, uns mit dem Selbst, mit der geistigen Gottheit zu vereinigen. Das Ergebnis dieser Bestrebungen, gleich der coagulierten *Geist-Substanz* der Alchemie, wird zum inkorruptiblen Gewand der Unsterblichkeit und Auferstehung. Die Verkörperung einer Haltung und eines Lebens *im* und *mit* dem Selbst überlebt den physischen Tod. All dies wissen wir tief in unserem Unbewußten, der Welt unserer Instinkte. Nur unser kurzfristiges Bewußtsein und unser begrenzter Intellekt hindern uns, *in den Tod hineinzureifen*. Doch tief in unserem Herzen wissen wir, daß am Ende unsere schmerzhaften aber ehrlichen geistigen Errungenschaften (die Pflanze) mit dem *Endyma athanasias*, dem Unsterblichkeitsgewand, unter dem Schutz des Selbst, bekleidet werden. *Denn der Tod ist kein Tod.*

Anmerkungen

1 Zauberspruch Nr. 191. The Book of the Dead or Going Forth by Day. Ideas of the Ancient Egyptians Concerning the Hereafter As Expressed In Their Own Terms, übersetzt von Thomas George Allen, The University of Chicago Press, Chicago, 1974, S. 214.
2 Ebd.
3 Ebd., S. 140.
4 Vgl. C. G. Jung: Psychologische Typen. Ges. Werke, Bd. 6, Par. 496.
5 Apostelgeschichte 3:21.
6 Vgl. C. G. Jung: Studien über alchemistische Vorstellungen. Ges. Werke, Bd. 13, Par. 372.
7 26:19.
8 Vgl. 1. Kor. 15:35ff.
9 Vgl. Marie-Louise von Franz: Traum und Tod, S. 12.
10 Vgl. Jung: Ges. Werke, Bd. 13, a.a.O., Par. 322.
11 24:36ff.
12 Briefe II, S. 254.
13 Von Franz: Traum und Tod, a.a.O., S. 180ff.
14 Jung: Zur Psychologie westlicher und östlicher Religion. Ges. Werke, Bd. 11, Par. 339.
15 Vgl. ebd.
16 Vgl. Jung: Erinnerungen, Träume, Gedanken, S. 304f.
17 Vgl. Jung: Ges. Werke, Bd. 11, a.a.O., Par. 405.
18 S. 322.
19 Von Franz: Traum und Tod, a.a.O., S. 19.
20 Vgl. Jung: Die Dynamik des Unbewußten. Ges. Werke, Bd. 8, Par. 669.
21 Jung: Aion. Ges. Werke 9/II, Par. 259.
22 Ebd., Par. 372.
23 Ebd.
24 In: Jung: Ges. Werke, Bd. 13, a.a.O., Par. 372.

25 Jung: Psychologie und Alchemie. Ges. Werke, Bd. 12, Par. 11.
26 Vgl. Jung: Erinnerungen, Träume, Gedanken, a.a.O., S. 1.
27 Vgl. Jung: Ges. Werke, Bd. 11, a.a.O., Par. 107.
28 S. 11.
29 Vgl. Jung: Ges. Werke, Bd. 13, a.a.O., Par. 126.
30 Iman 'Abd ar-Rahim ibn Ahmad al-Qadi: Das Totenbuch des Islam, S. 142.
31 Ebd. S. 144.
32 Vgl. Jung: Ges. Werke, Bd. 6, a.a.O., Par. 790.
33 Erinnerungen, Träume, Gedanken, a.a.O., S. 336.
34 Vgl. Emmanuel Kennedy: The Alchemy of Death: An Analysis of Dreams concerning the Psychic Origin of Death. Ungedruckte Diplom-These am C. G. Jung-Institut, Zürich, 1988.
35 Das Totenbuch des Islam, a.a.O., S. 178.
36 Vgl. Jung: Ges. Werke, Bd. 13, a.a.O., Par. 381n.
37 Vgl. E. A. Wallis Budge: The Greenfield Papyrus: The Funeral Papyrus of Princess Nesitanebtashu, Daughter of Painetchem II and Nesikhensu, and Priestess of Amen-Ra at Thebes. London: British Museum/Longmans and Co./Oxford University Press, 1912, S. 26.
38 Vgl. N. Rambova (Hrsg.): The Tomb of Ramesses VI. Übersetzt von Alexandre Piankoff. New York: Pantheon Books for Bollingen Foundation, 1951, S. 357.
39 Von Franz: Die Passio Perpetua, S. 11.
40 Matt. 5:8.
41 Matt. 13:43.
42 Erinnerungen, Träume, Gedanken, a.a.O., S. 220f.
43 Vgl. ebd., S. 203.
44 Matt. 16:28.
45 A.a.O., S. 178.
46 Vgl. Jung: Mysterium Coniunctionis. Ges. Werke, Bd. 14/III, Par. 404.
47 Ebd., Par. 401.
48 Ebd., Par. 404.
49 Vgl. ebd., Par. 407.
50 21:11ff.
51 Vgl. ebd., Par. 397.
52 "Οὕτω γὰρ τὰ μὲν πνεύματα σωματοῦνται, τὰ σε νεκρὰ σώματα ἐμψυχοῦνται." M. Berthelot: Collection des anciens alchimistes grecs. Osnabrück: Otto Zeller, 1967, S. 252.
53 Vgl. Jung: Ges. Werke, Bd. 14/III, a.a.O., Par. 401.
54 Vgl. ebd., Par. 435.
55 Gen. 2:27.
56 Gen. 3:22.
57 22:14.
58 Vgl. Jung: Ges. Werke, Bd. 13, a.a.O., Par. 321.
59 Ebd., Par. 408.
60 Ebd.
61 Ebd., Par. 322.
62 12:24.
63 Vgl. ebd., Par. 407.
64 Vgl. ebd., Par. 407.
65 C. G. Jung: Wirkung und Gestalt, S. 247.
66 Vgl. v.a. Jung: Praxis der Psychotherapie. Ges. Werke, Bd. 16, Par. 531.
67 Vgl. E. Kennedy, a.a.O., S. 149ff.
68 Vgl. Jung: Ges. Werke, Bd. 13, a.a.O., Par. 407.
69 Ebd.
70 Jung: His Life and Work, S. 344.
71 Vgl. Jung: Erinnerungen, Träume, Gedanken, a.a.O., S. 10.

72 Jung: Mysterium Coniunctionis. Ges. Werke, Bd. 14/II, Par. 425.
73 Ebd., Hervorhebung von mir.
74 Vgl. von Franz: Traum und Tod, a.a.O., S. 50.
75 Off. 22:2.
76 Jesaja 61:3.

OTTO BETZ

Die Jenseitsfahrt und ihre Spuren im Volksmärchen

Was bewegt die Menschen, Reisen zu unternehmen und sich ins bisher Unbekannte hinauszuwagen, sich dem Abenteuer zu stellen und das Leben zu riskieren? Offenbar steckt in den Menschen ein unbezähmbarer Drang, sich herausfordern zu lassen, die Grenzen des Vertrauten zu übersteigen und unerforschte Gebiete kennenzulernen. Wer sich nicht verabschieden kann von den heimatlichen Gefilden, der lernt nicht nur die Welt nicht kennen, sondern auch sich selbst nicht, weil der Abstand von den gewohnten Bahnen auch eine Distanz zum konventionellen Selbstbild ermöglicht, so daß erst die abenteuerliche Reise dem Menschen die nötige Erfahrung einbringt, die zu seiner wahren Wirklichkeit führt.

Aber es ist nicht nur die unbekannte Region auf dieser Erde, die den Fernsüchtigen verlockt, er möchte auch die verborgenen Zonen kennenlernen, die sich nicht zu Fuß oder mit dem Schiff erreichen lassen, die nur auf magische Weise zugänglich sind: die Tiefen der Erde, die himmlischen Höhen, die "Anderswelt", die nur im Traum oder durch einen jenseitigen Führer betreten werden kann. Aber warum will er denn auch diese tabuisierte Landschaft kennenlernen, für die der Mensch doch gar keine Organe hat, die seine Möglichkeiten übersteigen und ihn noch viel mehr bedrohen als die üblichen Abenteuer? Weil er darüber Auskunft haben will, "was die Welt im Innersten zusammenhält", weil er einen Punkt zu finden hofft, von dem aus sich das ganze Universum verstehen läßt. Im Grund wollen wir Menschen unser eigenes Rätsel lösen, das können wir aber nur, wenn wir Grenzen überschreiten und uns von einer anderen Warte her betrachten können.

Deshalb haben die Erzählungen von den abenteuerlichen Fahrten der großen Helden immer so viel Aufmerksamkeit erregt: da kam Nachricht von der Fremde, da hatte sich einer in geheimnisvolle Dimensionen gewagt und nun verläßliche (oder jedenfalls spannende) Kunde von erschreckenden oder beseligenden Ländern gebracht. – Zu unterscheiden ist allerdings, ob diese Reiseberichte vor allem die Neugierde befriedigen sollten (dann hatten sie gewöhnlich die Neigung, sich immer mehr aufzubauschen und von Mal zu Mal phantastischer zu werden) oder ob sie als religiöse Kunde gedacht waren und die Glaubensvorstellungen bestätigen und kräftigen sollten. Neben den Forscher und Entdecker tritt der Visionär, der "innere Reisen" unternimmt und schauend die geheimnisvolle Anderswelt kennenlernt. Er berichtet von den Schrecken der Hölle und den Wonnen des Himmels, um die Menschen zur Umkehr zu bringen und eine andere Einstellung zum Leben anzuregen. Aber was hat er wirklich geschaut und was ist homiletische und paränitische Zutat, um die Predigt besser würzen zu können?

I

Weil die diesseitige Welt als unvollkommen empfunden wird, es herrschen Krankheit und Not, Ungerechtigkeit und Zwistigkeit, deshalb ist es wichtig, die "andere Wirklichkeit" jenseitiger Art zu erreichen: dort sind die ersehnten Gaben vorhanden, das Wasser des Lebens, der Baum mit den heilkräftigen Früchten, der Vogel mit dem wunderbaren Gesang oder andere kostbare Gaben, die das Leben verwandeln könnten. Aber viele versuchen es, in die Anderswelt zu kommen, nur wenige kehren zurück, es scheint ein außerordentlich gefährliches Unterfangen zu sein. Reißende Tiere lassen die Eintritt-Verlangenden nicht hinein, Unholde bedrohen die Helden, Hexen stehen an der Grenze und wetzen ihre Zähne, ein mächtiger Wald ist nur schwer zu durchschreiten, weil man den Weg verlieren und dem Hunger erliegen kann. Und selbst wer die kostbare Gabe errungen hat, muß fürchten, auf der Heimreise noch von den verfolgenden Unwesen eingeholt zu werden. Es müssen schon magische Helfer beistehen und ihre geheimen Winke geben, damit die Flucht gelingt.

Die ganze Jenseitswelt muß in einem Zusammenhang zum Totenreich gesehen werden. Der Held tritt aus dem Bereich der Lebenden heraus, überschreitet die Grenze zum Tod hin, ohne aber sofort selbst dem Tod zu verfallen. Wenn er sich mutig und selbstbewußt dorthin begibt und zum rechten Zeitpunkt zupackt, kann es ihm gelingen, die große Kostbarkeit, die offensichtlich die Toten hüten, zu erlangen und in die Welt der Lebenden zurückzukehren. Vielleicht sind die Siebenmeilenstiefel gerade dazu geeignet, die ungeheure Entfernung bis zum Totenreich zu durchmessen, vielleicht dienen die Wunschmäntel und Zauberringe dazu, zu geheimen Orten zu gelangen und anschließend wieder den zugreifenden Händen der Todesmacht zu entrinnen.

Die Totenwelt müssen wir uns in der Vorstellung der Menschen vergangener Zeiten und Kulturen als realen Bereich denken, als eine kontrastierende Entsprechung der realen Diesseitswelt, mit der erst die Gesamtrealität konstituiert wird. So wie der Tag erst durch die Nacht zur Ganzheit gefügt wird, wie das Unbewußte unser Bewußtsein komplettiert, die Traumwelt die Wachwelt ergänzt, so gehört der Todesbereich als komplementäre Ergänzung notwendig zur Erfahrungswelt der Gesamtwirklichkeit, wenn auch – in gewisser Weise – spiegelverkehrt.

Zu seiner Reife gelangt ein Mensch erst dadurch, daß er die Enge seiner unmittelbaren Lebenswelt durchbricht und auch die Todeszone kennenlernt, sich ihr stellt, um eine Ahnung von der kosmischen Ganzheit zu bekommen. In den Mythen ist dieser Reifungsprozeß durch die Hadesfahrt dargestellt, Orpheus kommt verwandelt aus der Unterwelt zurück, auch wenn es ihm nicht gelungen ist, Eurydike wieder ins Leben zu führen. Er hat das "Unten" kennengelernt, nun kann er sein Leben anders führen, als Sänger des Lichtgottes Apoll. Noch Rilke hat im VI. Sonett des ersten Teiles der "Sonette an Orpheus" dieser Erfahrung Ausdruck gegeben:

"aus beiden
Reichen erwuchs seine weite Natur.
Kundiger böge die Zweige der Weiden,
wer die Wurzeln der Weiden erfuhr."

II

Im Märchen wird die Jenseitswelt in den meisten Fällen nicht beschrieben, es gibt also keine Schilderung einer Landschaft. Der Akzent liegt auf dem gefährlichen Weg dorthin, weil die Zugänge verborgen sind und nur durch die Hilfe eines magischen Beistands gefunden werden können. Der Gang wird meist als dreistufiger Weg oder als Reise in drei Stationen beschrieben. Die Schwester der sieben Raben muß zu Sonne, Mond und Sternen gehen, bis sie den entscheidenden Hinweis bekommt und den Glasberg finden kann, wo ihre Brüder wohnen und sie ihr Erlösungswerk tun kann. Der Hirte findet einen mächtigen Baum, der dreistufig hochgewachsen ist und drei verschiedene Bereiche birgt: eine kupferne, eine silberne und eine goldene Welt. Dreimal neun Tage muß der Hirte hinaufklettern und Verwandlungen erfahren, bis er – wieder zurückgekehrt – in die Stadt gehen und sich um die Königstochter bewerben kann, die – vereinsamt – auf dem Glasberg sitzt (einem Symbol der Totenwelt, der Hirte ist also auch ein Orpheus, der seine Eurydike aus dem Eis-Hades herausholen muß).

Der Jenseitsbereich ist also vor allem das Totenreich mit seiner ambivalenten Macht: es kann verschlingen und unwiederbringlich vereinnahmen, es kann aber auch kostbare Gaben verschenken und dazu befähigen, in der Diesseitswelt wirksam zu werden. – Aber es ist kein abstrakter Hades, in dem nur die abgelebten Schatten hausen, es ist vielmehr der Ort, wo sich die Ahnen versammelt haben. Und weil im Bereich der Ahnen sich auch die früheren Erfahrungen der Vorfahren angesammelt haben, deshalb ist es wichtig, daß sich der "berufene" Held, von dem etwas Außerordentliches in der Welt erwartet werden kann, auf den Weg macht und die Ahnen befragt, sich von ihnen ihre geheime Erfahrung übertragen läßt. Ihm müssen die Augen geöffnet werden, er muß zum Wissenden werden und er muß eine auszeichnende Gabe bekommen, die seinen künftigen Weg bestimmt.

Der Mensch hat sich in den frühen Kulturen nicht so als individuelle Einzelperson verstanden wie heute, viel stärker fühlte er sich eingeordnet seiner Sippe und zugehörig seinen Voreltern. Der Gang zum Vater, zum Urahn (Utnapischtim im Gilgamesch-Epos) war ein erweckendes Erlebnis: Der Einzelne mußte erfahren, wo er herkommt, wo sein Ursprung liegt und wozu er berufen ist. Aus sich heraus kann er diese Auskunft nicht bekommen, der Weg zurück ist nötig, damit man den Weg nach vorn erkennt.

Es gibt sogar religiöse Vorstellungen, im Mythos weitergetragen, die besagen, daß jeder Lebende eine jenseitige Entsprechung hat, einen ergänzenden Doppelgänger, der immer im Jenseits bleibt und dem man begegnen muß, um seine wahre Person zu erkennen. In der altiranischen Welt heißt diese Entsprechung "Daëna", in der ägyptischen Vorstellung ist es die Ka-Person. Nach dem Tod kann man an seiner Daëna erkennen, ob man durch seine guten oder schlechten Taten dazu beigetragen hat, seine jenseitige Gestalt jung, schön und glücklich zu machen oder ob man sie alt, häßlich und jämmerlich gemacht hat[1]. Hier ist also eine bleibende Verbindung zwischen Diesseits und Jenseits vorausgesetzt, jeder Einzelne hat ein anderes Ich, das in der Anderswelt existiert und mit dem er zusammenhängt.

Das Bild vom Glasberg dürfte ein besonders sprechendes Symbol der Totenwelt sein. Otto Huth hat darauf hingewiesen, daß unter Glas nicht unbedingt unser technisch gewonnener Baustoff gemeint sein muß, sondern auch Bernstein, weil Glas etymologisch zunächst einmal mit glänzend, glitzernd, gleißend zusammenhängt. Wir haben es also mit einem leuchtenden Berg, einem Glanzberg zu tun. Der Berg als axis mundi, als Mittelsäule der Welt, ist ein Stufenberg, der Himmel und Erde verbindet. Auf ihm wohnen sowohl die Götter wie die Seelen der Ahnen, er hat drei oder neun Stufen und hat auch etwas vom Lebensbaum an sich. Der Aufstieg kann als Flug verstanden werden, aber auch als Klettervorgang, sogar als Reigentanz. Aber nicht jedem gelingt dieser Aufstieg, man braucht dazu zauberische Gaben, Pferde oder besondere Schuhe, bestimmte Kleider, eine Tarnkappe. Und weil der Berg häufig auf einer Insel vorgestellt wird, muß auch das große Wasser überschritten werden.

In vielen Märchen hat der Held eine dreifache Wanderung zu bestehen, drei Wandlungsprozesse zu erleiden, bis er zum Ziel gekommen ist. Die drei Stationen sind häufig eine kupferne (oder eiserne) Welt, eine silberne und eine goldene. Es ist ein Läuterungsweg vom weniger Wertvollen zum Kostbarsten. Am Ende des Reifungsweges steht die Erlösung der Königstochter und die Hochzeit, vielleicht kann man an die "heilige Hochzeit" von Himmel und Erde denken. Da das Kupfer für die Venus steht, das Silber für den Mond und das Gold für die Sonne, versteht sich der Reifungsweg auch als kosmische Wanderung: die Seele muß verklärt werden, um zum Ziel zu kommen. Die uralte Vorstellung der Alchemisten von der Verwandlung der Metalle ins glänzende Gold hat wohl immer die Sehnsucht im Hintergrund gehabt, daß der Mensch selbst in einen Verwandlungsprozeß gerate.

III

Damit sind wir bei einer Verstehensebene der Jenseitsreise angelangt, die einen weiteren Zugang ermöglicht: der Märchenheld erfährt durch seine Reise ins Unbekannte und Gefährliche eine Initiation, eine Einweihung. Die Zaubermärchen bewahren einen Ritus (oder dessen wesentlichstes Element), der in unserer Kultur kaum mehr anzutreffen ist: junge Menschen müssen in der Phase des Übergangs von der Kindheit zum Erwachsenenalter aus ihrer bisherigen Welt herausgenommen werden, sie müssen Abschied nehmen von der Herkunftsfamilie und werden einem erfahrenen Weisen übergeben, der sie in die Traditionen des Stammes einführt, ihnen die Lebensformen der Erwachsenenwelt erschließt, sie auch auf die Ehe und das geschlechtliche Leben vorbereitet. Vor allem aber ist die rituelle Initiation eine Einführung in das religiöse Leben: das geschieht nicht auf doktrinäre Weise, es wird kein Lernstoff vermittelt, die jungen Menschen sollen vielmehr Erfahrungen machen. Die Nähe und Wirksamkeit der Götter soll erlebt werden, die Schrecken und Wonnen des Numinosen müssen verkostet werden. Den jungen Menschen werden Mutproben abverlangt, sie müssen Hunger und Durst ertragen, mit verbundenen Augen müssen sie sich zurechtfinden, es gilt Schmerzen und Verwundungen auszuhalten. Schließlich erleiden sie einen kultischen Tod, ihre bisherige Existenz wird ausgelöscht, sie verlieren ihren Namen, ihre bis dahin gültige Identität, damit sie einen neuen Namen und eine neue Existenz bekommen können.

Vieles spricht dafür, daß sich diese Erfahrungen mit Leben und Tod, mit Angst und Schmerz, aber auch mit Auferstehung und Erneuerung als Jenseitsreise erleben ließen und daß die Quintessenz dieser Geschehnisse in die Märchen eingegangen ist. Das Kind hat noch in einer unreflektierten einschichtigen Welt gelebt, eingebunden in das Leben der Familie, nun erfährt es die Vielschichtigkeit der Welt, die Abgründigkeit der Unterwelt, die Macht und Gewalt der Überwelt. Der Heranwachsende muß sich bewähren und sich herausfordern lassen, er muß zu kämpfen lernen, aber auch die Überlegenheit der Geistmächte kennenlernen. Er muß schließlich den Tod erfahren und das Geschenk des neuen Lebens gewährt bekommen, um die Angst vor dem Tod zu verlieren. Die Welt der göttlichen Mächte ist in vielen Kulturen eng verbunden mit den Ahnen und Vorfahren. Deshalb müssen die Toten besucht werden, damit das eigene Leben gelingt, als Weiterführung der Wirksamkeit der Voreltern.

Wer die Jenseitsreise bestanden hat und wem die Rückkehr zum Stamm geglückt ist, der kann heilsam wirken und zur Führergestalt werden. Er denkt dann nicht nur an sich und seinen Vorteil, sondern kann sich der anderen annehmen, hat eine Heilbringerfunktion übernommen, indem er sich für andere einsetzt und das Wohl des Stammes im Blick hat.

Und der alte Soldat, der herausbekommen möchte, wo die Königstöchter in der Nacht ihre Schuhe zertanzen, muß wachsam bleiben und – unter der Tarnkappe verborgen – durch unterirdische Gänge steigen, einen Baumgang entlanggehen, der zunächst silberne und dann goldene Blätter trägt. Dann kommt die Schwesternschar zu einem großen Wasser und muß auf Schiffen übergesetzt werden, damit sie dort mit ihren Prinzen ein Fest feiern können, mit Musik und festlichem Essen und Trinken.

Es gibt also verschiedene Zugänge zur Unterwelt, unterirdische Höhlengänge, Luftwege über die Sterne, Wanderungen durch dichte Wälder und das Überschreiten großer Wasser. Aber alle diese unterschiedlichen Wege führen zur "anderen Seite", wo alles ganz anders ist, gefährlich und heilbringend zugleich, drohend und verheißungsvoll.

Gerade im Märchen von den "Zertanzten Schuhen" (KHM 133) wird eine Unterscheidung wichtig sein: die zwölf Schwestern sind der Totenwelt verfallen, ein geheimnisvoller Zwang zieht sie immer wieder auf die Toteninsel, und es ist zu vermuten, daß sie bald so todessüchtig sein werden, daß der Tod auch nach ihnen greifen und sie endgültig hinüberziehen wird. Der Soldat dagegen geht zwar mit ihnen und erkundet die Anderswelt, aber er trinkt den Schlaftrunk nicht, behält eine wache Helligkeit, bleibt in einer Distanz, so daß er alles beobachten kann und das Gewebe der Todesfaszination durchstoßen kann. Er erlöst zwar die Prinzen im Todesbereich nicht, rettet aber die Prinzessinnen aus ihrer Bindung an den Hades. Nur weil er wach blieb und die magischen Gaben ihn zu seiner wagemutigen Fahrt befähigten, konnte er das bannende Geflecht zerreißen. – Während die Prinzessinnen wie in Trance und unbewußt in den "anderen Bereich" gezogen waren, einem Sog verfallen, gewinnt der Soldat durch seine Wachheit und den magischen Schutz eine neue personale Qualität und ist deshalb am Ende befähigt, König zu werden. Die Prinzessinnen kamen geschädigt und beeinträchtigt wieder (mit zertanzten Schuhen), der Soldat dagegen mit auszeichnenden Schätzen, dem goldenen Becher und den silbernen und goldenen Zweigen, die er zur Legitimation seiner Erkundung braucht. Er ist der schamanische Therapeut, der die Frauen von ihrem Bann befreit.

IV

Vladimir Propp weist darauf hin, daß man einstmals den Verstorbenen Schuhe, Stab und Brot ins Grab legte, damit sie auf diese Weise für die Reise in die andere Welt ausgerüstet seien. Diese selben Gaben tauchen in den Märchen auf, wenn sich einer auf die Reise begibt, um seinen verschwundenen Partner wieder zu finden: er muß eiserne Schuhe durchwandern, gewaltige Eisenstäbe abtragen und Steinbrote abnagen, dann kann er in das verborgene Land kommen und seine Braut oder Frau (bzw. dann kann sie ihren Bräutigam oder Mann, wenn es sich um eine Frau handelt) wiedergewinnen.

Der Übergang ins Totenreich wird dem Lebenden nicht leicht gemacht, er muß durch eine Grenzzone, die ihn leicht seines Lebens berauben kann, so daß er dann zwar weiter ins Land der Toten ziehen kann, aber eben als einer der ihren und nicht als einer, der wieder zurückkehren kann. Die Grenzzone ist gewöhnlich der Wald und der Wandernde stößt dort auf ein hexenhaftes Wesen, eine alte Hutzelfrau, die ihm den Weg versperrt oder ihn auf gefährliche Weise zu Gast lädt. Aber diese Hexe ist nicht einfach ein böses und dämonisches Wesen, sondern hat zwei Seiten: neben der einen (verschlingenden, zerstörerischen) hat sie auch eine hilfsbereite und schenkende. Wenn sich der Held selbstbewußt und zielgerichtet verhält und nicht nachgiebig ist, dann geschieht ihm nichts und er gewinnt die Hexe (die Babajaga im russischen Märchen) sogar zu seiner magischen Helferin, die ihm ihr Wunderpferd abtritt und ihn nicht verrät, wenn nach ihm gesucht wird. Nur wer seine Angst überwindet und den "Weg ohne Wiederkehr" nicht scheut, kann auf diesen Weg gehen.

In der Totenwelt haben wir eine "verkehrte Welt" vor uns: für den Lebenden ist es eine stinkende und vermodernde Welt, aber die Toten können den Geruch der Lebenden nicht ertragen ("Ich rieche, rieche Menschenfleisch ..."). Deshalb müssen sich die Jenseitswanderer häufig waschen und mit stark reichenden Pflanzen einreiben, damit sie nicht mehr wie Menschen riechen. Außerdem muß man beim Übertritt eine besondere Speise essen, sonst bleiben die Toten stumm und man kann nicht mit ihnen in Verbindung kommen. – Aber wer die Speise der Toten ißt, wird selbst in einen Verstorbenen verwandelt (wie Persephone durch das Essen des Granatapfelkerns sich dem Hades unausweichlich verbunden hat).

Mit der Initiation endet das bisherige – kindliche und unbewußte – Leben des Heranwachsenden und es beginnt das Leben des Erwachsenen, dessen Stimme im Rat gefragt ist und der eigenständig handeln soll. Mircea Eliade kennzeichnet die Initiation als einen "Tod", weil das neue Dasein von ganz anderen Kategorien geprägt ist. "Der Initiationstod ist für den 'Anfang' des geistigen Lebens unerläßlich ..., der Initiationstod wird häufig durch die Finsternis, die kosmische Nacht, den tellurischen Mutterschoß, die Hütte, den Bauch eines Ungeheuers usw. symbolisiert".[2]

Bei australischen Stämmen werden die jungen Leute "von unbekannten, häufig maskierten Männern gepackt und weit weg von ihrer vertrauten Umgebung gebracht, auf den Boden gelegt und mit Ästen bedeckt. Zum ersten Mal stehen sie dem ungewohnten Erlebnis der Finsternis gegenüber ..., die absolute und drohende Finsternis, bevölkert von geheimnisvollen Wesen und vor allem schreckenerregend geworden durch das Nahen der Gottheit, die die Schwirrhölzer ankündigten ... Die Novizen werden gewaltsam in eine unbekannte Welt geschleudert, in der sich die Gegenwart der göttlichen Wesen durch Verbreitung von Schrecken fühlbar macht. Das mütterliche Universum war das der profanen Welt. Das Universum, in das die Novizen jetzt eindringen, ist das der heiligen Welt".

"Die Finsternis ist ein Symbol der *Anderen Welt*, ein Symbol sowohl des Todes wie des embryonalen Zustands ... Die Prüfungen (Nahrungsentzug, Schweigen, Leben in der Finsternis) und Einschränkungen gehen Hand in Hand mit der Unterweisung mit Hilfe der Mythen, Tänze und Pantomimen. Die körperlichen Prüfungen verfolgen ein geistiges Ziel: Einführung des Kindes in die Kultur, Öffnung der Sinne für die geistigen Werte".

Da wir heute über die Riten der Initiation, die sich in den verschiedenen Kulturen selbstverständlich sehr unterschieden haben, besser Bescheid wissen, kann uns auch die Nähe zu Märchenmotiven deutlicher vor Augen treten. Die Initianden wurden in den Wald gebracht und in ein Hüttchen geführt, man verband ihnen die Augen und schmierte ihren ganzen Körper mit einem Kalkbrei so an, daß sie als weiße Gestalten herumtappten. Sie erinnerten an Tote, die dem Leben schon abgestorben sind und in einem Zwischenreich existieren. Jetzt mußten Aufgaben gelöst, Mutproben bestanden werden, der Verzicht auf Schlaf und auf Essen und Trinken bedrängte die jungen Menschen. Wer lachte, gähnte oder schlief, verriet damit, daß er ein Lebender ist, er mußte sich aber wie ein Toter im Totenreich verhalten, um unerkannt hindurchzuschreiten. Oft wurden die Jugendlichen bei den Initiationsriten auch gleichsam in Tiere verwandelt, mußten auf allen Vieren gehen, ein Fell oder ein Federkleid tragen, bevor sie wieder ihre menschliche Gestalt annehmen durften. Sie standen nun den Tieren nah, hatten ihre Sprache gelernt und waren ihnen vertraut geworden.

V

Im Ritus der Initiation war die Hexe nicht die gefährliche und feindlich gesonnene Frau, die verzaubern und vernichten will, sondern die kluge und wissende Alte, die junge Menschen in die alten Traditionen einführt. Sie ist kundig in den Dingen des Lebens und Todes und kann die rätselhafte Welt erschließen. Ebenfalls der "Zauberer und

Hexenmeister": er ist eigentlich der Lebensmeister, der harte Proben abverlangt und auch Schmerzen oder Verwundungen (manchmal sogar Verstümmelungen) zufügt und den Durchgang durch die Todeserfahrung anführt. – Im heute erzählten Märchen werden die Riten nicht mehr verstanden, die Initiationsmeister werden anders gedeutet und bekommen einen veränderten Charakter. Aus der Phase der Absonderung von Familie und Stamm wird der "Kinderraub", aus der Isolierung in der einsamen Hütte wird das Gefängnis im Turm (Rapunzel, Jungfrau Maleen), aus dem kultischen Verschlungenwerden, dem die Wiedergeburt folgt, wird die Verzauberung in Tier oder Stein und die Erlösung aus der untermenschlichen Gestalt. Selbst der verschlingende Drache mag als personifizierte Todeserfahrung gestanden haben: man muß durch den Bauch des Drachen hindurchgehen, erst dadurch kann man zum neuen und volleren Leben gelangen.

Ein eigenwilliges Motiv kommt in manchen Märchen vor, das die Ermöglichung der "Rückreise" betrifft. Ein Mädchen wird zu einer Hexe geschickt (von seiner Stiefmutter), um Faden und Nadel zu holen, damit ihm ein Hemd genäht werden könne, in Wirklichkeit wird es "zum Teufel" gewünscht, es soll verschwinden und nie mehr wiederkehren. Die Tante des Mädchens erkennt die Gefahr, wird also zum magischen Helfer und gibt dem Kind Verhaltensmaßregeln, die es beschützen und die Heimkehr sichern sollen: "Dort wird eine Birke mit ihren Zweigen dich in die Augen peitschen – du mußt sie mit einem Seidenband festbinden; dort wird ein Tor knarren und zuschlagen – du mußt ihm Öl unter die Fersen gießen; dort werden Hunde über dich herfallen – du mußt ihnen Brot zuwerfen; dort wird ein Kater dir in die Augen springen – du mußt ihm ein Stück Schinken geben."[3] All diese Wesen und Dinge sind von der Hexe beauftragt, eine Flucht aus dem Andersland zu verhindern, sie sollen dem Mädchen so in die Quere kommen, daß es nicht entkommen kann. Aber durch seine freundlichen Dienste gewinnt sie sie für sich, verhält sich liebenswürdig, macht aus den scheinbar bösartigen Wesen hilfsbereite, so kann sie aus dem Machtbereich der dunklen Frau entkommen. Offenbar kann man diese Mächte, die zunächst feindlich und aggressiv erscheinen, durch sein Verhalten verändern, indem man gut zu ihnen ist. So wird der Grenzbereich zwischen den Welten durchlässiger und die Totenwelt verliert viel von ihrem vereinnahmenden Wesen.

Ein beliebtes Motiv vieler Märchen ist das Verschonen von Tieren durch den Jäger. Damit ist nicht ein tierliebendes Mitleid gemeint, sondern die Schonung der Ahnen in Tiergestalt. Im Wald, dem Grenzbereich zwischen Leben und Tod, kann man eben seinen Ahnen begegnen, die natürlich nicht geschossen werden dürfen, sondern als Helfer und "Schenker" die Reise in die Anderswelt begleiten. Auch der "dankbare Tote", für dessen Begräbnis der Held sorgt, steht für den Ahn, der dem Protagonisten des Märchens auf seiner gefährlichen Reise beisteht, ihm die nötigen Weisungen gibt und ihn wieder gut in seine Heimat zurückgeleitet (wie der Erzengel Raphael den jungen Tobias), damit er seinen Platz einnehmen und seine Wirksamkeit entfalten kann.

VI

Welcher Unterschied zwischen der Jenseitsschilderung der Märchen und der Legenden besteht, kann man schnell erkennen, wenn man Legenden verschiedener religiöser Kulturen mit den Märchen vergleicht. In einer altrussischen Heiligenlegende wird erzählt, wie zwei Wandermönche die Erscheinung einer verdammten Sünderin haben: "Jenes Weib saß auf einem fürchterlichen, erschrecklichen Drachen; zwei Riesenschlangen lasteten auf ihrem Nacken, zwei andere sogen an ihren Brüsten, zwei Fledermäuse fraßen an ihren Augen, aus ihrem Munde strömte Feuer, an ihren Händen nagten zwei große Hunde, in ihren Ohren staken zwei feurige Pfeile, die waren durch das Haupt gestochen und soviel Haare sie gehabt, so viele Eidechsen krochen nun auf ihrem Kopf."[4] Mit Vorliebe sind es also Höllenvisionen, die berichtet werden, erschreckend und zur Umkehr mahnend. Was man sich nur ausdenken konnte, wurde zusammengetragen, um die Qualen und Peinigungen der Verdammten zu verdeutlichen.

In einer buddhistischen Geschichte der Mongolen werden ganz ähnliche Strafen geschildert, es sind die gleichen Schreckvisionen und Drohungen. Ein Mönch wandert durch die 18 Höllen auf der Suche nach seiner Mutter, die er aus dem Ort der Qualen erretten will. In den verschiedenen Höllenkreisen werden die Verdammten "mit Messern vom Haupt bis zur Fußsohle zerteilt", andere "in flammendem Feuer siedenden Eisens wie Gerste gekocht", wieder anderen "wurden ihre Zungen herausgezogen, mit Messern zerschnitten und auf dem Boden ausgelegt, worauf auf ihnen Getreide gesät wurde, und diese Pflanzen wurden dann von den Vögeln aufgepickt und gefressen." Als der Mönch endlich seine Mutter gefunden hat, berichtet sie: "Wenn ich hungere, esse ich siedende Bronze, und wenn mich dürstet, trinke ich geschmolzenes Metall. Dadurch sterbe ich tags und nachts zehntausend Male und gesunde davon zehntausend Male!"[5]

Solche schaurigen Details finden sich in den Märchen nicht, es sei denn in wenigen Legendenmärchen. Alles bleibt in der Andeutung und verlangt vom Zuhörer, daß das Erzählte von seiner eigenen imaginativen Gabe in die innere Bildwelt übersetzt wird.

VII

Da das Märchen nicht schildert, keine Landschaften darstellt, auch die seelischen Vorgänge nur in einer verhüllenden Bildsprache andeutet, ist nicht zu erwarten, daß die Jenseitsreisen seiner Helden und Heldinnen in Einzelheiten dargelegt werden. Dem Erzähler geht es darum, einzig die Zugänge in die Anderswelt vorzustellen, die Abenteuer und Gefahren deutlich zu machen, die bei der Hin- und Rückreise entstehen. Immerhin ist es interessant, wie unterschiedlich die Übertrittsmöglichkeiten erzählerisch entfaltet werden.

Da gibt es den Eintritt in den anderen Bereich durch eine Höhle: das Totenreich ist als untere Region vorgestellt, in der Erdtiefe muß es gesucht werden, Gänge und Gewölbe führen dorthin, aber auch dort wachsen Bäume und reifen Früchte, werden Feste gefeiert und Gastmähler abgehalten.

Die andere Vorstellung ist, daß man auf einen Berg steigen muß, der häufig siebenstufig oder neungliedrig ist. Es gibt einen Berg in verschiedenen Kulturen, der bis zum Himmel führt und den nur der Kundige (meist der Schamane) besteigen darf.

Eine verwandte Vorstellung ist der Himmelsbaum oder die bis zum Himmel reichende Ranke; wer hinaufklettert, kann zum Schamanen werden, er ist "auf die andere Seite" gekommen und hat nun einen Überblick über die Totalität der Wirklichkeit.

Weitverbreitet ist dieSehweise, daß der Wald die Grenzzone zur dunklen Welt ist, der Bereich der verschlingenden Tiere, der unergründlichen Tiefe, aber auch die Region, in der man den Ahnen begegnen kann.

Schließlich erscheint auch das Wasser als die Grenze zwischen den Lebenden und den Toten, es kann ein Fluß oder ein Meer sein. Im russischen Märchen "Geh nach Ich-weiß-nicht-wo, bringe Ich-weiß-nicht-was"[6] kommt der Held zu einem feurigen Fluß. Aber sein magischer Helfer, ein Frosch, "blähte sich auf und hüpfte – er hüpfte über den Feuerfluß", so daß auch der Held in den anderen Bereich gelangen kann.

Es ist naheliegend, daß sich die unmittelbar erfahrene Umwelt als Vorstellungsmodell für die Reisen anbietet, ob also ein Volk am Meer wohnt oder im Hochgebirge, ob der Urwald zu den elementaren Erfahrungen gehört oder der einzelne Baum in der Ebene. Die Gaben, die der Mensch zum Leben braucht, findet er nicht einfach vor, er muß sie sich holen oder sie erbitten. Sie sind nicht auf der Erde, sondern in einem himmlischen Bereich. In vielen Kulturen wird erzählt, daß Menschen zum Himmel ziehen, weil sie sonst nicht leben und überleben können, von dort bekommen sie dann wirklich die entscheidenden Geschenke: das Feuer, die Hirse, den Mais, die Bohnen, die Bananen, die Edelmetalle. Und manchmal bekommt einer von dort auch seine Frau. Aber es besteht immer die Gefahr, daß man diese Gaben auch wieder verliert, wenn man unsachgemäß damit umgeht oder undankbar ist. Und auch die gewonnene Frau muß wieder gehen, wenn ein Tabu gebrochen wird oder ihr ein Auftrag erteilt wird, der ausdrücklich verboten war.

"Reise" ist eine symbolische Umschreibung eines Wandlungsprozesses. Die Ortsveränderung kennzeichnet den Vorgang der Neuorientierung, den Lernprozeß in der Bestimmung der eigenen Existenz. Auch das Verschlungenwerden soll zunächst einmal verdeutlichen, daß in unserem Leben etwas zu Ende geht und etwas Neues beginnt. Wir "sterben" in unserer irdischen Existenz nicht nur einmal und werden nicht nur einmal "geboren", sondern können nach durchstandenen Krisen gleichsam ein neues Dasein geschenkt bekommen. Den konkreten gegenwärtigen Zustand können wir nie festhalten, immer muß wieder ein Abschied gewagt und Neuland betreten werden.

Der Entschluß (oder die Notwendigkeit), sich auf die Suchwanderung zu begeben und sich den gefährlichen Herausforderungen zu stellen, wird vom Märchenhelden immer wieder erzählt. Oft gemahnen auch die "Orte" des Märchens, darauf zu achten, was dort geschieht. In dem Grimm'schen Märchen "Der arme Müllerbursch und das Kätzchen" (KHM 106) spielt die Mühle verständlicherweise eine wichtige Rolle. Die Mühle hat nun eine verwandelnde Funktion, sie zerquetscht die Getreidekörner, "tötet" sie gewissermaßen, damit Mehl entstehen kann. Auch das Mehl wird wieder "verwandelt", es wird mit Wasser und Sauerteig vermischt und in der Hitze des Backofens (was wiederum ein Wandlungssymbol ist) zu eßbarem Brot. Und jetzt kann es seine lebenerhaltende Funktion erfüllen. – Und das Wasserrad einer Mühle erinnert an das Schicksalsrad, das sich immer weiter dreht und nicht aufgehalten werden kann. Es wird von der Kraft des Wassers – wie von der weiterfließenden Zeit – angetrieben. Nichts kann bleiben, wie es ist. Nach vielen Sagen und Volkserzählungen soll es ja auch eine Mühle geben, die alte Leute verjüngt. Humpelnd kommen die alten Männer und Frauen daher, lassen sich zermahlen, um verjüngt und jugendschön wieder daraus hervorzutreten.

Wir Menschen können uns nicht abfinden mit der Begrenztheit unserer Erfahrungswelt, also versuchen wir, träumend und ahnend, spekulierend und erzählend die Grenzen zu überschreiten und in die Bereiche einzudringen, die unseren Sinnen und unserem forschenden Verstand verschlossen sind. Die Jenseits-Erkundung steht für diese immer wieder notwendige Grenzüberschreitung, um eine "Offenheit" zu erreichen, ohne die wir nicht leben können.

"wer möcht uns die Freude verbieten?
Göttliches Feuer auch treibet, bei Tag und bei Nacht,
Aufzubrechen. So komm! daß wir das Offene schauen,
Daß ein Eigenes wir suchen, so weit es auch ist"
(Hölderlin, Brot und Wein)

Anmerkungen

1 Vgl. Geo Widengren, Iranische Geisteswelt, Baden 1961.
2 *Mircea Eliade*, Das Mysterium der Wiedergeburt. Versuch über einige Initiationstypen, Frankfurt/M. 1988, 16.
3 Baba Jaga, *Afanasjew*, Russ. Volksmärchen, München 1985, 115.
4 Altrussische Heiligenlegenden (hg. von Lia Calmann), München 1922, 70.
5 Wie der heilige, ganz vollkommene Molon Toyin seiner Mutter die erwiesenen Wohltaten zurückgab, in: Mongolische Erzählungen (hg. von Walther Heissig, Zürich 1986^2, 169-218.
6 Afanasjew, 490-508.

Literaturhinweise

1. Vladimir Propp, Die historischen Wurzeln des Zaubermärchens, München 1987.
2. Marie-Louise von Franz, Erlösungsmotive im Märchen, München 1980.
3. Marie-Louise von Franz, Der Schatten und das Böse im Märchen, München 1985.
4. Hedwig von Beit, Symbolik des Märchens, Bern 1975^5.
5. Schamanentum und Zaubermärchen, Kassel 1986.
6. Tod und Wandel im Märchen, Regensburg 1991.
7. Die Zeit im Märchen, Kassel 1989.
8. Gott im Märchen, Kassel 1982.
9. Otto Betz, Lebensweg und Todesreise. Märchen von der Suche nach dem Geheimnis, Freiburg 1989.

2.
Symbolik des Weges

Referate
der Tagung vom 8. bis 10. Mai 1992

(Dominikanerkloster St. Albert,
Walberberg bei Köln)

JOACHIM GAUS

Einführung

Die diesjährige Tagung ist dem Thema: Symbolik des Weges gewidmet. Damit wird ein Vorstellungskomplex aufgegriffen, der uns täglich bewußt oder unbewußt beschäftigt.

Seit der Kindheit ist uns der elterliche Rat geläufig: Achte auf den Weg! Vom Märchen bis hin zur metaphorischen Verwendung umfaßt diese Mahnung unendliche Sinnmöglichkeiten, ebenso der Ausruf: Dir war aber ein Schutzengel mit auf den Weg gegeben!

Oft achten wir nicht auf den Weg, wir haben ihn gar nicht wahrgenommen. Das konnte in manchen Situationen zum Verhängnis werden. Hans guck in die Luft ist dafür ein treffendes Beispiel.

Den Weg schlechthin scheint es für den Menschen nicht zu geben. Allen bekannt ist die Metapher: Viele Wege führen nach Rom, eine Wendung, die aus dem Bereich des christlichen Pilgerwesens stammt. In beruhigender Absicht schicken Eltern ihre Kinder auf den Weg: Du findest schon deinen Weg!

Hildegard von Bingen gab ihren Visionen des Göttlichen den Titel: Scivias (Wisse die Wege). Ständig sind wir auf dem Wege nach Erleuchtung. Im Johannesevangelium (14.6) hat sich Christus selbst als "via, veritas et vita" zu erkennen gegeben. In einem berühmten evangelischen Kirchenlied heißt es: Befiehl du deine Wege ... der allertreusten Pflege ...

Der Weg ist gegenüber allen konkret zu benennenden Gegenständen eher ein zusammenfassender Begriff. So eindeutig definierbar und auslegbar wie die Einzelgegenstände unserer Welt existiert Weg nicht in der Natur. Dennoch kann er die verschiedensten Erscheinungsformen annehmen, die mit der bloßen universalen Nennung des Begriffs allein nicht gegenwärtig sind. Bedeutungsmöglichkeiten lassen sich vor allem von der Vorstellung einer Bewegung auf ein determiniertes oder nur erreichbares, ersehntes oder gefürchtetes Ziel hin ermitteln.

Wesentlich bleibt, daß das, was wir mit dem Begriff Weg umschreiben, innerhalb unserer Wirklichkeit existiert, nicht von außen an die menschliche Vorstellung herangetragen wurde, sondern mit der Fortbewegung des "Homo Viator" (Harms) verbunden ist. Zwei biblische Textstellen (Leviticus 25, 23 und Ps. 39,2) bezeichnen den Menschen als einen Fremden und Pilger, dessen "Stadt im Himmel" ist. Weiter hat der Mensch (nach Phil. 3, 20 und Mt. 7, 13-14) die Wahl zwischen der Via vitae und der Via mortis. Darauf baut Pico della Mirandola in seiner berühmt gewordenen Rede: De hominis digntate die Entscheidungsfreiheit bei der Wahl des Weges auf: "Wir werden in philosophischer Betrachtung über die Stufen der Leiter, das ist der Natur, von einem Endpunkt zum anderen alles durchschreiten und dabei bald hinabsteigen ... bald hinaufsteigen ..."

Damit ist auch der Topos vom Scheideweg in Erinnerung gebracht, der sowohl an das pythagoräische Y Signum als auch an das Bild des Helden Herakles geknüpft wird: die Entscheidung des Menschen zwischen dem Weg der Tugenden und dem der Laster.

Wege spiegeln Ordnung, stellen Verbindungen her, beseitigen oder betonen Grenzen, schaffen Gesetze und Orte. Sie bringen Verwirrung und Tod, ein Bild dafür ist das Labyrinth, aus dem es keinen Ausweg gibt, wenn nicht der "Erretter" erscheint.

In der Literatur und Kunst wird der Mensch fast stets auf einem Weg dargestellt: in der Gestalt des "Verlorenen Sohnes" wandert er durch eine Landschaft, die Welt oder Diesseits repräsentiert. Der gerade Weg der voluptas, d.h. der moralischen Gefährdung, versinnbildlicht die leichte Weise der Versuchung, während der Weg der virtus gewunden und mit Hindernissen versehen die Mühsal des Strebens zum Ziel hin anzeigt. Man erkennt, daß der Weg als Zeichen erst aus einem bestimmten Zusammenhang heraus eine besondere Signifikanz erhält. Wie O. Becker gezeigt hat, nimmt der Weg als traditionsgebender, bedeutungstragender Gegenstand vielfältige Erscheinungsformen an, die sich nicht nur auf die Beschaffenheit und die Attribute beziehen lassen (in: Bild des Weges und verwandte Vorstellungen im frühgriechischen Denken. Hermes, Einzelschriften 4, Berlin 1937).

Schon aus der Reihenfolge bestimmter Wegetypen, z.B. Hauptweg, Nebenweg, Überweg, Hohlweg, Fußweg, Wagenstraße, Kreuzweg, Abweg, gebahnter Weg, rauher Weg, dorniger Weg, steiniger Weg, schlüpfriger Weg erkennen wir, daß nicht nur die Wegeformen in ihrer unterschiedlichen Beschaffenheit bezeichnet werden. Gegen Ende der Reihe bleiben allein die Adjektive als Charakterisierung des Sonderfalles übrig, die in der Tradition der Wegebildlichkeit nicht nur über die Beschaffenheit Aufschluß geben, sondern zugleich bedeutungstragende Zeichen sind. Die Märchen- und Mythenüberlieferung bietet dazu eine Fülle von Zeugnissen.

Es ist also nicht so sehr die Phantasie des einzelnen Menschen, der die Attribute oder Kennzeichnungen zu verdanken sind, vielmehr ist der tradierte Schatz an Zeichen und Sinnbildern weiter eine Quelle, aus welcher der Imagination die Elemente der Wegethematik zufließen können.

Gewöhnlich verbinden wir mit Weg eine linear fortschreitende Bewegung. Der Weg hat einen Ausgangspunkt, Ursprung und ein Telos. Aufbruch und Einmündung in einen anderen, neuen Bereich bzw. Umkehr oder Wiederkehr gehören dazu. Weiter kann das Auf-dem-Wege-Sein des Menschen auch Ursache für Raumvorstellungen sein. Das bedeutet, daß der Weg Perspektivmöglichkeiten eröffnet, im wahrnehmbaren und im geistigen Sinne. Erinnert sei an die für die Frühneuzeit bezeichnende Besteigung des Mont Ventoux, die der Humanist Petrarca 1335 unternahm. Als er am Wege erschöpft wie ermutigt ausruht, sucht er im "Aufflug des Gedankens vom Körperlichen zum Unkörperlichen" den Weg durch den Vergleich mit der Erhebung der Seele zum seligen Leben zu deuten und zu rechtfertigen. Der Berg ist für den Dichter das "Ziel aller und des Weges Ende", dem "unsere Pilgerfahrt zugeordnet ist". Alle Begriffe und Vorstellungen, mit denen Petrarca seinen Weg auf den Berg zu deuten sucht: Aufstieg der Seele vom Körperlichen zum Unkörperlichen in der Zuwendung des Selbst zu Gott, freie

Betrachtung der Natur als innerliche Bewegung der Seele, die auf ein seliges Leben gerichtet ist, gehören in die Tradition der mit der Philosophie identischen "Theoria tou kosmou".

Auf dem Wege befindlich wird die Realität für den Menschen bestimmbar, er gibt der Natur einen Sinn, denn aus der geschlossenen Einheit der Natur herausgerissen muß er sich als defizientes Wesen einen Weg bahnen. Dies bestimmt seine Grundsituation. Der Raum nun, in dessen Anblick sich der homo viator rettet, ist zunächst das durch verbindende Wege zusammengefaßte irdische Dasein, zugleich ist dieser Raum geschichtlich die an sich vergehende und im Verhältnis zum Menschen bereits vergangene Welt eines ursprünglichen Lebens. So hat sich Goethe als ein ständiger Wanderer empfunden, wenn er der Antike begegnet, die für ihn die Rückkehr nach Hause bedeutete.

Zwischen Ausgang und Ziel eingespannt ist der Weg stets ein unverzichtbares Movens der Vervollkommnung, er führt zur Verwandlung, er kann vertraut oder fremd sein, er kann verführen, bringt Erweiterung im Rahmen eines begrenzenden und einheitsbildenden Horizontes. Dies zeigen besonders die Wege des Helden in Homers Odyseee, Vergils Aeneis, Dantes Divina Commedia, Tassos Orlando furioso. Über die je mittelbaren anschaulichen Akte tritt eine Steigerung der Tiefenqualität hinzu, in der Entschlossenheit des Horizontes, die zur Entschlossenheit des Bewußtseins selbst wird. Auf dem Wege greifen unerschlossene Ansichten und Verweisungen auf weitere, d.h. erweiternde Horizonte hinaus. Dies bedeutet letztendlich die Unabschließbarkeit des Weges.

Indem der Weg von etwas herkommt, auf einen Anfang verweist, wird er als solcher vorausgesetzt, er geht aber darin nicht auf, nur Verweis auf einen Ursprung zu sein. Kraft seines Sinngehaltes vollzieht sich eine Ablösung vom Anfang, sogar so vollständig, daß es bereits einer besonderen Blickwendung bedarf, um ihn als raum-zeitliche Dimension eines Ausgangspunktes ins Auge zu fassen. Fortschreitend ist aber auch das Schwinden seiner Gestaltformen festzuhalten. Der Weg ist damit aber nicht leer, im Gegenteil zeigt er sich dem eingestimmten Menschen in seiner ganzen Fülle. Als solcher ist er kein Dimensionssystem. Allein wirksam wird das Bewußtsein von Nähe und Ferne. Nähe ist dabei reines Gegenwärtigsein, auch Bedrohtsein oder Betroffensein, nicht Raum lassen für eigenes Entfalten. Anderseits kann die Entfaltung auf zweifache Weise geschaffen werden: im Zurückweichen oder im Überschreiten. Dann ist Ferne das, wo ich nicht mehr bin. Sie liegt hinter mir. Sie ist aber auch das andere, was noch nicht ist, was sich meinem Blick noch entzieht, Wegraum, der vor mir liegt. So wird die Ferne Ziel der Richtung meines Suchens. Die genannten Bewegungen können im wesentlichen alle gleich spontan, gleich selbstverständlich erfolgen. Da dem Menschen ontologisch je schon ergriffene Möglichkeiten eines orientierten Weltverhaltens zukommen, kann die Aufhebung der Richtungsdifferenzen im Eingestimmtsein nur durch Verwandlung stattfinden. Auf dem Wege Sein heißt bei Herodot, als "Theoros" fremde Länder zu sehen. Der Reisende erhalte den Namen "Theoros", weil er sich durch die Erfahrungen des Unerwarteten und Fremden, das ihm auf dem Wege begegne, verwandle.

Auch der mit dem griechischen Wort "proodos" bezeichnete Hervorgang zeigt an, daß sich der Ursprung (mone) in Mannigfaltigkeit konstituiert. Hervorgang kann somit die Möglichkeit einschließen, daß das in der Zeit und Weltimmanenz verflochtene Denken sich aus der Zerstreuung des Sinnenfälligen auf einen Grund als daseinsimmanente Sinnganzheit hin zu versammeln vermag (epistrophe = Rückgang).

Damit ist die Wegethematik nicht nur linear fortlaufend zu denken, sie kann auch als eine kreisförmig geschlossene Einheit begriffen werden. Als theoretische Schau bedeutet Weg so Rückzug in ein Bewegungsganzes, für das es weder Ausgang noch Ziel gibt: Weg als Fortschreiten zum Wissen, der zur Versöhnung alles vorher durch Unwissenheit Getrennten führt. Plotin schreibt in seinen Enneaden dazu: "Nicht mit Füßen sollst du sie vollbringen, denn die Füße tragen überall nur von einem Land in ein anderes, du brauchst auch kein Fahrzeug zuzurüsten ..., nein du mußt dies alles dahinten lassen und nicht blicken, sondern nur gleichsam die Augen schließen und ein anderes Gesicht ... in dir erwecken".

Philo von Alexandria hat in seiner Allegorese De migratione Abrahami den Weg des biblischen Patriarchen aus Chaldäa über Charan nach Sichem zum Anlaß für eine Darstellung des geistigen Weges aus der Selbstentfremdung zur Selbstaneignung gemacht. Abrahams Weg führt von der sinnlichen Wahrnehmung zur geistigen Wahrheit. Der Aufenthalt in Charan versinnbildlicht die Umkehr von der Weltneugier zur Selbsterkenntnis, die ihrerseits aus der Entdeckung des Nichtwissens zur Gotteserkenntnis fortschreitet.

Deutlich wird, daß sich ein Gegenstandsbereich nicht für sich und als solcher abgeschlossen dem menschlichen Interesse darbietet, sondern nur unter der Voraussetzung des Hervorgehens und des Durchganges. Wie H. Blumenberg hervorhebt, ist die Seele als Teil der Welt vereinsamt und geschwächt ihrer eigenen Ruhelosigkeit überantwortet: primär ist sie spontane Unruhe, Ungenügen an sich selbst, Umhergetriebensein. Dies ist das Äquivalent der Vorstellung des Auf dem Wege Seins. Die Seele bezeichnet das seine wesenhafte Zentrierung verlierende Dasein, das sich von außen, von den Dingen her zu befriedigen sucht. Damit wird Weg zum zentralen Schlüsselbegriff. Er verweist auf die Verständnisformen des Zeitlichen und Überzeitlichen ebenso wie auf den umfassenden Sinn von Einheitsvorstellungen im Verhältnis von Gott, Mensch und Welt.

HEINRICH BECK

Die Lebensetappen als Trinitätssymbol

*Kindheit – Jugend – Erwachsenenzeit – Alter:
Die Frage nach ihrem Sinn und nach Hilfen zur Sinnverwirklichung.
Eine onto-anthropologische und erziehungsphilosophische Betrachtung*

EINLEITUNG

Wir leben aus Symbolen, in denen sich die in einer Tiefenerfahrung erahnte Sinnstruktur der Wirklichkeit sinn-bildlich verdichtet. Im folgenden wird nun der Versuch unternommen, ein "triadisches Grundbild der Wirklichkeit" für das Verständnis des Lebens-Weges, d.h. der Lebensetappen und der menschlichen Bildung und Erziehung, fruchtbar zu konkretisieren. Daraus können Hilfen auf dem Lebensweg erwachsen.

Die Aktualität der Fragestellung: Lebenshilfe und Lebenssinn

Der Mensch bedarf in jeder Phase seines Lebens der Hilfe. Hilfe jedoch wozu? Im letzten wohl zu nichts anderem als zur Bewältigung der spezifischen Aufgabe, die das Leben in jedem seiner Abschnitte stellt. Aber worin besteht jeweils eben diese "Lebensaufgabe"? Die materialistische Leistungsgesellschaft unserer neuzeitlichen technischen Kultur gab die Antwort: in dem geschlossenen Funktionskreis von Produktion, Konsum und Verwaltung. Damit hatte das Leben seinen uneingeschränkten Wert eigentlich nur in der Erwachsenenzeit, in der allein der Mensch die volle Fähigkeit zur produktiven Leistung und zum Konsum besitzt; auch noch die Jugend erschien als sinnvolles Lebensalter durch ihre besondere Fähigkeit zum vitalen Lebensgenuß und als Lern- und Vorbereitungsphase für die auf der Erwachsenenstufe dann zu leistende Arbeit. Doch problematischer erscheint es, die Kindheit als bloße Vorbereitungszeit auf das spätere Erwachsenendasein zu betrachten – da sich hier eben eine völlig andere Lebensstruktur mit keinerlei Anlage und Ausrichtung auf "Leistung" und "Effektivität" zeigt. Aber vor allem: Worin sollte der Sinn der Lebensetappe des Alters liegen – in der die Fähigkeit zur vergleichbaren "Leistung" vergangen und zum "Genuß" zumindest stark eingeschränkt ist? Angesichts der gegenwärtig immer drängender bewußt werdenden Aufgabe einer "Altenhilfe" gerät die Ideologie der technischen Leistungskultur in peinliche Verlegenheit. Wenn "Hilfe" und "Lebenshilfe" im Wesen nichts anderes bedeuten kann als Hilfe zur Verwirklichung der Lebensaufgabe und des Lebenssinnes in jedem einzelnen Lebensabschnitt – worin besteht dieser Sinn? Und da der Sinn der einzelnen Lebensabschnitte sich letztlich nur im Zusammenhang des Ganzen bestimmt – was ist der Sinn des Lebens im ganzen, und darin der einzelnen Etappen des Lebens in ihrer spezifischen Besonderheit, eingeschlossen insbesondere auch der eigentliche Sinn der

"Erwachsenenphase"? Um die heute mit neuer Brisanz aufbrechende Aufgabe der "Lebenshilfe" in Angriff nehmen zu können, ist die grundlegende Frage nach ihrem Sinn und die in ihr mitgegebene Frage nach dem Sinn des Lebens – sowohl im ganzen als auch in seinen einzelnen Abschnitten – ausdrücklich bewußt zu machen und zu bearbeiten.

Methodischer Ansatz: Philosophische Phänomenologie und (Onto-)Hermeneutik

Diese Frage ist nun im folgenden in einer primär nicht psychologischen oder soziologischen, auch nicht theologischen, sondern philosophischen Betrachtungsweise aufzunehmen. Denn Psychologie und Soziologie bemühen sich um eine kausalanalytische Beschreibung, Erklärung und Einordnung der in der Erfahrung gegebenen Strukturen und Prozesse der individuellen Psyche wie der menschlichen Gesellschaft; sie stellen jedoch nicht die Frage nach dem Wesen und Sinn des menschlichen Lebens im ganzen und letzten der Wirklichkeit überhaupt. Das Anliegen von Glaubenstheologie und Religion ist zwar ein umfassendes letztes Sinnverständnis; sie geht dabei jedoch von einer besonderen Erfahrung bzw. "Erleuchtung" oder "Offenbarung" aus, die einzelne Personen empfangen zu haben behaupten und die dann in einem Akt des "Glaubens" (nach Ausweis persönlicher Glaubwürdigkeit) anzunehmen wäre.

Im Gegensatz dazu verfolgt Philosophie die Frage nach dem letzten Wesen und Sinn des Menschen und des Seins im ganzen ausschließlich im Ausgang von der allgemein allen Menschen zugänglichen Erfahrung: Sie geht – in einem *ersten methodischen Schritt* – aus von solcher Erfahrung und sucht sie in ihrer erkennbaren wesenhaften und notwendigen Sinnstruktur zu beschreiben; sie geht aber dann auch – in einem *zweiten methodischen Schritt* – hinaus über eine bloße Strukturbeschreibung der Erfahrung, indem sie den Erfahrungsgegebenheiten denkend auf den Grund zu blicken sucht: um sie "von Grund auf" zu verstehen und zu erschließen, als Wirkung und Ausdruck einer Wirklichkeitstiefe, die unsere begrenzte menschliche Erfahrung übersteigt. Der erste methodische Schritt, die wesenhafte Strukturanalyse der Erscheinungen, kann "Phänomen-Logik" oder "Phänomenologie" heißen.[1] Der zweite methodische Schritt, das Nach-Denken und "Hinaus-Denken" über die Erfahrung durch die Frage nach den "Bedingungen ihrer Möglichkeit", den in ihr sich ausdrückenden und auswirkenden transzendenten Grundwirklichkeiten, kann als "transzendentale" oder "ontologisch-metaphysische Hermeneutik" bezeichnet werden: als "Hermeneutik" (abgeleitet von dem griechischen Götterboten Hermes, der den von den Göttern als den geistigen Gründen der Dinge eingestifteten Grund-Sinn übermittelt), sofern es um ein Sinn-Verstehen geht, und zwar um ein Verständnis "von Grund auf"; als "onto-logische" (von griech. On = das Seiende und Logos = der Sinn oder das Wort) Hermeneutik, sofern das Bemühen um ein Verstehen sich hier nicht nur auf das Kulturwerk des menschlichen Geistes richtet (worauf die "geisteswissenschaftliche Hermeneutik" zunächst begrenzt war)[2], sondern auf die allem menschlichen Handeln schon voraus- und zugrundeliegende

Wirklichkeit des menschlichen Seins überhaupt. Wenn in diesem sich aber eine "metaphysische" (d.h. griech.: "hinter" der sinnlich wahrnehmbaren Körperwelt stehende) göttliche Grund-Wirklichkeit ausdrückt, so ist das menschliche Sein in seiner Sinntiefe nur von solchem "Hinter-Grund" her letztlich zu verstehen, und die "onto-logische" Hermeneutik vertieft sich zur "meta-physischen". Das philosophische Vorgehen hat dabei aber empirisch-psychologische, historische und soziologische Fragestellungen und Ergebnisse zu berücksichtigen und zu integrieren; und es kann ebenso an die Schwelle glaubenstheologischer Denkansätze führen und von diesen her noch weitergehende Verständnisimpulse empfangen.

In diesem Sinne ist nun im folgenden die Sinnstruktur des menschlichen Lebens im ganzen und in seiner Ausgliederung in den einzelnen Lebensetappen zu beschreiben sowie in ihrem letztumfassenden Ausdrucks-Sinn zu erschließen. Die Methode der phänomenologischen Analyse und einer onto-hermeneutischen Verständnisbegründung, die zu einer verantwortbaren glaubenstheologischen Letztdeutung hin offen bleibt, können sich gegenseitig durchdringen.

Philosophisches Deutungsprinzip: Das Leben als "triadischer Rhythmus"

Die dergestalt konkret methodisch zu ermittelnde Antwort auf die Frage nach der Sinnstruktur und Sinngrundlage des menschlichen Lebens soll nun im Grundgedanken lauten: Menschliches Leben vollzieht sich seiner Anlage nach als fortschreitend sich wiederholende triadische Bewegung, indem es aus jeder anfänglichen oder erreichten Einheit mit sich und mit andern wieder aufbricht, aus ihr heraustritt und ihr gegenübertritt, um aus solchem Abstand heraus in eine noch tiefere und umfassendere Einheit zurückzukehren. Leben entfaltet und verwirklicht sich in einem Dreischritt: von 1. anfänglicher *In-sistenz*, d.h. einem Inne-Stehen in sich und im Grunde, zu 2. der *Ek-sistenz*, einem Heraus-Stehen, d.h. Heraus-Gehen und Gegenüber-Treten, und von da schließlich 3. zu wieder zurückkehrender und tiefer hineingehender *Re-insistenz*. Aus einer (jeweils) ersten Identität und "In-sistenz in sich" (welche Einheit und Geborgenheit bedeutet) schreitet das Leben in einem Wagnis der "Ek-sistenz" aus sich heraus und stellt sich seiner bisherigen Lebenswelt gegenüber (was einen Schritt in die Nicht-Identität, Gegen-sätzlichkeit und Un-geborgenheit darstellt), um von daher in einem erneuten Akt der In-sistenz, d.h. nun der "Re-insistenz" in eine differenziertere Einheit mit sich und der Welt zurückzukehren (worin eine umfassendere und tiefere Identität und Geborgenheit gefunden werden kann). In dieser voranschreitenden Kreisbewegung, also gewissermaßen einer spiralförmig angelegten rhythmischen Schwingung "Heraus – und immer wieder neu und anders Hinein" drückt sich zutiefst ein partizipierendes Mit-Schwingen mit einer triadisch strukturierten Grundbewegung der Wirklichkeit überhaupt aus, die auf das trinitarische Lebensgeheimnis Gottes hinweist. Nach christlichem Glauben (der auch in anderen Religionen gewisse Entsprechungen hat) geht das unendliche göttliche Sein aus seinem uranfänglichen In-sich-Ruhen heraus – "Gott-Vater" spricht sich in seinem Wort, dem "Sohn", ganz aus und stellt sein inneres Wesen vor sich hin und sich gegenüber –, worauf dieser "Be-gegnungsraum Gottes mit sich" gleichsam erfüllt wird durch den gegenseitigen Liebeshauch und -erguß des "Hl. Geistes", in dem Gott in sich "hineinströmt" und sein inneres Leben hat. So läßt sich menschliches Leben philosophisch-theologisch erfassen letztlich als ein partizipierendes Sinn-Bild göttlicher Urwirklichkeit, die sich in ihm öffnet, und ist aus dieser Tiefe zu verstehen und zu vollbringen.[3]

Die Grund- und Gesamtgestalt des menschlichen Lebens gleicht einem Kreisbogen: Von seinem Anfang her, aus seiner ursprünglichen einfachen Einheit, entfaltet und differenziert es sich im Durchgang durch *Kindheit* und *Jugend*, es geht aus sich heraus, baut sich hinaus in die Welt und bezieht sich – in der *Erwachsenenwelt* – auf die Vielfalt der entgegentretenden Aufgaben; von der Höhe des Lebens an und mit fortschreitendem *Alter* hat es sich jedoch wiederum abzulösen und rück-einzufalten, um in der "Einfalt und Weisheit des Herzens" zu seinem Grunde zurückzukehren. Die Bewegungsfigur des Lebensganzen gliedert sich gewissermaßen in ein Gefüge von Ober- und Unterschwingungen in den einzelnen Lebensetappen, in denen sie sich durchartikuliert und konkret vermittelt.[4]

Hierbei kann sich zeigen, daß der Evolution des Lebens der Charakter eines "*sinnvollen Wagnisses*" innewohnt; das Leben ist in der Abfolge seiner einzelnen Phasen auf immer neue Selbstexposition ek-sistentiell angelegt, denen jedoch ebenso in der Lebensstruktur bereits vorbereitete Hilfen zur Sinnverwirklichung und Rück-einbergung entsprechen. Der angelegte Sinn ist nämlich in der Realität stets gefährdet, meist nur begrenzt verwirklicht, zum Teil sogar in Widersinn verkehrt; das konkrete Leben ist laufend der Gefahr des Scheiterns ausgesetzt und oftmals durch unentrinnbare Übel und scheinbare Auswegslosigkeiten bedroht. Die leidvolle Entbehrung bezieht sich jedoch letztlich auf den Sinn, der dann gerade nicht oder nur undeutlich erfahren wird. Das legitime Anliegen einer philosophischen Besinnung kann daher nicht etwa sein, reale Verhältnisse idealistisch zu bagatellisieren, sondern vielmehr umgekehrt den verdeckten oder gefährdeten Sinn freizulegen und notwendige Hilfen zur Verwirklichung aufzuzeigen.

Bei der folgenden Betrachtung der einzelnen Lebensphasen soll jeweils zunächst versucht werden, onto-anthropologisch den angelegten Sinn herauszuarbeiten, um sodann die erziehungsphilosophische Perspektive sich anbietender Hilfen zur Sinnverwirklichung zu skizzieren.[5]

I. LEBENSANFANG UND KINDHEIT

1. Sinnstruktur der Geburt und der Kindheit

Vor der Geburt in-sistiert der Mensch in seinem mütterlichen Grund und lebt unter dem Herzen der Mutter mit ihr in unmittelbarer Einheit und fast unbegrenzter ("göttlicher") Geborgenheit. Durch den ek-sistentiellen Akt der Geburt wird er aus diesem Grund heraus-gesetzt und der Welt aus-gesetzt, die eine Welt der Beglückungen, aber ebenso auch der Gefahren ist; der Schritt in die Welt kann auch scheitern und bedeutet ein ek-sistentielles Wagnis. Mit der Geburt wird der Mensch von seinem mütterlich-göttlichen Grund gewissermaßen in die Welt hinaus aus-gesprochen; er tritt aus seiner uranfänglichen Ge-borgenheit und Ver-borgenheit im mütterlichen Schoß heraus in eine erste Ent-borgenheit und Offenheit. Es erschließt sich ihm ein neuer Daseinsraum der Wahrheit, in welchem er sich zu be-währen und zu be-wahrheiten hat; er wird von der Welt an-gesprochen und herausgefordert.

Das Heraus-treten aus dem mütterlichen Grund bedeutet jedoch auch ein Gegenüber-treten zu ihm, d.h. eine Rück-wendung und Re-flexion auf ihn: Denn das Kind, das vor der Geburt nur in lebendig durchfühlter Einheit mit und in der Mutter lebte, ist nun sichtbar und im gegen-seitigen Blickkontakt ihr gegen-über, Antlitz zu Antlitz. Aus diesem neuen Ab-stand von der Mutter und Gegenüber-sein zu ihr wird aber eine ausdrücklichere und tiefere gegenseitige An-näherung und Ein-bergung möglich: In der gegenseitigen Sichtbarkeit ist eine bewußtere Entscheidung und An-nahme möglich, und daraus kann eine voll-kommenere In-sistenz des Kindes in der bergenden Liebe der Mutter erwachsen; *Adolf Portmann*[6] bezeichnet sinngemäß die Familie als "Sozial-Uterus". Mit der gewonnenen Re-insistenz des Kindes in seinem Ursprung in "Annäherung durch Abstand" (*Hans André*[7]) ist gewissermaßen ein Kreisbogen vollzogen; durch das Auseinandertreten von Mutter und Kind wird eine andere, nämlich differenziertere, umfassendere und tiefere Einheit von Mutter und Kind ver-mittelt.

Damit ist eine kindliche Sinnstruktur und Lebensform grundangelegt, die auch in transzendentaler Dimension eine neue Einheit zeigt: durch die Eltern, durch die Natur und auch durch sich selbst mit dem göttlichen Grund. Für das Kind haben das Wissen und die Macht der Eltern grundsätzlich keine Grenze: Der Vater bzw. die Mutter "weiß alles" und "kann alles", sie sind "all-wissend" und "all-mächtig". Ebenso sind die Weisheit und die sorgende Liebe der Eltern in der Erwartung des Kindes unerschöpflich. Das heißt: Dem Kinde erscheinen die Eltern in göttlicher Dimension, es unterscheidet noch nicht rational-gegenständlich unbegrenztes göttliches Vater- und Mutter-Urbild und begrenztes menschliches Vater- und Mutter-Abbild; es erfaßt gemäß seiner archaischen ganzheitlichen Erkenntnisweise das eine im anderen in ungeschiedener Einheit. So wird es zum Beispiel verstehbar, wenn nach einem gemeinsam erlebten herrlichen Sonnenuntergang der kleine Sohn die Hand des Vaters ergreift und ihm zuflüstert: "Du Papa, bitte mach das noch mal!"

Oder welches Verhältnis zur Natur offenbart sich, wenn das Kind die wärmende Sonne als "lieb" bezeichnet und die Gestalten und Vorgänge des Kosmos ihm ein "persönliches Antlitz" zeigen?

Das Kind lebt ebenso auch noch mit sich selbst in fragloser und un-gegen-ständlicher Einheit; es hat sich anfänglich noch nicht als ein "Ich" sich selbst und andern gegenübergestellt; es lebt noch nicht in der Aus-ein-ander-Setzung mit sich und der Welt. Soweit es noch nicht durch frühe ängstigende Einflüsse seitens der Umwelt gestört und beengt wird, ist es ein gleichermaßen an alle Dinge absichtslos hin-gegebenes, spielendes Da-sein. Es ist in seiner Bereitschaft, Vertrauen zu schenken und in seiner Offenheit und Lebenszuversicht von sich aus un-begrenzt.[8]

2. Hilfen zur Sinnverwirklichung

Aus solcher Sinnerhellung, die im Dasein der Kindheit eine transzendentale, metaphysische Tiefe erkennen läßt, ergibt sich nun: Mögliche Hilfen einer angemessenen Sinnvermittlung und Sinnverwirklichung müssen in einer sinn-bildlichen Sprache erfolgen, die den ideellen Sinn im physischen Bilde anschaubar und erfahrbar macht. Nach dem oben Gesagten sind als solche Hilfen hier vor allem zu nennen: das *Märchen*, das *Vorbild*, und das gute *Beispiel*.

Das *Märchen* soll und kann die "Wahrheit der Wirklichkeit im ganzen und letzten" dem intuitiven Blick des Kindes vortragen. Verschlüsselt in seinen symbolischen Figuren und Erzählungen sagt es aus: Der Mensch lebt zunächst in seiner Heimat im Guten geborgen; er muß aber dann aus dieser seiner uranfänglichen Identität aufbrechen und wird den Angriffen und Gefährdungen des Bösen aus-gesetzt; wenn er aber in den Prüfungen des Lebens sich bewährt – von seinem persönlichen Einsatz hängt es entscheidend ab! –, dann siegt das Gute und gewinnt er eine neue und tiefere, d.h. jetzt erst seine eigentliche Identität. Damit ist unverkennbar das Leben in seinem angelegten Grund-Sinn als in-ek-reinsistentielle Bewegung beschrieben.

Aus dieser Unwahrheit lebt der Mensch, sie gibt ihm Deutung, Orientierung und Stärkung auf dem späteren Weg; daher wohl die originäre Empfänglichkeit für Märchen. Das Märchen hat so gewissermaßen einen "metaphysischen Wahrheitsauftrag". Aus ihm ergeben sich eindeutige Sinnkriterien für die Unterscheidung und pädagogisch verantwortliche Auswahl im konkreten Einzelfall.

Das *Vor-bild* wirkt, indem der Erzieher am Bilde seiner eigenen Lebensbemühung die tragenden Sinnwerte wie Ehrlichkeit, Hilfsbereitschaft usw. konkret transparent werden läßt und an-schaulich vor-führt. Er wirkt grundlegend nicht durch einzelne "erzieherische Handlungen", sondern durch die Gültigkeit und Überzeugungskraft seiner menschlichen Wirklichkeit. In mitmenschlichem Umgang und persönlicher Zuwendung "ge-wöhnt" er das Kind an eine tragende Lebensordnung, in die dieses sich so wie ganz natürlich hinein-wohnt.

Das gute *Bei-spiel* spielt "wie bei her" und lädt das Kind zum Mit-Spielen ein. So kann das Kind erzogen werden, in seinem Zimmer Ordnung zu halten, indem der Erzieher mit ihm zusammen einmal "aufräumen spielt"; das nächste Mal braucht er dieses Spiel von sich aus vielleicht nur noch "an-zuspielen" – und das Kind führt das Spiel mit sich allein zu Ende. Die Erfahrung bestätigt: Wer mit dem Kinde spielt, hat Autorität; er wird als Partner akzeptiert und darf in der gemeinsamen Hin-gabe des eigenen Seins die Führung übernehmen. Spiel erweckt Kreativität. Das allzu gewollte "gute Beispiel" hingegen bedeutete Verrat am Grundcharakter des Spiels, könnte sich in das grundsätzlich "spielende Dasein" des Kindes nicht ein-spielen und müßte so notwendig die beabsichtigte Wirkung verfehlen.[9]

II. JUGEND

1. Sinnstruktur der Jugend

Es entspricht der Gesamtbewegung und Zielrichtung des Lebens, daß der Mensch aus seiner Kindheit auf-zubrechen und in eine andere Daseinsform einzutreten hat: die Jugend. Manchmal allerdings gelingt dieser Um-bruch und sich ablösende Strukturwandel nicht oder nur ungenügend; es kommt zu Verhaftungen an die ver-gangene kindliche Geborgenheit und Ver-spannungen gegen die nun anstehende neue Lebensaufgabe, in die man sich nicht hinauswagen möchte. Dann besteht eine wesentliche Reifungsmöglichkeit darin, diese Ver-engungen und Ängste – und sich selbst in ihnen! – annehmen zu lernen. Dies wird dann eher gelingen, wenn der Jugendliche die Vertrauenswürdigkeit und die verständnisvolle Begleitung eines älteren Menschen erfahren darf.

Damit aber zeigt sich bereits die Sinnstruktur und Daseinsaufgabe der Lebensform der Jugend: Der Mensch hat aus der kindlichen Geborgenheit und geschlossenen Einheit mit seinen Eltern und den Mitmenschen, mit der Natur und mit sich selbst herauszugehen und allem Seienden gegenüber-zutreten; er hat es auf-zuschließen und ist so ein her-aus-gesetztes und un-geborgenes, allem aus-gesetztes Wesen.

Das heißt zunächst: Er tritt aus der unmittelbaren Lebenseinheit mit seinen Eltern, worin er die Dinge gewissermaßen "mit den Augen der Eltern" sah und deren Wertmaßstäbe übernahm, heraus und ihnen "kritisch" gegenüber; im Wider-stand gegen sie sucht er Selb-stand und Selb-ständigkeit zu erfahren. In typischen "Trotz-Phasen" soll eine Frei-setzung "von" und "gegenüber" den Eltern und ein "Freiraum für sich selbst" erprobt werden. Sofern die Eltern und die überkommene mitmenschliche Gemeinschaft aber für das Kind auch das Göttliche und eine "höhere Lebensordnung" repräsentierten (und mehr oder weniger ausdrücklich mit diesem Anspruch auftraten), tritt der junge Mensch nun kritisch auch den traditionellen Formen der Gesellschaft und der Religion gegen-über; er geht ihren Er-scheinungen auf den Grund und prüft sie auf ihre "Wahrheit". Seine ek-sistentielle Grund-bewegung (und die leitende "Tugend"!) ist das aufbrechende Fragen.

Ein ähnliches Verhältnis entwickelt er zur Natur: Er sucht sie zu ver-gegen-ständlichen und analytisch auf-zuschließen. Ein erwachendes natur-"wissenschaftliches" und technisches Interesse ist vielfach für diese Altersstufe kennzeichnend. Die Naturerscheinungen verlieren weitgehend ihre urbildliche Transparenz zum Unbegrenzten und Göttlichen und werden als Gegen-stände rational ab-zugrenzen und be-grifflich in den Griff zu nehmen versucht. Die Natur wird als Raum einer neuen Ver-fügungsfreiheit und Bewegungsfreiheit erschlossen.

Im gleichen Sinne konstituiert sich ein anderer Bezug zur eigenen Person: Der junge Mensch tritt aus sich heraus und sich gegenüber. Er erscheint sich selbst als sein wichtigster Gegen-stand, ja als sein größtes Pro-blem. Er emp-findet sich wie außerhalb seiner selbst, gewissermaßen wie einen "Fremden", den es zu ent-decken und er-kämpfen gilt. Dieses Aus-gesetztsein vor sich selbst, das zur "Aus-ein-ander-setzung" mit sich selbst nötigt (aber keineswegs notwendig in eine einseitige "Introvertiertheit" mündet), wird durch die psycho-physischen Veränderungen im Zusammenhang der "Akzeleration" des körperlichen Wachstums und der geschlechtlichen Reife (Pubertät) eingeleitet und gefördert.

Dieser onto-logische Sinngehalt der Jugendzeit als ek-sistentieller Auf-bruch drückt sich gewissermaßen sinn-bildlich auch in der Körperstruktur aus. Der kindliche Körper erschien kon-zentrisch angelegt: durch seinen relativ großen Rumpf und großen Kopf mit kurzen Extremitäten wurde die Leibesmitte betont. Dagegen wirkt der Jugendliche eher ex-zentrisch: durch die sich streckenden Arme und Beine ist er aus seiner Mitte herausgesetzt.

2. Hilfen zur Sinnverwirklichung

Sucht man nun erziehungsphilosophisch nach Hilfen, die diesen der Jugendzeit aufgegebenen ek-sistentiellen Sinn theoretisch und praktisch vermitteln können, so bietet sich die Sprache des *rationalen Be-griffs* an. Denn sie erlaubt die Wirk-lichkeit als Gegen-stände zu er-fassen und geistig in den Griff zu nehmen. Im rationalen Dis-kurs und in der Dis-kussion werden die Inhalte der Erfahrung auseinander-genommen und aus-gelegt, in der Über-legung gewissermaßen übereinandergelegt und verglichen und im "logischen Schluß" auf den Sinn ("Logos"), der ihnen zu-grunde liegt, auf-geschlossen; die rationale Sprache dient als Medium, den Erscheinungen denkend auf den Grund zu blicken. Sie verlangt den per-sönlichen und per-sonalen Ein-satz der Gesprächspartner, die sich der Wahrheit und auch einander gegen-seitig aus-zusetzen bereit sind. Nur indem die Eltern, Erzieher und Lehrer sich dergestalt selbst wagen und in der Dis-kussion mit ihren eigenen Ansichten "aufs Spiel setzen", können sie dem jungen Menschen ek-sistentiell helfen; doch dieses Selbstwagnis kann – wenn es von der "Klugheit des Herzens" geleitet ist – sinnvoll sein, da es die Chance zu neuer Ursprünglichkeit des eigenen Blickes und geistig-seelischer "Ver-jüngung" einschließt. Der Versuch ängstlich-autoritärer Selbstabsicherung durch ein Im-Griff-Halten der Gegebenheiten mit vorgefaßten Begriffen (und Nieder-Halten der wahren Probleme und der Wahrheit) versperrt und verweigert sich gegen den ek-sistentiellen Sinngehalt der Jugend, kann aber durch das menschliche Erfolgserlebnis eines "reflektierten Vertrauens" überwunden und überholt werden.

Jedenfalls erschöpft sich der erzieherische Sinn von Schule und Unterricht nicht in der bloßen Information über sogenannte "Erfahrungstatsachen" und ihre Deutungsmöglichkeiten; sondern das engagierte Gespräch sollte durch *Argumentation* existentielle Einsichten anbahnen und durch entsprechende *Motivation* zu persönlichen Entscheidungen ermutigen.

Vielleicht liegt für die Jugendzeit ein "Trost des Daseins" darin, daß bei aller Un-geborgenheit und Aus-gesetztheit zugleich auch eine neue Ein-geborgenheit und Geschütztheit mitgegeben ist. Denn die Gesellschaft gewährt dem jungen Menschen einen gewissen "*Freiraum*", wonach er aus gewohnten Strukturen und überlieferten Vorstellungen heraustreten und sich ihnen kritisch gegenüberstellen darf, um die Dinge wie sich selbst "experimentell zu erproben", ohne sich schon in einem bestimmten Sinne festlegen zu müssen. Solche "ek-sistentiellen Erfahrungen", die nicht schon von vornherein unter dem Richtmaß der Erwartung einer alsbaldigen verbindlichen Entscheidung stehen, werden dem jungen Menschen zum Beispiel in den Bereichen der Geschlechterbegegnung, der Philosophie und Religion und der beruflichen Vorbereitung eingeräumt. Denn die Möglichkeit einer endgültigen Entscheidung im Sinne von verläßlicher Treue gegenüber einer Person oder einer Aufgabe hat Voraussetzungen, die in der Jugendzeit aufgrund ihrer onto-anthropologischen Disposition und ihrer anders gerichteten Aufgabe vielfach noch gar nicht gegeben sein können. Der Charakter und das Maß des gesellschaftlich erlaubten Erfahrungsspielraums individueller Freiheit muß sicher auch von der "Verantwortung für das Gemeinwohl" abhängen, wobei aber durch die "Neuaufbrüche ihrer Jugend" der Gesellschaft selbst wichtige Entwicklungsimpulse zuwachsen. Der sittliche Imperativ dürfte ermutigen: Mehr Freiheit gegenüber den traditionellen gesellschaftlichen Normen *durch tiefere Bindung an ihren menschlichen Sinn*.[10] Das sinnvolle und vertretbare ek-sistentielle Wagnis bedeutete dann ein Maximum des Einsatzes auf der Grundlage wenigstens eines Minimums an Einsicht in seinen Sinn. Jedenfalls: Der ek-sistentielle Bewegungsrhythmus der Jugendzeit als ein Überschreiten traditioneller, nun als zu eng empfundener Sicherungssysteme in-sistiert in einem hierfür gewährten schützenden Freiraum und ist ohne ihn nicht zu verwirklichen; er vollzieht so eine ek-reïnsistentielle Bewegung.[11]

III. ERWACHSENENZEIT

1. Sinnstruktur des Erwachsenenalters

Doch kann – und darf! – der Mensch nicht zeit seines Lebens ein Jugendbewegter und ein Schweifender bleiben; er muß eines Tages aus dem Schutzraum und der Geborgenheit "jugendlicher Freiheit" heraustreten – und sich ver-bindlich entscheiden. Dies bedeutet den Eintritt in eine neue Lebensetappe: die Erwachsenenzeit.

"Erwachsen" wird der Mensch dadurch, daß er zwischen seinen vielen Möglichkeiten, die er in der Jugendzeit kennengelernt hat, wählt; so "wählt er sich selbst". Er definiert sich. Damit tritt er heraus aus dem Status der Unbestimmtheit und Unverbindlichkeit in dem frei spielenden Entwurf und der Erprobung von Möglichkeiten und geht über zu einer bestimmten Daseinsform durch einen Akt der Selbstbestimmung: sei es für einen bestimmten Lebenspartner, einen bestimmten Beruf in Gesellschaft und Öffentlichkeit, oder eine bestimmte Philosophie oder Religion.[12]

Was in der Jugendzeit noch nicht anstand, ist jetzt das Thema: der *Gebrauch* der Fähigkeit zur freien Entscheidung, die *Verwirklichung* der Aufgabe und Möglichkeit, sich selbst zu wählen. Es handelt sich um den Übertritt von der Vielheit hervorgetretener und bisher nur angereizter Möglichkeiten zur Einheit einer ernsthaften Verwirklichung (die eben nur eine unter anderen möglichen ist); es handelt sich um den Übergang von der bloßen Möglichkeit zur Wirklichkeit. Denn nun erst kann die Wirklichkeit einer Lebenspartnerschaft, eines Berufs, einer philosophischen oder religiösen Überzeugung voll herankommen, indem der Mensch sich ganz ein-läßt auf das, wofür er sich ent-scheidet.

Dabei zeigt sich aber auch: Es ist unmöglich, sich verbindlich festzulegen, eine "Position zu beziehen" und in Mündigkeit die Verantwortung für seinen Weg zu übernehmen, ohne Mut und Hoffnung zur Zukunft aufzubringen – was ein gewisses "Lebensvertrauen" einschließt. Vielleicht fühlen manche Menschen sich zu einer "existentiellen Wahl" deshalb nicht in der Lage, weil sie sich durch Angst vor möglichen negativen Folgen einer end-gültigen Entscheidung und letztlich durch ein tiefes Schicksals-Mißtrauen bestimmen lassen. Der Schritt zum Erwachsensein bedeutet wesentlich auch die persönliche Entscheidung, zu vertrauen.

Auf die jugendliche Romantik der 'unbegrenzten reinen Möglichkeiten' hat der erwachsene Realismus der 'stets nur begrenzten Wirklichkeit' zu folgen; ohne Annahme der Grenzen ist Reifung nicht möglich. Der Verzicht auf die Breite der vielen Möglichkeiten erscheint als der Kaufpreis für den Gewinn der Tiefe der Wirklichkeit.

Aber indem der Mensch sich de-finiert, eine bestimmte neben anderen Möglichkeiten wählt und so die Begrenztheit des Daseins akzeptiert, engt er sich keineswegs in die Grenze ein: Vielmehr im Gegenteil, erst wenn er sich zum Beispiel entscheidet, nicht Buddhist, sondern Christ zu sein (oder umgekehrt), kann er für die Gegenseite zum ernsthaften Partner werden und durch die Aus-ein-ander-Setzung Horizont und Weite gewinnen; wenn er weder das eine noch das andere noch überhaupt etwas Bestimmtes ist, so fehlt jegliche existentielle Basis einer "Kon-frontation" und des gegen-seitigen (!) Verstehens und Vertrauens. Die Erfahrung lehrt: Nur wenn man sich in eine Grenze wirklich hineinbewegt, erwirbt man die Chance, über sie und über sich selbst hinauszuwachsen; Grenzen, die nicht aus dem Motiv der ängstlichen Selbstabsicherung festgehalten, sondern als notwendiger Ausdruck der eigenen Endlichkeit auf dem gemeinsamen Wege akzeptiert werden, verhärten sich nicht, sondern verwandeln sich in offene Tore zum andern.

So bedeutet das Erwachsenenalter eine spezifische Etappe auf der in-ek-insistentiellen Bewegung des Lebens: den Schritt von der Aus-gesetztheit der Jugendzeit hinein in eine feste Struktur. Durch sie ist man etwas Bestimmtes (zum Beispiel Arzt *oder* Lehrer *oder* Handwerker) und in-sistiert damit sowohl in der Gesellschaft als auch (durch seine eindeutige Stellung und Aufgabe gegenüber den anderen) in sich selbst; man ist in beiderlei Hinsicht 'geborgen'. Es geschieht ein Schritt von der Ek-sistenz zu neuer und tieferer Insistenz und Identität.

Dieser Schritt hat in vielerlei Hinsicht den Charakter eines Wagnisses; er ist *auch* der Schritt von der In-sistenz in der Geborgenheit des "Freiraums der Jugend" zu einer neuen umso stärkeren Ek-sistenz und Ungeborgenheit. Denn indem der Mensch jetzt sich bestimmt und festlegt, ist er für alle antreffbar – und angreifbar: als Ehepartner dieses und keines anderen Menschen, als Vertreter dieses und keines anderen Berufs, als entschieden für diese und nicht eine andere Religon ... Jede klare Position in der Gesellschaft bedeutet auch Selbst-ex-position.

So bedarf das Gelingen des Erwachsenenalters der Hilfe durch den Mit-Menschen.

2. Hilfen zur Sinnverwirklichung

Ist die höchste Möglichkeit des Kindesalters, gewissermaßen die Leittugend des Kindes, das Vertrauen, und ist die der Jugendzeit angemessene Grundhaltung das ek-sistentielle Suchen und Fragen und der öffnende Aufbruch, so ist der Erwachsenenzeit eine besondere Entschiedenheit und Verläßlichkeit des Daseins zugeordnet: Man erwartet vom Erwachsenen, daß er verläßlich lebe, die von ihm zu erwerbenden sittlichen Fähigkeiten sind Verläßlichkeit und Treue. Sie bedeuten und sichern die volle Verwirklichung dessen, was als die "Sinnstruktur des Erwachsenenalters" beschrieben wurde.

Die mit der Festigkeit des an seinem Ort Stehens und des in seiner gewählten Aufgabe Inne-Stehens gegebene Verläßlichkeit des Lebens muß und kann sich zur Treue vertiefen. Deren Sinn leitet sich ab von Trauen und Ver-trauen: nicht, wie beim Kinde, einfach erwachsen aus der Unmittelbarkeit des Lebens und Erlebens, sondern nun hindurchgegangen durch Re-flexion, vielleicht auch Enttäuschung, und durch bewußte freie Entscheidung. Sie ist Stand im Widerstand.

Verläßlichkeit und Treue wächst im Zu-spruch und in der Anforderung durch andere, und dies geschieht vor allem in der vollen gegenseitigen Partnerschaft. Was damit gemeint sein kann, beschreibt Martin Buber durch den Begriff der "gegenseitigen Umfassung".[13] Während nämlich in dem Verhältnis des Erwachsenen zum Jugendlichen, das als das "erzieherische" bezeichnet wird, nur dem Erwachsenen das volle Verstehen und die volle Verantwortung zukommt, hier also eine lediglich "einseitige Umfassung" waltet, ist bei einer angemessenen Partnerschaft zwischen zwei Erwachsenen beiden Seiten das gleiche zuzumuten. Durch eine solche voll ebenbürtige Beziehung wächst ihnen Bestätigung und Stärkung zu, die auf ihrem Lebenswege tragen kann. Verläßlichkeit und Treue (beispielhaft in den angesprochenen Bezugsfeldern der Lebenspartnerschaft, des Berufs und der Religion) vermitteln Geborgenheit und Freiheit.

Dies schließt eine konträre Position und Gewissensüberzeugung der Partner, wie oben erwähnt, keineswegs aus; im Gegenteil würde dann die wechselseitige Achtung und Anerkennung als Mensch in die Möglichkeit einer noch größeren Be-währung und Be-wahrheitung versetzt. Die gegenseitige Erfahrung verläßlicher Weg-gefährtenschaft und Begleitung kann ein metaphysisch-religiös dimensioniertes Schicksalsvertrauen begünstigen und gerade auch unter widrigen Lebensumständen eine wesentliche Hilfe zur Sinnverwirklichung der Lebensetappe des Erwachsenen darstellen. Doch auch der Ausfall oder das Zerbrechen einer solchen Beziehung muß nicht notwendig zu einem Scheitern des Lebens führen, sondern eine *akzeptierte* Einsamkeit kann ein Weg zu größerer ek-sistentieller Freiheit und tieferer in-sistentieller Eingründung in göttliche Liebe werden.[14]

IV. ALTER UND LEBENSVOLLENDUNG

1. Sinnstruktur des Alterns und des Sterbens

In seiner ersten Lebensetappe, der *Kindheit*, in-sistierte der Mensch gewissermaßen in fast unmittelbarer Einheit und 'Ein-falt' im Sein (Körpersymbol: Kugelgestalt). In der Phase der *Jugend* ek-sistierte er aus dem Sein, trat sich, der Natur wie den Mitmenschen und dem Göttlichen wie einem Gegen-stand gegenüber (oft mit der Empfindung eines verborgenen "Geheimnisses" oder auch der "Fremdheit") und suchte sich selbst und das ihm Begegnende zu entfalten und auf-zubrechen (Körpersymbol: die Gerade oder der Pfeil). Der Sinn der *Erwachsenenzeit* ging auf Re-insistenz im Sein, indem der Mensch nun nach Re-flexion und Ent-scheidung in eine feste Struktur einzutreten und sich ver-bindlich zu binden suchte (Körpersymbol: die haltgebende feste Statur). Im vierten und letzten Lebensabschnitt, dem *Alter*, hat der Mensch sich aus den gewordenen festen Strukturen wiederum zu lösen, aus ihnen herauszutreten und (in diesem Sinne) zu ek-sistieren: nicht, um "zu-grunde" zu gehen, sondern "zum Grunde" zurückzukehren und in ihm zu "re-insistieren" (dieses Wort versteht sich hier zunächst noch nicht im Dativ des Ruheortes, sondern im Akkusativ der Bewegungsrichtung) (Körpersymbol: die nach innen gerichtete Spirale).

Das heißt: Der Mensch kann nicht – so überraschend und mißverständlich es vielleicht klingen könnte – ein "Erwachsener" bleiben. Eines Tages tritt er heraus aus dem festen Gefüge der sozialen Verpflichtungen und er tritt ein in eine neue Freiheit. Er kann so seine "Zweite Jugend" oder später sogar eine "Zweite Kindheit" erreichen: in einem nun reiferen Sinne, nämlich als eine durch die gewonnene Lebenserfahrung und vollbrachte Lebensarbeit ver-mittelte neue Unmittelbarkeit, Einfachheit und schlichte "Ein-falt". In ihm gründet "Weisheit", sofern das erlebte Viele nun auf das wesentliche Eine hinbezogen und so in seinem letzten Wert "richtig" eingeordnet und beurteilt werden kann.

Der Übergang vom dritten zum vierten Lebensabschnitt hat im Rückblick den zunächst mehr negativen Aspekt des Abschieds, des "vorgefühlten Sterbens": Hatte man für Kinder aufzukommen, so sind diese nun "aus dem Haus" und in ihrer Lebensposition für sich selbst verantwortlich. Man ist zwar den Pflichten und Lasten der Erziehung enthoben, aber wohl auch um eine Aufgabe ärmer geworden, die dem eigenen Leben vielleicht grundlegenden Inhalt und Wert gegeben hatte. Man ist für die Lebensgestaltung anderer nicht mehr im bisherigen Sinne not-wendig und könnte sich als entbehrlich oder "über-flüssig" empfinden; es ist schmerzlich zu erfahren *und zu akzeptieren*, in gewissen Bereichen "nichts mehr zu sagen" zu haben.

Ähnlich wie im intimen Familienbereich, so steht ebenso auf der gesellschaftlich-öffentlichen Ebene der Abschied an; die "Entpflichtung" von den beruflichen Aufgaben kann als "fröhliche Beerdigung" zu Bewußtsein kommen. Der Mensch wird daran erinnert – und dies wird ja nun öffentlich dokumentiert –, daß sein Leistungsniveau und Daseinswert für die Gesellschaft zurückgeht und er empfängt von daher nicht mehr die gewohnte Be-Achtung. Er erlebt, daß Gedächtnis und Konzentrationsfähigkeit nicht mehr uneingeschränkt zu Gebote stehen und erfährt auf immer mehr Gebieten die Vergänglichkeit. Wozu also noch? Die Frage nach Berechtigung und Sinn des Lebens wird neu zum Problem.

So wird eine Wende der Blickrichtung von der Vergangenheit in die Zukunft notwendig, was eine Befreiung und Neu-Öffnung bedeutet. Dann läßt sich erfahren: *Das Los-lassen der Vergangenheit ist das Kommen-lassen der Zu-kunft*. Der Tod der festen, aber auch in harte Verpflichtungen eingegrenzten "Daseinsform der Lebenshöhe" wird – soweit man ihn bewußt akzeptiert – zur Geburt einer neuen Freiheit und Tiefe des Lebens, worin Erfüllung und Geborgenheit und eine erst jetzt mögliche In-sistenz im Sinn gefunden werden kann.

Die Erfahrung kann zu der Einsicht in den Sinnzusammenhang führen: Wenn man das Vergangene nicht vergangen sein läßt, sondern es festzuhalten sucht, so versperrt man sich gegen das Kommende; das Lassen hingegen kann Befreiung und Freiheit bedeuten.

So z.B. ist man immer wieder genötigt, seine stets nur begrenzten Begriffe vom Unbegrenzten und Göttlichen los-zulassen, wenn man im Leben mit der Frage scheitert: "Wie kann Gott dieses oder jenes Übel zulassen?" Ein so durch Lebenserfahrung vielleicht veranlaßter "Atheismus" bezieht sich offenbar nicht auf den unbegrenzten Gott selbst, sondern nur auf unsere begrenzte Vorstellung von ihm; das Los-lassen derselben bedeutet dann eine neue Öffnung zur Wirklichkeit selbst und ein Kommen-lassen des "wahren Gottes" – über den man eben nicht von sich her ver-fügen kann.[15]

Gemeint ist grundlegend die reife Menschlichkeit, die aus einer Verarbeitung der Lebenserfahrung erwächst. Durch akzeptiertes Leid und Leiden kann sich das Verständnis für andere Menschen weiten und vertiefen. Mit der Ablösung und Abstandnahme von dem, was sich nicht festhalten läßt, wird eine neue Annäherng und Nähe zu den Dingen möglich.

Dies dürfen zum Beispiel die Großeltern erfahren, die – da sie nicht primär unter der Pflicht und dem "Leistungsdruck" der Erziehung stehen – ihrem Enkelkinde in einer besonderen Form von Freiheit und Güte begegnen können, in der sie nicht durch die Eltern ersetzbar sind (wie auch umgekehrt die Eltern in der natürlicherweise ihnen zukommenden Erziehungsaufgabe nur im Grenzfall zu ersetzen sind – wobei sich stets die Frage nach dem "geringeren Übel" stellt).

Ebenso könnten im Bezugsfeld der Öffentlichkeit die "beruflich Entpflichteten" ihre langjährig gewonnene Erfahrung anderen durch ihren Rat zur Verfügung stellen. Es stellt sich an eine zukunftsorientierte verantwortliche Sozialpolitik die Aufgabe, hier neue Einsatzmöglichkeiten zu schaffen, wonach ältere Menschen weder völlig im Abseits stehen müßten noch total in den Leistungsprozeß der Gesellschaft integriert würden, sondern vielmehr beiden Seiten optimal gedient wäre.

Der positive Sinn des Alterns und die ihm entsprechende Lebensaufgabe werden durch die menschliche Selbsterfahrung verdeutlicht. Diese zeigt: Der *Jugendliche* lebt noch in der *Zukunft*, in seinen Plänen, Hoffnungen und Erwartungen; er läuft gewissermaßen "vor sich her". Der *Erwachsene* geht in seinen *gegenwärtigen* Aufgaben und Problemen auf (oder "unter"); er hat ganz im Jetzt zu leben. Mit fortschreitendem Alter werden scheinbar längst vergessene Kindheits- und Jugenderlebnisse wieder wach und beschäftigen das Bewußtsein mit oft größerer Intensität als das jeweils gegenwärtige Geschehen dies vermag; der *alternde Mensch* lebt mehr in seiner *Vergangenheit*, gewissermaßen "hinter sich her". Im Fortgang des Lebens wandert der Lebensakzent von der Zukunft durch die Gegenwart in die Vergangenheit; der Lebensbogen rundet und schließt sich. So soll das Erlebte immer wieder-(ge)-holt, durchgearbeitet und "durchgekaut" werden, um das Vielfältige rück-ein-zufalten und zu einer wesenhaften "Ein-fältigkeit" zu bringen. Das Alter zeigt sich in seiner Tendenz und Sinnbestimmung als die Lebensphase der Wieder-holung, Er-innerung und Ver-innerlichung. Der Ausdruck "Lebensabend" zieht den Vergleich mit dem Tagesrhythmus und ordnet dem Alter die Aufgabe (und natürliche Fähigkeit!) der Lösung, der Verwesentlichung und Sammlung zu, einer "Beruhigung in der Einheit"; es erscheint in diesem Sinne als die eigentliche "Zeit des Geistes".

Nach *C. G. Jung* lassen sich an der Schwelle zum Alter drei konträre Verhaltensformen beobachten: Die *eine* zeigt ein starres Festhalten an der in der Jugend- und Erwachsenenphase erworbenen gesellschaftlichen Position und Geltung; sie will nicht "loslassen" und nimmt zum Beispiel eine "autoritäre Haltung" ein. Die *zweite*, dieser gewissermaßen antithetisch entgegengesetzt, besteht im völligen Abbruch und Umsturz der bisherigen Lebensweise; der Mensch steigt aus seinen bisherigen Beziehungen (z.B. seiner Ehe, seiner beruflichen oder religiösen Ausrichtung) aus und gibt sich "dynamisch-aufbrechend" und wieder jugendlich-ungebunden, fast wie ein Pubertierender. In der *dritten*, der integrativen Verhaltensform aber sind beide Einseitigkeiten "aufgehoben" und überwunden; als "gesunde psychische Integration" umfaßt sie sowohl das Kontinuitätselement der ersten als auch das Diskontinuitätsprinzip der zweiten. Zu integrieren sind hier vor allem der bewußte und der unbewußte Bereich der Psyche. Wurde zum Beispiel bei einem Mann durch die Anforderungen des Lebenskampfes eine einseitige Leistungshaltung nach außen aufgebaut, die empfängliche und nach innen gerichtete sensitive Seite seines Wesens aber ins Unbewußte abgedrängt, so soll gerade sie jetzt "zu-gelassen" werden. Er entwickelt auch Eigenschaften, die bisher als "natürliche Privilegien" der Frauen galten; er wirkt jetzt "ganzheitlicher". Die Inhalte des "Unbewußten", Vergessenes oder Verdrängtes, werden nun frei und das bewußte Ich nimmt sie auf, geht in sie hinein und wächst mit ihnen zusammen; es ersteht ein integrierter, ein menschlicherer Mensch.[16]

Was aber ist der bedeutsame Inhalt vergessener oder verdrängter Ereignisse aus der frühen Zeit des Lebens? Die Erfahrung unbegrenzter Geborgenheit bei der Liebe der Eltern, in Heimat und Natur, die in ur-bildlich göttlicher Tiefe erlebt wurden! Denn der Mensch kommt, wie schon in unserer Betrachtung der Kindheit deutlich wurde, aus diesem archetypischen Daseinsraum, in den die Psyche nun zurücktendiert. Im Sich-lösen und Los-lassen, dem Akzeptieren der eigenen Grenze und End-lichkeit, richtet er sich aus aufs Un-endliche und auf die Geborgenheit und den Frieden bei Gott. Es wird zentral wichtig wieder die "kindliche Haltung" des Vertrauens, nun aber errungen und gereift aus der Überwindung des zeitlichen Lebens.

Diese Lebensbewegung der Rück-kehr und Ein-kehr kann sich beim Fortschritt vom Höheren zum Hohen Alter weitergehend herausprägen. Wenn sich in der Wieder-kehr und Neu-gegebenheit des ganzen Lebens aus der Rückerinnerung nun das Nach-denken über das Ge-gebene zum persönlichen Nach-danken an eine gebende Güte vertieft, so wird die Lebensgrundhaltung eine erfüllte Dankbarkeit. Sie kann durch die Erfahrung der Hilfe bei zunehmender Schwäche und Angewiesenheit noch mehr wachsen. Der hilfsbereite Mitmensch aber kann durch solche Dankbarkeit sehr beschenkt werden und darin erfahren, daß er selbst derjenige ist, dem menschlich vielleicht noch ganz anders Hilfe zuteil wird.

Der Sinn des Alters und Hohen Alters: das aus-gefaltete Leben in der Rück-erinnerung wieder zusammen-zufassen und in der Ein-falt des Herzens sich auf das Eine und Wesentliche auszurichten, nämlich: sich zu geben, kann durch den letzten Akt des Lebens seine höchste Steigerung erfahren: im Sterben. Das Sterben erscheint seinem onto-anthropologischen Sinn nach als die Voll-endung des Sinnes des Lebens, als das umfassendste ek-re-insistentielle Geschehen. Denn beim Sterben hat der Mensch aus sich und der gesamten Raum-Zeit-Welt herauszutreten, sich selbst und alles zu lassen und zu geben. Sich zu lassen und zu über-lassen – wem? Zu gehen und zu ver-gehen – wohin? Nach alltäglicher Erfahrung vermag der Mensch insoweit aus sich herauszukommen, sich zu schenken und darin frei zu werden, als er vor ein Du trifft, das ihn versteht und an- und aufnimmt. Dann ist aber anzunehmen, daß das völlige Heraustreten aus Raum und Zeit auf ein Du jenseits der Grenzen von Raum und Zeit hinzielt, das unbegrenzt versteht und aufnimmt, auf das göttliche. Sofern das Sein in Raum und Zeit ein Draußen- und Ausgesetzt-Sein ist, bedeutet der Aus-gang der Welt seiner Sinnrichtung nach den Ein-gang und Heim-gang zum bergenden und befreienden göttlichen Grund. Darin findet der Gang des Lebens seine re-insistentielle Voll-endung.[17]

Die Gewinnung und Erfüllung dieser Sinnrichtung der Altersphase des Lebens ist jedoch bis zum Ende der Beirrung und Gefährdung ausgesetzt und bedarf der mitmenschlichen Hilfe.

2. Hilfen zur Sinnverwirklichung

Hilfe und Sinnvermittlung müssen stets in einer Sprache geschehen, die der Disposition und der Daseinsweise des Empfangenden entspricht. Diese aber liegt, wie sich gezeigt hat, in einer vertieft zurück-kehrenden Annäherung an Jugend und Kindheit, in einer durch die gesamte Lebenserfahrung gefüllten und ver-mittelten neuen Un-mittelbarkeit und Ur-sprünglichkeit. Deshalb hat das Medium der Sprache, durch das Stärkung und

Ermutigung zu-gesprochen werden kann, die Aspekte der begrifflich argumentierenden Sinn-deutung (wie beim Jugendlichen) und der sinnbildlich-anschaulichen Erfahrung (rekurrierend auf die Kindheit) in sich zu vereinigen. Das heißt, die harte rationale Auseinander-setzung, durch die das Leben hindurchgegangen ist, muß nun in eine sinnenfällige Ver-dichtung als in ihr überwindendes "Ergebnis" gebracht werden. Dies aber geschieht durch die *Kunst*: in der Dichtung und Literatur, der Bildkunst, Plastik und Architektur, und in der Musik. Die Erfahrung bestätigt, daß ältere Menschen für Kunst und Spiel in allen Formen eine Aufgeschlossenheit und Empfänglichkeit entwickeln können, die in ihrer "Erwachsenenzeit" so nicht möglich war und ihnen nun einen Weg der Sinnerfahrung und der Freude öffnet.

Entsprechend wird mit fortschreitendem Alter der unmittelbare *körperliche Ausdruck* der persönlichen Zuwendung, die "sinn-liche Berührung", immer wichtiger. Das "körperlich fühlbare Mit-gehen" des Mit-menschen hilft, selbst weiterzugehen; das fühlbare Angenommen-werden hilft, sich selber in seinen Schwächen und Bedürftigkeiten anzunehmen.

Die menschliche Zuwendung und Begleitung endlich in der Stunde des Sterbens, in der der Leidende die Nähe des andern spürt, bedeutet ein gemeinsames dorthin Gehen und sich Hingeben, wohin der Sterbende nun end-gültig zu gehen und vollends sich zu geben hat. So kann durch die Begleitung das Ziel in seinem Herzen Klarheit gewinnen und er vermag sich leichter zu lösen und anzuvertrauen. So muß der Mensch nicht zugrunde gehen wie ein Tier, sondern er darf "zum Grunde" zurückkehren, um von daher, das heißt "von Grund auf", seinen Lieben nun vielleicht noch näher zu sein.

Die entscheidende Übung und Lebenshilfe in allen Phasen des Alters bis zur Vollendung dürfte im Begriff einer "aktiven Ge-lassenheit" zusammengefaßt sein. Sie schließt eine Form von "Weisheit" ein, die aus der aktiven Denkarbeit des sich Er-innerns und Ver-innerlichens erwächst, ebenso wie die Freiheit des An-nehmens, Lassens und Los-lassens bis zur Selbst-überlassung in der Hingabe. Diese Fähigkeit entwickelt sich mit der Übung, auch den andern "kommen zu lassen" und ihm zu-zuhören. Das Geschehen zielt auf eine umfassende ek-re-insistentielle Bewegung, in der jeder Beteiligte an-gerufen und der Sinn stets gemeinsam zu verwirklichen ist – wobei jeder dem andern Hilfe zu schenken hat und von ihm in zunächst vielleicht kaum wahrnehmbarer Weise noch mehr Hilfe empfangen darf.

ABSCHLIESSENDE ZUSAMMENFASSUNG UND VERTIEFUNG

Zur Sinnstruktur des Lebens

In phänomenologischer Sinnanalyse der Lebensetappen hat sich gezeigt, daß das menschliche Leben als ein "triadischer Rhythmus" angelegt ist: Es differenziert sich in einzelne "Etappen" und sucht sich durch sie zu integrieren; so tendiert es zur Form einer sich aus- und ein-faltenden Spirale.

Durch die *Geburt* wird der Mensch aus seinem bergenden Grund heraus- und den Anforderungen und Gefährdungen der Welt aus-gesetzt. Zunächst findet er jedoch – in der *Kindheit* – in seiner Familie wieder Schutz und Geborgenheit, und zwar in größerer Aus-drücklichkeit; denn das Heraustreten geschieht ins Gegenüber zu den Eltern und ermöglicht (und "pro-voziert"!) so in neuer Weise die bewußte Entscheidung. Das Heraustreten aus dem bergenden Daseinsraum der Kindheit im auf-brechenden Fragen und Suchen der *Jugendzeit* ereignet sich nun – wiederum – als Gegenüber-treten zu sich und zur Welt (als "Re-flexion") und soll so offenbar eine neue und tiefere Entscheidung zu sich und zur Welt anbahnen. Solches bewußte und ent-schiedene, volle Inne-Stehen erwies sich als Inhalt und Aufgabe der *Erwachsenenzeit*. In der anschließenden Lebensetappe des *Alters* darf (und muß!) der Mensch sich wiederum lösen und ab-lösen; dieses befreiende Heraus-treten ver-wirklicht sich als Gegenüber-treten (das heißt: als neue "Re-flexion"), weil in der nun wiedererwachenden Er-innerung das ganze gelebte Leben zur neuen Ge-gebenheit wird. Dadurch kann sich die letzte und end-gültige Entscheidung vor-bereiten, mit der das Leben ins Volle und an sein Ende gebracht, also vollendet werden soll: die Hin-gabe des ganzen Lebens in der Heim-kehr zum Grund.

Dieses fortschreitende ek-sistentielle Heraus-treten aus der relativ kleineren Geborgenheit, damit dann der re-insistentielle Ein-gang in eine um so größere Geborgenheit erfolgen könne, hat jeweils den Charakter des Umbruchs, der Krise und des Wagnisses: Denn es ist keineswegs von vornherein sicher, daß die Los-lösung und Befreiung von der bisherigen Lebensgestalt sowie die Bildung und Geburt der nächstfolgenden immer befriedigend gelingen wird; das Leben kann beim Versuch, das Alte los-zulassen und das Neue kommen-zulassen, stets in einer Verhaftung oder Verweigerung scheitern. So erfährt sich der Mensch in jeder Lebensetappe, besonders aber in Zeiten des Umbruchs und anstehenden Übertritts, zur Sinnfindung und-verwirklichung auf die Hilfe anderer angewiesen (Sinn von ahd. sin = Weg!). Die Erfahrung eines Weg-gefährten ist eines der kostbarsten Ereignisse von Sinn und Lebenshilfe.

Dieser Aspekt bestätigt und profiliert sich durch die oben beschriebene Erkenntnis: Der fortschreitende ek-insistentielle Lebensrhythmus, der aus jeder erreichten Geborgenheit heraus- und in eine andere und noch tiefere Geborgenheit und Freiheit hineinzielt, ist von der gegenläufigen Bewegung stets unterfaßt. Dies gilt schon für die mitmenschliche Geborgenheit des *Kindes*; sie konstituiert sich nur in Kompensation seiner völligen naturalen Bedürftigkeit und Ungeborgenheit. Die ek-sistentielle Ausgesetztheit und Ungeborgenheit des *Jugendlichen* wird (vielleicht nicht völlig kompensiert, wohl aber) gemildert durch den von der Gesellschaft zugestandenen "Bewegungs-Freiraum". Die Geborgenheit des *Erwachsenen* in den festen Strukturen der Gesellschaft (und grundlegend: in der Definiertheit und Entschiedenheit der eigenen Lebensform) wird kontrapunktiert durch die Anfechtungen, denen er eben damit aus-gesetzt ist; er kann sie als laufende Heraus-forderung und "Bewährungs"-probe verstehen. Die Ungeborgenheit, die der aus der Leistungsgesellschaft aus-geschiedene und heraus-getretene *ältere Mensch* empfinden mag, indem er durch sie nicht mehr angefordert ist und in seinem Dasein als "entbehrlich" erscheint, kann Grundlage sein für eine neue und umso tiefere

In-sistenz und Geborgenheit in den noch wesentlicheren menschlichen Werten der Güte, des Verstehens und der Dankbarkeit. Umgekehrt führt der letzte und umfassendste Einbergungsschritt, die Rück-gabe des Lebens an den Schöpfer, durch die Ab-trennung von der vertrauten Welt und durch die Ungewißheit und die "Nacht" des Todes.

Es zeigt sich: Die "ek-reinsistentielle Lebensspirale" der "fortschreitenden Aus-bergung zur je tieferen Ein-bergung" hat gewissermaßen eine komplementär entgegengesetzte "Rückseite", die ihren "nach außen und zugleich nach innen gerichteten Grund-Sinn" in jeder Lebensetappe spezifisch verschieden betont. Wie aber ist diese grundgebende Sinnstruktur – und ihre stets miterfahrbare Kontingenz und Gefährdung – letztlich zu begreifen?

Im menschlichen Leben kommt – wenn auch sicher *nur* begrenzt, so doch *wenigstens* begrenzt – der Grundcharakter des Seins, d.h. das was das Sein in seinem göttlichen Grunde ist und ausmacht, zu er-lebtem Bewußt-sein. Die göttliche Grund-Wirklichkeit nämlich läßt sich nach philosophisch-theologischer (und besonders: christlicher) Tradition als un-begrenzte triadische Bewegung verstehen: Das unendliche göttliche Sein tritt aus seiner uranfänglichen In-sistenz in sich (als "Gott-Vater") ek-sistentiell voll heraus und sich in seinem "Wort" (als "Gott-Sohn") gegen-über; der so kon-stituierte Be-gegnungs-Raum des göttlichen Urseins mit sich selbst wird re-insistentiell erfüllt durch die "Hauchung des Geistes", der "die Tiefen der Gottheit durchdringt".[18]

Eine solche Deutung versteht sich als Glaubens-Geheimnis, das als solches die Grenzen des menschlichen Verstehens ek-sistentiell übersteigt und es zugleich re-insistentiell tiefer in die Wirklichkeit des Göttlichen selbst hineinführt. Damit aber erweist sich diese triadisch-trinitarische Deutung der Gottheit als "glaub-würdig": Denn sie läßt die Erfahrungswirklichkeit "von (göttlichem) Grund auf" verstehen und gibt sich so als nicht irrationales, sondern "lichtes und auf-lichtendes" Ge-heimnis. Es bedeutet ein "Wissen wie durch Nicht-Wissen" und gewährt gewissermaßen "Annäherung durch Abstand".[19]

In ihm stellt sich der menschliche Lebensvollzug als partizipierendes Mit-Schwingen im göttlichen Ur-vollzug dar: aus ihm kommend, von ihm geprägt und getragen und in ihn einmündend.

Solcher Horizont des Verständnisses setzt Kraftquellen des Los-lassens und Sich-ein-lassens frei.

Zur Sinnverwirklichung

Aus phänomenologischer Erhellung hat sich die Sinn-Richtung des Lebens konturiert als ein Reifen-Sollen in fortschreitendem "Stirb und Werde". Dabei läßt sich das seelisch-menschliche Geschehen ("*das* Reifen") interpretieren nach dem Bilde eines kreisenden Rades bzw. einer Spirale (vgl.: "*der* Reifen"). Das bedeutet: Das Leben will verstanden, akzeptiert und voll-zogen werden als ein "Wandeln", das wesentlich in einem ständigen "Sich-Wandeln" besteht. Dieser Zusammenhang ist schon in dem alt-chinesischen Ausdruck "Tao" angedeutet, der soviel heißt wie: bald gehen, bald inne-halten (um auf den "Logos" zu hören).[20] Der "Sinn des Lebens" ist ein aktives "Wandern", ein Gehen und Auf-hören (im Hören auf den Sinn und Blicken auf die Führung des Weges) und wieder Weiter-Gehen.

Dieser Dia-log mit dem Logos, der in der Bewegungsform der Weg-Spirale sich artikulieren möchte, hat sich gerade auch dann zu be-währen, wenn die intendierte "Spiralform" im Konkreten weitgehend de-formiert erscheint; der angelegte Sinn kann ja mißglücken, ver-stellt oder bis zum Wider-Sinn ver-kehrt werden. So, wenn dem Kind die elterliche Geborgenheit und das hin-gegebene Spiel ver-sagt sind, wenn die Fragen des Jugendlichen nicht ernst genommen werden, wenn der Erwachsene keine ihm angemessene ver-antwortliche Position finden kann, oder wenn der ältere Mensch sich nicht zu Freiheit und Ge-lassenheit zu lösen vermag. Gerade dann gilt es, das Mißlingen und hierin sich selbst zu akzeptieren; die *Hin*weg-Nahme vermittelt sich durch manche Hin*weg*-Nahme. Das ist die zutiefst tröstende Einsicht in die Erfahrung, daß eine angenommene Grenze nicht mehr unbedingt be-grenzen muß, sondern vielmehr den Weg zu tieferer Reifung und Menschlichkeit öffnen kann.

In jedem Falle ist es die Lernaufgabe, "mit sich selbst mitzugehen" – und dies bedeutet letztlich, mitzugehen mit dem sich gebenden Richtungs-Sinn fortschreitender Aus- und Neu-Einbergung – im Wagnis des Lebens-ver-trauens. Dieses Wagnis wird als um so sinnvoller erfaßt, je deutlicher zu Bewußtsein kommt, daß nicht nur der Mensch mit dem Leben mitzugehen hat, sondern tiefer noch – und ihn tragend – das Leben selbst in seinem göttlichen Grunde mit ihm mitgeht, was von seiner triadisch-trinitarischen Struktur her nahekommt. Durch sinn-ausdeutende und ver-deutlichende mitmenschliche Hilfe und Wegbegleitung, vor allem aber durch das Bemühen um die Verarbeitung von Erfahrung und um Überwindung, kann ein "Vertrauen zum Leben im ganzen und letzten" wachsen, aus dem heraus man fähig wird, sich im rechten Sinne zu ver-lassen: sich selbst und seine be-engenden Vor-be-halte hinter sich zu lassen und sich ein-zulassen auf den bergenden und schöpferischen göttlichen Grund, auf den (hin) man sich nun ganz ver-läßt. Diesen Zusammenhang trifft der Zu-spruch: 'Wer sein Leben festhalten will, wird es verlieren; wer aber bereit ist, es einzusetzen und hinzugeben um meinetwillen (das heißt: im Geiste der sich aus-setzenden Ewigen Liebe), der wird es gewinnen'.[21]

Anmerkungen

1 *Ludwig Landgrebe*, Phänomenologie und Metaphysik, Hamburg 1949; *Adolf Reinach*, Was ist Phänomenologie? München 1951; *Gerhard Funcke*, Phänomenologie, Metaphysik oder Methode? Bonn ²1972; *Max Müller*, Existenzphilosophie. Von der Metaphysik zur Metahistorik, Freiburg-München ⁴1986.
2 *Emerich Coreth*, Grundfragen der Hermeneutik. Ein philosophischer Beitrag, Freiburg 1969; *Hans-Georg Gadamer*, Wahrheit und Methode. Grundzüge einer philosophischen Hermeneutik (Ges. Werke Bd. 1), Tübingen 1986; *Emilio Betti*, Allgemeine Auslegungslehre als Methodik der Geisteswissenschaften, Tübingen 1967.

3   Vgl. vom *Verf.*, Der Akt-Charakter des Seins. Eine spekulative Weiterführung der Seinslehre Thomas v. Aquins aus einer Anregung durch das dialektische Prinzip Hegels, München 1965; und *ders.*: Ek-in-sistenz: Positionen und Transformationen der Existenzphilosophie. Einführung in die Dynamik existentiellen Denkens, Frankfurt/M.-Bern-New York-Paris 1989. Hier wird das Deutungsprinzip (d.h. der "Hermeneutische Schlüssel") der "In-ek-insistenz" im historischen und systematischen Zusammenhang darzulegen und zu begründen versucht: Die Wirk-lichkeit (d.h. das "Sein als solches", jedes Seiende, jeder Bereich des Seienden und die Welt im ganzen und letzten bis in den göttlichen Grund) ist als in-ek-insistentielle Bewegung zu verstehen, als ein "Herausgehen aus sich" und "Hineingehen in sich". Diese (nicht primär in einem zeitlichen Sinne zu verstehende) Bewegungsstruktur des "Seins als Akt" erscheint in jedem Seienden wieder anders ausgedrückt – jeweils gemäß der spezifischen Weise seines Seins. Dabei ist stets eine anfängliche "In-sistenz des Seienden in sich" die Basis, auf der es ek-sistentiell aus sich hervorkommen und sich auf andere beziehen kann; vgl. dazu *Ismael Quiles*, Antropología in-sistencial, Buenos Aires 1978. – Von einem anderen Ansatz her – in dem aber Begegnungsmöglichkeiten mit der hier vorgetragenen onto-dynamischen Sicht liegen – wird eine triadische Interpretation grundlegend der Natur (unter Einbezug moderner naturwissenschaftlicher Ergebnisse) vorgetragen von *Max Himmelheber*, Die Trinität der Natur, in: Scheidewege 18 (1988/89) 34-80.

4   Die hier vorgetragene Gliederung der individuellen Lebensbewegung in 4 Etappen: Kindheit – Jugend – Erwachsenenzeit – Alter, findet sich auch bei *Franz Pöggeler*, Die Lebensalter, Stadien des Erziehungs- und Bildungsweges: Kindheit – Jugend – Reife – Alter, in: H. Beck (Hrsg.), Philosophie der Erziehung, Freiburg/Br. 1979, SS 174-181. Allerdings ist dort nicht, wie es bei uns versucht wurde, diese 4-Etappengliederung des menschlichen Lebens eindeutig onto-hermeneutisch aus der triadischen in-ek-insistentiellen Grundstruktur der Wirklichkeit begründet; doch erscheint zumindest diese Übereinstimmung als ein sehr "auffälliger Zufall". – Vgl. auch den Versuch einer rein phänomenologischen Etappengliederung des Lebens bei *Romano Guardini*, Die Lebensalter, ihre ethische und pädagogische Bedeutung, Mainz [10]1986. Zur Auseinandersetzung vom *Verf.*: Dialektik oder Analogie als Bestimmungsprinzip der Pädagogik? Betrachtung über R. Guardinis dialektische Phänomenologie, in: Vjschr. f. wiss. Päd. 36 (1960) 77-92. – In der Antike, z.B. beim Vorsokratiker Solon, wird das gesamte Menschenleben in 10x7 Jahre untergliedert (vgl. *Ernst Siegmann*, Die solonische Lebenslinie. In: Philosoph. Perspektiven 1, 1970, 335-345). Eine Einteilung in sieben Lebensphasen wird vom tschechischen Erziehungsphilosophen Johann Amos Comenius vorgenommen, wobei allerdings zu beachten ist, daß er dem Septenar eine "explikative" Bedeutung zuschreibt, dem Ternar jedoch eine "essentiative" (vgl. hierzu im einzelnen *J. A. Comenius*. Pforte der Dinge/Janua rerum. Übers. und erl. v. E. Schadel, Hamburg 1989, S. 126 und Anm. 293 S. 200f.).

5   Hiermit ist auch das Gefüge von "Erziehungsmitteln" angesprochen, die bei der Sinnverwirklichung der einzelnen Lebensetappen helfen und in jeweils angemessener Weise "voranvermitteln" sollen. Vgl. hierzu vom *Verf.*: Philosophische Grundlegung zu Begriff und Sinn von "Erziehungsmitteln", in: Heinrich Beck (Hrsg.), Philosophie der Erziehung, Freiburg-Basel-Wien 1979, SS. 196-203. – Wie bei der in Anm. 3 genannten Literatur zur ontologischen und anthropologischen Grundlegung, so wird hier zur erziehungsphilosophischen Grundlegung die tragende Perspektive aufzuzeigen versucht.

6   *Adolf Portmann*, Zoologie und das neue Bild des Menschen. Biologische Fragmente zu einer Lehre vom Menschen, Hamburg 1956; *ders.*, Biologie und Geist, Zürich-Frankfurt/M. 1973; dazu *Helmut Müller*, Philosophische Grundlagen der Anthropologie Adolf Portmanns, Weinheim 1988.

7   *Hans André*, Annäherung durch Abstand. Der Begegnungsweg der Schöpfung, Salzburg 1957; *ders.*: Ausbergungs- und Schutzhüllenereignisse in der Schöpfung, in: Gedenkschr. Gustav Siewerth, Innerlichkeit und Erziehung, hrsg. v. F. Pöggeler, Freiburg 1964; *dazu: Heinrich Beck*, Natur-Geschichte-Mysterium. Die Materie als Vermittlungsgrund der Seinsereignung im Denken von Hans André, in: Salzb. Jahrb. f. Philos. XII/XIII (1968/69) 95-129.

8   Vgl. dazu: *Gustav Siewerth*, Metaphysik der Kindheit, Einsiedeln [2]1963; dazu die Rez. vom *Verf.* (unter je verschiedenem Gesichtspunkt) in: Erbe und Entscheidung 12/1958) 182-85; und in: Jahrb. f. Psychologie, Psychotherapie und medizinische Anthropologie *des Kindes*, Heidelberg [3]1969; *Ferdi-*

nand Ulrich, Der Mensch als Anfang. Zur philosophischen Anthropologie der Kindheit, Einsiedeln 1970; *Ph. Ariés*, Geschichte der Kindheit, dt. München-Wien ²1976.

9 Neben den auch erziehungsphilosophisch einschlägigen Literaturangaben in der vorangegangenen Anmerkung seien hier noch besonders genannt; *Walter Rest*, Das Menschenkind – Entwurf einer Paidologie, Bochum ³1965; *B. Bettelheim*, Kinder brauchen Märchen, Stuttgart ⁴1958; *J. Chateau*, Das Spiel des Kindes, Paderborn 1965.

10 Vgl. hierzu vom *Verf.*: Machtkampf der Generationen? Zum Aufstand der Jugend gegen den Autoritätsanspruch der Gesellschaft. Frankfurt/M. ²1973; sowie *ders.*: Kulturphilosophie der Technik, Perspektiven zu Technik-Menschheit-Zukunft, Trier 1979, darin insbes.: Grundprobleme der technisierten Gesellschaft SS. 173ff., und: Die Gesellschaft der Zukunft: Neustrukturierung von "Solidarität" als "Partnerschaft" SS 181-191.

11 Zu der Aufgabe einer "Erziehung" der Jugend und den zugeordneten "Mitteln" vgl. z.B.: *A. Petzelt*, Kindheit – Jugend – Reifezeit, Freiburg/Br. ⁵1965; *Hubert Henz*, "Positive" Mittel und "Negative" Mittel, in: H. Beck (Hrsg.), Philosophie der Erziehung, a.a.O., 203-213; und *Luis Erler*, Altersspezifische Anwendung und Abwandlung der Mittel, ebda. 213-20. Auch *Leopold Prohaska*, Pädagogik der Begegnung, Entwurf einer ganzheitlichen Erziehungslehre, Freiburg/Br.-Basel-Wien ³1967.

12 Vgl.: *Sören Kierkegaard*, Entweder – Oder (hrsg. v. Hermann Diem und Walter Rest, München ²1978). Dazu: Liebe und Ehe als existenzielle Entscheidung (Sören Kierkegaard), in: *Heinrich Beck/Arnulf Rieber*: Anthropologie und Ethik der Sexualität, Zur ideologischen Auseinandersetzung um körperliche Liebe, München-Salzburg 1982. Ferner: *H. Beck*, Die Ohnmacht der Unentschiedenheit und die Macht der Entscheidung. Eine erziehungsphilosophische Betrachtung, in: Pädagogische Welt 10 (1956) 282-288); und *ders.*: Bildung als personale Selbstverwirklichung, in: Vjschr. f. wiss. Päd. 44 (1968 264-276; und in: Neue Volksbildung 19 (Wien 1968) 441-450); *Franz Pöggeler*, Der Mensch in Mündigkeit und Reife – Eine Anthropologie des Erwachsenen, Paderborn ²1970.

13 *M. Buber*, Das dialogische Prinzip, Heidelberg ³1973; *ders.*: Reden über Erziehung, Heidelberg ¹⁰1977.

14 Vgl. vom *Verf.*: Existenz in Freiheit – Geborgenheit in Ungeborgenheit. Die christliche Existenzphilosophie des Peter Wust, in: Wissenschaft und Weltbild 23 (1970) 304-313.

15 Vgl. zum grundsätzlichen Zusammenhang auch: *Ferdinand Ulrich*, Leben in der Einheit von Leben und Tod, Frankfurt 1973; und: *Friedrich Wulf*, Die innere Zuordnung von Geborenwerden und Sterben. Zur personalen Reifung des Menschen und Christen, in: Geist und Leben. Zeitschr. für christliche Spiritualität 61 (1988) 46-63.

16 Vgl. zur tiefenpsychologischen Sicht von *C. G. Jung*, Die Lebenswende. In: Jung, Studienausgabe. Bd. 3, Zürich 1972, S. 177-194; dazu: *Anselm Grün*, Lebensmitte als geistliche Aufgabe (Münsterschwarzacher Kleinschriften. Bd. 13), Münsterschwarzach 1980; ferner: *Gail Sheehy*, In der Mitte des Lebens. Die Bewältigung vorhersehbarer Krisen, dt. Frankfurt/M. 1987; *H. Schreiber*, Midlife Crisis. Die Krise in der Mitte des Lebens, München 1977.

17 Vgl. dazu vom *Verf.*: Natürliche Theologie. Grundriß philosophischer Gotteserkenntnis, München-Salzburg ²1988, darin bes.: Vom Menschen zum absoluten Du (SS. 147-165) und: Die Frage nach dem Menschen als Ansatz für die Frage nach Gott (SS. 280-295); *ders.*: Zur Flucht des modernen Menschen vor dem Tode. In: Arzt und Christ 18 (1972) 31-39.

18 Vgl. 1 Kor. 2,10. – Eine Interpretation (zwar nicht, wie hier, der Stadien des menschlichen Lebens, wohl aber) der Stufen des kosmischen Lebens in der Perspektive des trinitarischen Lebensgeheimnisses Gottes unternimmt z.B. *Thomas v. Aquin* in S.c. Gent. IV,11. Vgl. auch vom *Verf.*: Natürliche Theologie, a.a.O., insbes. S. 199-205: Dreipersonalität (und Empfänglichkeit) Gottes?; sowie zur "trinitarischen" Deutung von Freiheit und Liebe: *Ders.*: Freiheit und triadische Struktur des Seins – im Ausgang von Erich Przywara, in: Freiburger Zeitschrift f. Philosophie und Theologie 1991; *Jörg Splett*, Freiheits-Erfahrung. Vergegenwärtigungen christlicher Anthropo-Theologie, Frankfurt/M. 1986; und *ders.*: Leben als Mit-Sein. Vom trinitarisch Menschlichen, ebda. 1990; Zu beidem die Rez. des *Verf.* in: Philosophisches Jahrbuch d. Görres-Gesellschaft 1990. – Zur Gesamtthematik der Deutung von menschlichen Erfahrungsfeldern im Lichte triadischer Wirklichkeitsauffassung vgl. *Erwin Schadel*, Bibliotheca Trinitariorum. Internationale Bibliographie trinitarischer Literatur. Bde. I (Auto-

renverzeichnis) II (Register und Ergänzungsliste), München-New York-London-Paris 1984/88. – Vgl. auch die Hinweise in Anm. 3.

19 Vgl. *Nicolaus v. Cues*, De docta ignorantia II 3,16; *Hans André*, Annäherung durch Abstand. Der Begegnungsweg der Schöpfung, Salzburg 1957. Vgl. dazu vom *Verf.*: Natur – Geschichte – Mysterium. Die Materie als Vermittlungsgrund der Seinsereignung im Denken von Hans André, in: Salzb. Jahrb. f. Philos. XII/XIII (1968/69) 95-129.

20 Vgl. dazu die Erläuterungen bei *Jai-Hyuck Yang*, der Begriff der Natur in der Lehre von Mao Tsetung und seine Wurzeln in der altchinesischen Philosophie (Diss. Karlsruhe 1983), bes. S. 12f., 41 A 3, 67, 78f.

21 Vgl. sinngemäß Mk 8,35.

ERNST THOMAS REIMBOLD

Der Nachtweg der Sonne

I.

Über den "Nachtweg der Sonne" kann ein Naturwissenschaftler – und aus seiner Sicht können wir alle eigentlich – nicht sprechen, denn wir wissen seit Kopernikus, der 1514 das ptolomäische Weltbild der Antike, mit der Welt in der Mitte, durch das nach ihm benannt heliozentrische Weltbild mit der Sonne im Zentrum ablöste, daß die Sonne feststeht: Sie legt also weder am Tage noch in der Nacht einen "Weg" zurück.

Dennoch erleben wir mit allen unseren Sinnen zeimal am Tage das eindrucksvolle Schauspiel ihres Auf- und Unterganges und unsere Kalender vermerken bei jedem Datum deren exakte Uhrzeit, obwohl Tag und Nacht nicht durch den "Gang" der Sonne bestimmt werden, sondern durch die Rotation der Erde. Wir rotieren dabei mit unserem Plätzchen Erde im rasanten Tempo von tausend Kilometern in der Stunde ins Sonnenlicht hinein, wenn es Tag wird, oder daraus heraus, wenn das abendliche Dunkel hereinbricht. Aber diese Erdrotation bekommen wir überhaupt nicht mit: Sie wird uns gar nicht bewußt und ist kein Teil unserer Lebenserfahrung.

Von den Sternen, die uns seit unserer Kindheit vertraut sind und deren bekannteste die Menschheit schon seit Jahrtausenden mit Namen belegte und als Gottheiten verehrte, lehrt die Wissenschaft, es gäbe so wie unser Milchstraßensystem noch zehn Milliarden Galaxien, d.h. also zehntausend Millionen (!), deren entfernteste unendlich weit, vier bis zehn Milliarden Lichtjahre von unserer Erde weg sind, und sich das alles in einer ungeheuren Fluchtgeschwindigkeit, annähernd der des Lichtes, von uns weg in die Weiten eines unendlichen Kosmos bewegt.

Sterne wie die "Zwillinge" liegen meilenweit auseinander; aber unser Auge sieht sie in vertrauter Nähe zusammen, woher sich die uralte Bezeichnung des Sternenbildes erklärt. Wer hat da recht?

An die Stelle des geschlossenen Weltbildes der Antike, bei dem sich über der als Scheibe gedachten Erde kuppelförmig der Himmel wölbte, tritt nun ein ganz und gar offenes: Die Lichtgeschwindigkeit wird mit 300 Tausend (!) Kilometern in der Sekunde angegeben; was ist das erst in Minuten, Stunden, Tagen, Monaten und Jahren? Ein Lichtjahr beträgt 9,46 Billionen Kilometer und Milliarden Lichtjahre überschreiten die menschliche Vorstellungskraft und jedes humane Maß.

Diese Diskrepanz zwischen Gegenwartsbewußtsein und den wissenschaftlichen Erkenntnissen, bezeichnet Heinz-Horst Schrey, "Weltbild und Glaube im 20. Jahrhundert" (1955) als Schizophrenie, als die Krankheit unserer Zeit: "nicht nur die Krankheit einiger weniger Internierter, in Anstalten betreuter Menschen, sondern die Zeitkrankheit schlechthin", um ein Geschehen, "das die ganze Breite der Erfahrungswelt umfaßt", "die Zerspaltenheit, den Selbstwiderspruch, die nicht nur den Abnormen erfaßt, sondern jeden Zeitgenossen, der sich zu sich selbst und zur Welt verhält."[1]

Schizophrenie kommt vom griechischen "schizein" = spalten und "phren" = ursprünglich Zwerchfell, für den Griechen aber Sitz von Geist, Sinn, Gemüt und Verstand, und bedeutet im Deutschen einfach Wahnsinn.

Doch läßt sich dieser Widerspruch auflösen, geht man von dem Unterschied der wissenschaftlichen Methoden aus: Die Naturwissenschaft, darum auch eine exakte genannt, hat es nur mit denjenigen Vorgängen und Dingen zu tun, die gemessen, gewogen und damit experimentell nachgewiesen werden können. Ihre Ergebnisse sind deshalb beweisbar, falsch oder richtig. Andererseits befaßt sie sich also nur mit dem meßbaren Ausschnitt aus der uns alle und alles umfassenden Natur und kann nach ihrer Methode nur über diesen Teil etwas wissenschaftlich aussagen.

Die Geisteswissenschaft hingegen ist um vieles weiter und umgreift auch die unbestimmbaren und unwägbaren Bereiche der Natur. Sie arbeitet mit der Methode der Phänomenologie, die "zwischen dem objektiven Tatbestand und der subjektiven Wertung ein drittes sucht: den Sinn der Erscheinungen aufzuspüren", wie van der Leeuw[2] erklärt. Sie wird damit in einer "Religionswissenschaft des Verstehens weithin zum Symbolverstehen"[3]: Das "Gemeinte" im Mythos ist aber "das Übernatürliche, begrifflich nicht Faßbare".

Beweisbar im Sinne exakter Wissenschaft ist hier nichts.

Nach dem "Versagen der Aufklärung"[4], die in ihrem rationalistischen Vernunftpathos die "rational nicht erklärbare Konstitution des Menschen übersehen und dafür hat teuer zahlen müssen", ist der Vernunftglaube inzwischen verflogen; gerade uns, als Zeugen einer dramatisch unvernünftig verlaufenen und weiterhin verlaufenden Geschichte, ist die Vernunft problematisch geworden, und sie wird es immer mehr.

Auch unser Verhältnis zur Natur ist heute ein ganz anderes; wir halten die Natur nicht mehr für einen "gewaltigen Mechanismus", dessen Gesetze nur die der Mathematik sind und nur diese", wie es Descartes noch annahm[5], sondern vertrauen mehr Goethe: "Geheimnisvoll am lichten Tag läßt sich Natur des Schleiers nicht berauben. Und was sie deinem Geist nicht offenbaren mag, das zwingst du ihr nicht ab mit Hebeln und mit Schrauben." (Faust I)

Wie die alten Griechen glauben wir nach wie vor, auf "breitbrüstiger und festgegründeter Erde" zu stehen und das Auf- und Niedergehen der Gestirne zu beobachten. Denn nur das ist es, was wir mit unseren Sinnen erleben. Die neuen astronomischen Kenntnisse haben die Erde aus ihrer Stellung verdrängt: "Genau gesprochen: Gott verliert seinen Ort, und mit ihm verliert ihn der Mensch."[6] Das biblische "Ehre sei Gott in der Höhe" wies ihm die Himmelshöhen zu und die Stellung, Würde und Verantwortung des Menschen im Seinsganzen drückte sich in seinem Ort in der Mitte der Welt aus. Diese Orte sind Symbole, aber "genau so real wie eine chemische Substanz oder ein körperliches Organ" (ebd. S. 59). Wir müssen uns in die – im Grunde jahrhundertealte – "anthropozentrische Anthropologie" zurückfinden, die wir brauchen, bei der der Mensch und seine Welt im Mittelpunkt steht.

Werner Heisenberg, immerhin ein Nobelpreisträger der Physik, sagt in seinen "Gesprächen im Umkreis der Atomphysik"[7], daß "der objektivierbare Bereich unseres

Bewußtseins nur ein kleiner Teil unserer Wirklichkeit" sei: "Man darf die verschiedenen Fragestellungen nicht durcheinander bringen, die zu verschiedenen komplementären Betrachtungen gehören, denn die Beschreibungen schließen einander aus, aber sie stehen nicht notwendigerweise im Widerspruch. Die Sprache der Religion ist mit der Sprache der Dichtung näher verwandt als mit der Sprache der Wissenschaft."

II.

Indem ich mich nun der Nacht zuwende, stelle ich dem einen bemerkenswerten und denkwürdigen Spruch von Heraklit voraus: "Auch die Schlafenden wirken mit am Geschehen der Welt"[8]. Schon seine Zeitgenossen nannten ihn, dessen Schaffensperiode in die Zeit der 69. Olympiade fiel (504-500), den "Dunklen", weil seine Sprüche schwer zu deuten sind. Aber gerade dieser Ausspruch bezeichnet das ursprünglich positive Verhältnis zur Nacht in extrem deutlichem Gegensatz zum heutigen Denken. Wer käme heute auf diesen Gedanken?

Tag und Nacht, ihr steter Wechsel von Hell und Dunkel, lebensnotwendig für alles Leben auf der Erde, für Menschen, Tiere und Pflanzen, sind beide gleichwertig und gleich wichtig. Der Vorsokratiker Parmenides ließ die Natur in zwei Gegensätze sich spalten, "das Licht und die Nacht (!), die durch ihre Vermischung die Welt gebildet haben ... Auch der Mensch ist eine Mischung aus dem Licht (dem Leben) und dem Dunkel (der Materie), ... die beide gleich gewichtig"[9] sind. Wir haben das heute aus den Augen verloren, weil die Nacht keinen Platz mehr in unserer Zählung nach Tagen hat. Denn der ganze Tag von 0 bis 24 Uhr umfaßt auch die Stunden der Nacht, die nicht eigens erwähnt, sondern völlig verschwiegen und damit zu einem fragwürdigen Teil des Tages werden, dessen dunkle Hälfte sie heute nur noch sind.

Dabei war es ursprünglich genau anders. Nach weltweit verbreitetem Elementarglauben, insbesondere gemein-indogermanisch, zählten viele alte Völker die Tage nach Nächten im Sinne von Gesamttagen und nicht nach Tagen. Im griechischen Kalender folgt der Tag auf die Nacht und der Tag begann mit dem Zwielicht des Abends und endete mit dem Sonnenuntergang am nächsten Tag. Die Griechen hatten eine gemeinsame Bedeutung für Tag und Nacht "niktemeron", worin sich die Einheit von Tag und Nacht als Ganztag von 24 Stunden, aber auch gleichzeitig der Vorrang der Nacht ausdrückt (νυχ = Nacht). Die Germanen rechneten deshalb nach Tagen, weil ihnen die Nacht als "Führerin des Tages" – "nox ducere diem videtur" –[10] und also als das ältere Prinzip galt.

So kann auch die Schöpfungsgeschichte der Genesis 1,5 verstanden werden: "Da ward aus Abend und Morgen der erste Tag." Dies entspricht ebenso dem jüdischen Brauch und der noch heute gültigen Ordnung der Kirchfeste, die mit der ersten "Vigil" am "Vorabend" beginnen, der ursprünglich so genannten römischen Nachtwache.

Reste der alten Zählung liegen dem englischen "fortnight" (für 14 Tage) zugrunde sowie dem deutschen "Sonnabend" für Samstag und den Tagen Weihnacht und Fastnacht, womit nicht die Nächte gemeint sind.

Selbst unser heutiger Sprachgebrauch läßt noch die Nachtzählung erkennen. Obwohl wir seit dem Jahre 46 v.Chr. nach dem von Cäsar eingeführten und nach ihm benannten "Julianischen" Sonnenkalender leben, bezeichnen wir die 12 Zeitabschnitte des Jahres als Monate, d.h. also nach den Monden bzw. dem Mondumlauf von Vollmond zu Vollmond, weil dieser, woher auch sein Name kommt, sich als der natürliche Zeitmesser anbot. Dabei spielt der Mond in unserem heutigen Kalender kaum noch eine Rolle. (Nur Ostern wird durch den Mond bestimmt: es fällt seit dem Konzil von Nizäa (325) auf den ersten Sonntag nach dem Vollmond im Frühlingsäquinoktium.)

Unser Wort Monat (= Mond) – wie sanskr. mas, griech. men, lat. mensis, ital. mese, frz. mois, engl. month u.ä. – leitet sich von der indogermanischen Wortwurzel me = messen her. Den 12. Monat unseres Sonnenjahres nennen wir noch nach dem römischen Mondkalender Dezember, also den zehnten, wie die vorangehenden Monate September, Oktober und November den siebten, achten und neunten, weil das römische Mondjahr zwei Monate später im März mit der Aussaat und der Eröffnung der kriegerischen Tätigkeiten begann, die im Winter ruhten.

Die mythenschaffende Phantasie stellt sich die Entstehung der Welt ähnlich vor, wie deren allmorgendlichen Aufgang aus der Dunkelheit der Nacht. Für sie wiederholt sich im täglichen Geschehen ein urzeitliches. Die Schöpfungsgeschichte 1. Moses 1 beschreibt es: "Die Erde war wüst und leer; und es war finster auf der Tiefe; und der Geist Gottes schwebte auf dem Wasser und Gott sprach: Es werde Licht und es ward Licht." Cassirer stellt in seiner "Philosophie der symbolischen Formen" fest, "der Prozeß der Schöpfung verschmilzt in den Schöpfungslegenden fast aller Völker und fast aller Religionen unmittelbar mit der Lichtwerdung."[11]

Vorher war *Urnacht*, die sich in zwei verschiedene, deutlich unterscheidbare Zustände von ewiger Dunkelheit aufgliedern läßt: in die "Allnacht" und die "Urfinsternis". Die "*Allnacht*" birgt alles in sich, deckt alles und bezeichnet einen statischen Zustand, aus dem das Weltall entsteht, aus der das Licht in einer ruhigen Epiphanie hervorgeht.

Die "*Urfinsternis*" hingegen bezeichnet ein lichtfeindliches Dunkel, eine sich der Lichtwerdung und damit der kosmischen Ordnung widersetzende chaotische Urdunkelheit, deren Überwindung erst die Welt entstehen läßt. Hier ist das Hervorbrechen des Tages ein gewaltiges Ringen mit den Mächten der Dunkelheit und somit ein Sieg des Lichtes über die Finsternis.

Wie jedes Symbol, so ist auch die Nacht ambivalent: dies ist uns vertraut "Komm Trost der Welt du stille Nacht." (Eichendorf) oder dagegen: "Die Nacht ist keines Menschen Freund." (Hans Sachs). Im letzteren Falle denkt man an die Walpurgisnacht, das wilde Heer oder die Totennächte u.ä.

Beim Nachtweg der Sonne spielen diese beiden Vorstellungen der "Urnacht" eine wesentliche Rolle: Entweder geht die Sonne in der Stillen Nacht zur Ruhe oder sie hat in einer finsteren Nacht, der "nox atra" einen nächtlichen Kampf mit den Mächten der "Urfinsternis"zu bestehen, die bei der Schöpfung nicht für immer überwunden wurden, sondern, an den Rand gedrängt, immerfort drohend bleiben.

Aber beiden Vorstellungen ist eines gemeinsam: Die Sonne ist an jedem Tage neu!

Wurde "im Anfang" (in principio) durch das Schöpferwort der Lichtwerdung die Dunkelheit überwunden, so ist es mit dem einmaligen Schöpferakt nicht ein für allemal getan. Vielmehr ereignet sich dem Gläubigen die Weltwerdung immer wieder mit einer jeden Nacht aufs Neue. Denn die Welt ist nichts Totes und Starres, sondern wie das Leben des einzelnen Organismus dem Werden und Vergehen unterworfen.

Darin äußert sich ein religiöses Zeitverständnis, das der zyklischen – im Unterschied zur linearen – Zeit. Das zyklische Zeiterlebnis sieht im Ablauf des Lebens eine "ständige Wiederkehr des Gleichen", während die lineare Zeit vom Anfang an auf eine ferne Zukunft "zielgerichtet" verläuft. Die zyklische Zeit wird durch das geschlossene Rund einer sich in den Schwanz beißenden Erdschlange (Uroborus) symbolisiert; das Symbol der linearen Zeit aber ist der Doppelbuchstabe Alpha und Omega, das erste und letzte Schriftzeichen des griechischen Alphabets, vor dem und hinter dem nichts anderes ist.

Dem modernen Denken sind historische Fakten einmalige und nicht wiederholbare Geschehnisse, wie die Gründung Roms oder der Untergang Karthagos. Von diesem profanen Zeitbegriff setzt das mythische Denken die "heilige Zeit", eine zeitlose Wirklichkeit außerhalb der endlichen Geschichte, ab, die nicht unwiederbringlich vergeht. Denn gerade in der Periodizität des Naturgeschehens erblickt der religiöse Sinn das eigentlich Zeitlose: die Naturgesetze offenbaren ihm die unvergängliche Seinsweise des Göttlichen. Im Werden und Vergehen der Natur, im rhythmischen Wandel von Tag und Nacht, wie in den sich immer wiederholenden gleichen Jahreszeiten zeigt sich ein "ewiges Gesetz der Dauer im Wandel". Die ausgezeichnete "heilige Zeit", ihr Muster kat exochén aber ist die Zeit der Weltentstehung oder Erschaffung der Welt "im Anfang". Daher ist die Nacht bevorzugt die "heilige Zeit" in den Weltreligionen: die Nacht der Geburt, der Verkündigung, der Erleuchtung, des Heilstodes, der Verklärung, der Auferstehung und der Offenbarung. Das umfangreiche Belegmaterial reicht von der "Nacht, als Weg zu den Göttern" (in Eingeborenenreligionen) über die "Brautnacht der Seele" (in der Mystik), den nächtlichen Gesichten (Visionen) bis zur griechischen Philosophie ("Suchst du etwas Kluges, so bedenk es in der Nacht. Alles Ernste findet sich eher in der Nacht."[12] Die Nacht ist die "Zeit der Seele", des "Unbewußten", als dem "Element des kosmisch Verbundenen". In ihrer Stille findet der Gottsucher den "verborgenen Gott", der sich ihm als "lichte Finsternis" in der Nacht offenbart.

III.

Damit nähern wir uns der eigentlichen Thematik: der Frage, wo bleibt die Sonne in der Nacht? Die wesentlichen Antworten des Mythos seien darauf genannt, in gebotener Kürze und ohne Anspruch auf Vollständigkeit.

1. Nachts zeigt die Sonne ihre dunkle Kehrseite

"Diese (d.h. die Sonne) geht wirklich weder auf noch unter. Wenn sie von ihr glauben, sie gehe unter, dann dreht sie sich nur um, weil sie an das Ende des Tages gelangt ist; sie bewirkt damit nach unten Nacht und nach oben Tag. Und wenn sie von ihr glauben, sie gehe morgens auf, so dreht sie sich nur um (wirft sich auf die andere Seite), weil sie an das Ende der Nacht gelangt ist und bewirkt unten Tag und oben Nacht. Diese geht niemals wirklich unter."[13] Indem also die Sonne auf dem Rückweg nach Osten der Erde ihre dunkle Kehrseite zuwendet, wird es Nacht. Auch indische Texte sprechen von einer hellen und einer dunklen Seite des Sonnengottes als von den "beiden Tageshälften".[14] Ostwärts dreht sich die eine dunkle Seite (die Nachtsonne), mit der anderen, dem Lichte, geht sie auf. Ähnlich denkt auch Heraklit: "Finsternis von Sonne aber und Mond ereigne sich dadurch, daß ihre Nachen nach oben gekehrt würden".[15]

2. Nachts wird die Sonne verdeckt, verhüllt oder unsichtbar

"Die Gestirne bewegen sich nicht unter der Erde hindurch", so sagt Anaximenes,[16] "wie andere angenommen haben, sondern um die Erde herum, so nämlich, wie sich um unseren Kopf herum der Filzhut dreht. Die Sonne verschwinde (bei ihrem Untergang) nicht dadurch, daß sie unter der Erde erschiene. Sondern (es erkläre sich damit), daß sie durch die erhöhten Gegenden der Erde verdeckt werde und auch dadurch, daß sie sich weiter von uns entfernt habe."

Während Anaximenes von den erhöhten Gegenden spricht, verbinden andere Mythen die Verdeckung der Sonne mit dem Weltberg. Im Vedismus liegt die Welt nachts im Schatten des "Meruberges", hinter dem die Sonne abends verschwunden ist und morgens wieder herauskommt. Ein anderer altindischer Text besagt: "Sobald er (der Sonnengott) die falben Stuten von ihrem Platze geschirrt hat, breitet die Nacht für ihn selbst ihr Gewand aus,"[17] d.h. sie verhüllt in Person die Sonne, macht sie unsichtbar und aus der Tagessonne die Nachtsonne. Dem liegt das uns auch aus der Antike vertraute Bild zugrunde: die Sonne oder der Sonnengott fährt nicht auf einer Barke wie vorher, sondern auf einem Wagen über den Himmel und wird, ans Ende gelangt, dort von der personal gedachten Nacht in ihr dunkles Gewand gehüllt und damit unsichtbar.

In Babylon nahm man an, die Sonne befinde sich nachts in fernen Himmelsräumen, bevor sie sich wieder umkehrt und es wieder Tag wird. In einem Gebet an Schamasch, den Sonnengott, heißt es: "Auch in der Nacht harrst du aus (!), entfachest das Feuer. Über unausdenkbare Landstriche hin und ungezählte Meilen bleibst du, Schamasch, ohne Schlaf, der du des Tages einherzogst und bei Nacht dich umwandest (!)."[18]

Wieder begegnet uns die vertraute Vorstellung des Ausharrens der Sonne, ihres schlaflosen Wanderns auch in der Nacht und der nächtlichen Umkehr. Aber schon führt das Bild der unausdenkbaren fernen Landstriche hinüber zu der Frage nach den "Stätten der Nacht".

3. Die Stätten der Nacht

Hesiod schildert eingehend die Stätten der Nacht "am Rande der unendlichen Erde":

"Da sind der schwarzen Erde, des nebligen Tartaros Dunkel, und des wogenden Meeres und auch des sternigen Himmels, aller Dinge Quell und auch ihr Ende, widerlich modrig, es faßt sogar die Götter ein Grausen, riesiger Schlund, und keiner im Gang beendeter Jahre fände den Grund, sobald er einmal die Pforte durchschritten, nein, nach hüben und drüben entführen ihn Stürme um Stürme fürchterlich. Dort liegt die schreckensvolle Behausung der umdunkelten Nacht in finsteren Wolken verborgen."[19]

Hier also begegnen sich Tag und Nacht im Wechselgespräch auf der Schwelle der gemeinsamen Wohnung, die nach Hesiod gleichzeitig am Rande der unendlichen Erde, des Meeres und des Himmels sowie auch tief unter der Erde und unter dem Meere, dann aber auch in einem Schlund (Erdspalt = xásma) und schließlich in finsteren Wolken verborgen liegt.

Das Reich der Nacht ist jene "terra incognita", wie sie auch der Okeanos darstellt. Erlebt ein am Meer wohnendes und seefahrendes Volk den Auf- und Untergang der Sonne ganz naturnahe als Auftauchen aus dem und Niedertauchen ins Meer, so nannten die Griechen doch das offene Meer "Pontos" und übertrugen erst später, als sie den Atlantik kennenlernten, hierauf auch das Wort Okeanos, das ursprünglich eine außerirdische Wirklichkeit bezeichnete, den "Ursprung und Anfang sämtlicher Dinge",[20] der die Welt ringsum umgibt und begrenzt.

Bei Hiob "zirkelte Jahwe einen Kreis bis da, wo das Licht in Finsternis endet" und nach Psalmentexten "floh die Finsternis vor Gottes Schelten", jenseits der Grenzen in die Tiefen der Tehom, aus denen, wie Henoch sagte, die Nacht als ein Ausläufer der Finsternis in die Schöpfung ragt. "Tehom" = Unterwelt, sprachl. verwandt der Thiamat (später).

4. Die Nachtfahrt der Sonne durch die Unterwelt

Die Vorstellung der Tag und Nacht kreisenden, sich aber nachts weit entfernenden Sonne und ihre Unterweltsfahrt hat eine besondere bildhafte Ausgestaltung in der ägyptischen Religion gefunden: Am Tage fährt der Sonnengott Re in seinem Tagschiff über den Himmel und nachts in seinem Nachtschiff durch die Unterwelt, welche die Ägypter als "Dad" bezeichnen.

Im Verlauf der mythischen Entwicklung wird dann der Tageslauf der Sonne mit dem Lebenslauf des Menschen parallelisiert: Als Kind (mitunter als Sonnenkind in der Lotusblüte, "Horus, das Kind") oder als geflügelter Käfer "Chepre", geht die Sonne am Morgen auf, mittags steht sie als Horusfalke im Zenit und geht als alter Mann "Atum", "müder Greis am Stabe", in der zwölften Tagesstunde in den Mund der Nut oder zwischen ihren Armen am westlichen Horizont unter; in der Nacht wird der Greis (nhh) wieder zum Kinde (nhn). So wird die Nut, "die Mutter der Sonne", die Nacht, "eine allmorgendliche Verjüngung der altersmüden Welt".

Wir lesen in einer Anrufung des Sonnengottes Re: "Denn wahrlich, sie sind schön, deine Strahlen, wenn auf der Höhe des Himmelsgewölbes du vorbeiziehst in all deiner Herrlichkeit. Die Göttin Nut, die dich geboren, weilt dort ... vom Morgen, da du emporsteigst, bis zum Abend, da du zur Ruhe gehst, mit mächtigen Schritten durchziehst du den Himmel." "Deine Mutter Nut gibt dir Wohlbefinden, wenn du frohen Herzens über den Himmel ziehst."[21]

Entsprechend der Unterscheidung der "Urnacht" in "Allnacht" und "Urfinsternis" ist bei der irdischen Nacht zwischen der stillen Nacht und der finsteren Nacht (nox atra) das Schicksal der Sonne verschieden.

In der ersten Vorstellung geht die Sonne, wie alles Leben dieser Erde, nachts zur Ruhe. In griechischen Mythen fährt Helios, der Sonnengott, nachts vom Land der Hesperiden schlafend in einem Sonnenbecher, den ihm Hephaistos gemacht hat, auf sein vielersehntes Lager zum Äthiopierland von West nach Ost. In seinem Palast dort, kommt ihm Hesperos, der Abendstern, entgegen (und der bereitet ihm das Lager). Seine Strahlenkrone hat er abgelegt, während seines Schlafes rasten die Sonnenpferde die ermüdeten Glieder und sättigen sich an den Krippen oder weiden im Göttergarten.

Nach den Zeugnissen deutschen Volksglaubens geht die Sonne "zur Rüste", "ze gnaden" = zur Ruhe, in ihr Bett und Schlafgemach, "se kruppt int Nest".[22]

Darüber hinaus besteht die weit verbreitete Annahme eines nächstlichen Bades der Sonne. Aischylos spricht im "befreiten Prometheus" von "Okeanos", dem "reinen, der Äthiopien ernährt, wo Helios, stets der Allschauende selbst, sein unsterblicher Leib und die Rosse vom Laufe erschöpft, sich am Bad, an der wärmenden Flut des linden Gewässers erlaben".[23]

Dieses Bad ist eine Restitutio der Sonne, denn die Rückkehr der Sonne zu den Ursprüngen in der Nachtruhe entspricht ihrer Wiederherstellung.

All dies aber wird durch ein wesentlich eindrucksvolleres Geschehen der Nacht in den Schatten gestellt, das als eine "Heilige Hochzeit", als "Hieros Gamos" verstanden wird, der eine "Geburt der Sonne aus der Nacht" folgt.

Nach ägyptischen Texten "vereinigt sich" Re, der Sonnengott, wenn er am Abend untergeht, mit dem Himmel oder mit der Erde: "Die Majestät dieses ehrwürdigen Gottes schreitet weiter und vereinigt sich mit der Erde am Westberg; allmorgendlich wird er geboren, wenn er seine Stelle von gestern erreicht hat"; "Sie (die Menschen) versinken aber in Nacht, wenn du untergegangen bist, wenn du dich mit dem Himmel vereinigt hast".[24] Der Himmel wird in der ägyptischen Religion im wesentlichen durch die Göttin Nut repräsentiert, welche in den bildlichen Darstellungen hochgewölbt über der Erde schwebt, die sie nur mit Fingern und Zehenspitzen berührt.

An ihrem Körper zieht die Sonnenbarke von den Fußspitzen zu den Armen herunter. In der Nacht aber, am nächtlichen Körper der Nut, der nun mit zahlreichen Sternen bedeckt ist, den umgekehrten Weg. Die Sterne, die in der Nacht am Leib der Nut glänzen, sind tagsüber während ihrer Unsichtbarkeit in den Körper der Nut eingetreten: "Sie gehen ein in den Mund der Himmelsgöttin und kommen wieder hervor aus ihrer

Scheide." "Sie werden also von der Göttin verschlungen, um dann aufs Neue geboren zu werden."[24]

In der finsteren Nacht kommt die Sonne – mythisch gesprochen – zu Tode, um am Morgen neu zu entstehen oder neu geboren zu werden.[25]

Deshalb stellt die Antike die Nacht mit gesenkter und gehobener Fackel dar. Sie löscht am Abend und entzündet als Mutter des Tages das Tageslicht. Dieser Doppelaspekt der Nacht drückt sich im Lateinischen auch darin aus, daß die Abenddämmerung crepusculum heißt (von creper, einem sabinischen Wort für dunkel) und die Morgendämmerung diluculum (von disluceo, dem Tag (dies) und dem Licht (lux)).

Da sich nach religiösem Verständnis urzeitliches im täglichen Geschehen wiederholt, begegnen uns in der finsteren Nacht die entsprechenden Vorstellungen der Urfinsternis.

Neben dem Gedanken des Neuentstehens der Sonne und ihres Todes am Abend, tritt damit das Motiv des siegreichen Hervorgehens der Sonne aus der finsteren Nacht als ein Kampf auf. Die Nacht ist hier, wie Hölderlin ganz im antiken Sinne formulierte, wenn alles gemischt ist, ordnungslos und "wiederkehrt uralte Verwirrung"[26]: der Morgen stellt die alte Ordnung wieder her, die in der Nacht unterbrochen war: "Usas (die vedische Morgenröte, entsprechend der griechischen Eos) trennt die beiden Welten, die in der Nacht vermischt waren."[27]

Die Finsternis des Anfangs wird in weitem Umfang vom Mythos als ein Aneinanderhaften von Himmel und Erde verstanden, wobei es erst durch deren Trennung Licht und Tag wird. Von einer ursprünglichen Einheit von Himmel und Erde als einer Synousia, einem ungetrennten Aneinanderhaften der Urelemente, spricht spät noch Euripides[28]. Melanippe erzählt darin einen Mythos, der sich übrigens auch bei Apollonios von Rhodos findet, daß Himmel und Erde einst "ein Gebilde" waren: erst voneinander getrennt, gebaren sie alles. Der archaische Mensch stellte sich dieses Licht unabhängig von der Sonne vor. Wir kennen das ja auch aus der Bibel. Nachdem das Licht bereits am ersten Tag entstand, erschuf Gott die Sonne und den Mond erst am dritten Tag.

Der Raum zwischen Himmel und Erde als solcher ist von Licht erfüllt und deshalb gilt z.B. bei den Griechen der Äther, der sich in diesem Raum befindet, als Lichtstoff. Das nächtliche Dunkel kann also nur dadurch entstehen, daß der Himmel sich jede Nacht dicht auf die Erde gelagert hat und dementsprechend die Urnacht durch allzu enges Aufeinanderliegen von Himmel und Erde erzeugt wird. Das Motiv der Trennung der ursprünglichen Einheit in ein Gegensatzpaar von Himmel und Erde, einer Einheit, die als Dunkelheit und Bedrückung dargestellt wird, verbindet sich folgerichtig hier mit dem eines Kampfes oder Streites und endet in der Überwindung der ursprünglichen chaotischen Vermischung durch Befreiung oder Freisetzung.

Wir brauchen hier nicht auf den umfangreichen Mythenkomplex einzugehen, den die Religionsgeschichte als "HET-Mythen" bezeichnet (Himmel und Erde-Trennungsmythen).

"Die Himmel, die über uns sind, und die Erde, die unter uns liegt, sind die Erzeuger der Menschen und der Ursprung aller Dinge. Denn früher lagen die Himmel auf der Erde, und alles war Finsternis. Nie waren sie getrennt gewesen. Und die Kinder des

Himmels und der Erde suchten den Unterschied zwischen Licht und Finsternis zu entdecken – zwischen Nacht und Licht; denn die Menschen waren zahlreich geworden, aber die Finsternis währte noch fort."[29]

Noch in der Theogonie des Hesiod findet die schmerzliche Trennung von Himmel (Uranos) und Erde (Gaia) in der sogenannten Entmannung des Uranos durch Kronos statt: "Ankam mit der Nacht (!) der gewaltige Uranos, sehnend schlang er sich voller Liebe um Gaia und dehnte sich endlos weit" (Nacht als cohabitatio von Himmel und Erde). Durch die gewaltsame Beseitigung eines ungeschiedenen Urzustandes, durch Trennung der aneinanderhaftenden Elemente, durch Scheidung von Himmel und Erde, durch Spaltung des Urelternpaares wird die ursprüngliche, als finster und lebensfeindlich empfundene, chaotische Ureinheit beseitigt.

Bei der zitierten Vermischung der Welten läßt sich auch an das vorkosmische Chaos denken, wie an das sprichwörtliche Tohuwabohu der Bibel. Bereits in Babylonien verkörpert die Thiamat die chaotische Urfinsternis, wie in einem akkadischen Lehrgedicht (Enuma Elish) berichtet wird. Die Welt tritt uns als "ein ungeordnetes, finsteres Chaos" entgegen: "Alles war verdeckt von den beiden noch nicht getrennten Urstoffen, dem Meerwasser – hier als Weib Thiamat personifiziert – und dem Süßwasser Apsu – hier als Gatte Thiamat's personifiziert".[30] Bevor die geordnete Welt, der Kosmos, errichtet werden kann, genauer: indem diese entsteht, müssen die chaotischen Kräfte der Urfinsternis besiegt werden. Marduk, der junge Lichtgott, spaltet durch "Sturm und grimmige Winde" die tosende Urflut Thiamat, die als ein Nachtmeerdrachen dargestellt wird, und schafft aus der einen Hälfte des toten Drachen den Himmel, aus der anderen Hälfte die Erde. Thiamat ist sprachlich verwandt dem hebräischen Wort "tehom", was dort die Unterwelt bedeutet.

Spuren eines uranfänglichen Kampfes mit dem Nachtmeerdrachen oder der Wasserschlange haben sich auch in verschiedenen Bildern an einigen Stellen des AT erhalten. In Jes. 51,9 erscheint der Urweltdrache als Rahab: "Auf, auf, wappne dich mit Kraft Jahves Arm! Auf, wie in den Tagen der Vorzeit, den Geschlechtern der Urzeit? Bist du's nicht, der Rahab zerschmetterte, den Drachen schändete? Bist du's nicht, der das Meer austrocknete, die Wasser der großen Flut?" Und ähnlich lauten Psalm 89,10ff und Hiob 26,12ff. Unter dem Namen Leviathan tritt der Nachtmeerdrache im Psalm 74,13, 14 auf: "Du hast gespalten machtvoll das Meer, hast zerbrochen die Häupter des Drachen im Wasser. Du hast zerschlagen die Häupter Leviathans". Jes. 27,1 schildert den Vorgang: "An jenem Tage suchte Jahve heim mit seinem Schwert, dem grausamen, großen und starken, den Leviathan, die gewundene Schlange, den Leviathan, die gekrümmte Schlange und tötet den Drachen im Meere".

Leviathan beherrscht die tehom. Er ist das personifizierte Chaos. Das griechische Wort Chaos lebt im deutschen Wort "Gas" fort, welches der niederländische Arzt J. B. van Helmont 1660 von "Chaos" bildete und womit "ein Körper" bezeichnet wird, der sich "weder in festem noch in flüssigem Aggregatzustand befindet".

Am sprachlich schönsten beschreibt Ovid im ersten Band seiner Metamorphosen das Chaos:

"Ehe das Meer und die Erde bestand und der Himmel, der alles
Deckt, da besaß die Natur im All nur ein einziges Antlitz,
Chaos genannt, eine rohe und ungegliederte Masse,
Nichts als träges Gewicht, und geballt am nämlichen Orte
Disharmonierende Samen nur lose vereinigter Dinge."

Eine sehr ähnliche Vorstellung liegt auch dem "Tohu wa bohu" (beide Worte bedeuten das gleiche) zugrunde, in der lateinischen Übertragung: "Terra autem invisibilis erat et incomposita et tenebrae super abyssum" oder nach der Vulgata – wie es dem Hebräischen besser entspräche – "inanis et vacua".

In Indien ist es Indra, der die Schlange Vritra erschlägt, um die Morgenröte zu befreien und den Rhythmus von Tag und Nacht in Gang zu setzen. Auch in Ägypten stellt sich der Nachtfahrt der Sonne "Apophis" als Nachtmeerdrache in den Weg und muß beseitigt werden, damit der Sonnengott wieder aus der Unterwelt auftauchen kann. Das Drachenkampfmotiv ist außerordentlich verbreitet und hat als mythisch-kultische Drachenbezwingung fast durchweg kosmischen Charakter.

Summa sumarum: In der finstern und verderblichen Nacht (nox atra) wird die Sonne von den vorkosmischen Mächten und Dämonen bedrängt und bedroht, die sich ihrer Wiedergeburt und der Tagwerdung entgegenstellen.

IV.

Ich schließe mit einem Bericht vom Berge Athos, den ich vor Jahren (1965) besuchte.

In den nächstlichen Gebeten der Mönche auf dem Berge Athos halten diese die ganze Nacht über ihre Arme erhoben, die sie auf die hohen Wangen ihrer Betstühle auflehnen oder auf eigens dafür gefertigte Stäbe stützen. Im Scheine vielfältigen Kerzenlichts, bei Weihrauch und vor glänzenden goldenen Ikonen erklingen ihre melodischen Gesänge Stunde um Stunde. Erst gegen Morgen, wenn die erste Helligkeit des Tages aufbricht, lassen sie ihre Arme erschöpft sinken. Pater Chrysostomus, ein Benediktiner aus Maria Laach, schildert den Vorgang in seinem Buche "Athos, der Berg der Verklärung" (1958)[31]. "In den Kirchen der Großklöster, in den Kapellen der Kellien und Skiten, standen in dieser Nachtstunde die Mönche im Chorgestühl und hielten ihre langen Gottesdienste. Niemand schlief jetzt auf dem Athos, außer den Arbeitern und Touristen. … Auch in dieser Nacht hoben sie wie einst Moses auf dem Sinai ihre Arme zu Gott. So oft Moses seine Arme hatte sinken lassen, mußten die Israeliten vor ihren Feinden weichen." Würden die Athosmönche ihre Arme nicht mehr zu Gott erheben, so könnten die Dämonen siegen.

Wir verstehen jetzt nach allem Gesagten ihr Anliegen: Die Mönche begleiten den "Nachtweg der Sonne" mit ihren Gebeten und Beschwörungen und wehren mit erhobenen Armen alle Gefahren ab, die sich ihr und dem heraufziehenden Tage in den Weg stellen, bis das erste Morgenrot den neuen Tag verkündet.

Ihr nächtliches Gebet sichert also den Bestand der Welt, der göttlichen Weltordnung und verteidigt diese gegen die Mächte des Chaos und der Finsternis. So machen sie das

Heraustreten der Welt aus dem nächtlichen Dunkel in den nächsten Morgen möglich wie am ersten Tag. Wir geben noch einmal dem Benediktiner Chrysostomus Dahm zu diesem nächtlichen Geschehen das Wort:

"In dieser Stunde des aufsteigenden Tages begannen auch im Westen die Mönche in ihren Klosterkirchen die "Vigilien" – die Nachtwachen – im wechselseitigen Rhythmus der Psalmen und Lobgesänge." "Herr, öffne meine Lippen, und mein Mund wird Dir lobsingen." Mit ihnen hatten wir (er mit einem Laacher Mitbruder) jetzt auf dem Gipfel des Heiligen Berges das Brevier aufgeschlagen und lasen dieselbigen heiligen Texte ... "Tief war ich in Schlaf gesunken und erquickte mich, ich stand auf, da der Herr mich vom Lager aufgeweckt. Ich fürchte nicht das Heer der bösen Geister. Steh auf, Herr, und rette mich, mein Gott ... Denn Du, o Gott, bist unser Heil, und über Deinem Volk gießt Du deinen Segen aus!"

"Während wir mit den Mönchen im Westen und den Mönchen des Heiligen Berges die Psalmen und Hymnen beteten, lag wie ein schlafendes Ungeheuer zu unseren Füßen das Mönchsland. Seine drohende Gestalt begann sich allmählich bei zunehmendem Licht in ein erwachendes, friedliches Land zu verwandeln. Aufblitzende Strahlen kündigten uns an, daß die Sonne jetzt aufsteigen müsse. Gespannt schauten wir über das endlose Meer nach Osten. Plötzlich wurde ein schmaler, glutroter Streifen sichtbar. Majestätisch hob sich der feurige Sonnenball langsam aus den Fluten ins hohe Firmament. Meer und Land empfingen seinen ersten Schein und wachten aus der Schlaftrunkenheit der frühen Morgenstunde vollends auf, als der Feuerball sich in hellstrahlendes Licht aufgelöst hatte. Als wären die Gebete der Mönche während der Nacht erhört worden, umfing ein silberner Glanz die Halbinsel; als leuchtete das Licht vom Berge Tabor wieder auf und ließ seinen himmlischen Schein vom Gipfel des Heiligen Berges auf das Land der Mönche fallen."[31] So weit Pater Chrysostomus. Vermutlich wäre vorher keiner der fremden Besucher, meiner Freunde und auch ich nicht auf den Gedanken gekommen, dieser Nacht könne kein Morgen folgen. Nun aber hatten uns die Athosmönche mit ihren nächtlichen Gesängen und Gebeten mit hinein genommen in ihre tiefreligiöse Schau der Nacht, die über die einzelne Präsenz empor- und hineinwuchs in die Nacht der Schöpfung, an deren Wiederkehr sie teilnahmen, deren Teilhabe sie mitwirkend begingen.

Damit gaben sie der Nacht, als dem (neben dem Tage) anderen Grundelement des Lebens, ihre ursprüngliche archetypische – man möchte fast sagen: sakramentale – Bedeutung wieder.

Als der Morgen heraufkam, war es uns, als ob der Blick Adams am ersten Schöpfungstage auf die Welt fiel, auf eine neue, uns neu geschenkte Welt.

Wir hätten mit den Erzengeln im Faust-Prolog singen mögen: "Es wechselt Paradieseshelle mit tiefer schauervoller Nacht" und mit ihnen in das Gotteslob einstimmen können: "Und all Deine Hohen Werke sind herrlich wie am ersten Tag".

So endet der Nachtweg der Sonne, gleich welches Schicksal ihr nachts in den Mythen beschieden war, mit dem frischen Morgen eines neuen Tages.

Anmerkungen

1 Heinz-Horst Schrey: Weltbild und Glaube im 20. Jahrhundert, Göttingen 1955, S. 3-4.
2 Gerardus van der Leeuw: Einführung in die Phänomenologie der Religion, Groningen 1948, 2. Aufl., S. 3.
3 Gustav Mensching: Die Religion, Erscheinungsformen, Strukturtypen und Lebensgesetze, Stuttgart 1959, S. 13-14.
4 Wolfgang de Boer: Das Versagen der Aufklärung, in: UNIVERSITAS, Zeitschrift für Wissenschaft, Kunst und Literatur, Februar 1987, 42. Jg., S. 166-125 (S. 116ff.).
5 Descartes: Abhandlung über die Methode (V,14), zitiert nach: Heinz-Horst Schrey: Weltbild und Glaube im 20. Jahrhundert, Göttingen 1955, S. 50.
6 Romano Guardini, Das Ende der Neuzeit, Basel 1950, S. 58, 59.
7 Werner Heisenberg: Der Teil und das Ganze, München Februar 1991, 12. Aufl., S. 251.
8 Heraklit, Fragmente, übersetzt von Hermann Diels: Die Fragmente der Vorsokratiker, Hamburg 1957, Fragment 75, S. 28.
9 Ernst Thomas Reimbold: Die Nacht, Eine religionsphänomenologische Untersuchung, Köln 1970, S. 27. Diels, Vorsokratiker I, 241.
10 E. Th. Reimbold, Die Nacht, S. 163, Belegstellen.
11 Cassirer: Philosophie der symbolischen Formen, Bd. 2, Berlin 1923/31, S. 342.
12 Epicharmos, Fragmente, übersetzt von Hermann Diels: Die Fragmente der Vorsokratiker, Hamburg 1957, Fragmente 27 und 28, S. 34.
13 Ait. Br. 3, 44, 6-9; Sieg, Der Nachtweg der Sonne nach vedischer Anschauung. Nachrichten der königlichen Gesellschaft für Wissenschaften Göttingen, Phil. hist. Klasse, 1922/3, Heft 1.
14 RV 10, 39,12.
15 Capelle, Vorsokratiker S. 129, 130
16 Capelle, Vorsokratiker, S. 91.
17 RV 1,115 in K. F. Geldner: Vedismus und Brahmanismus, in Bertholet RGL, Heft 9, Tübingen 1928, S. 43.
18 A. Falkenstein u. W. von Soden: Sumerische und akkadische Hymnen und Gebete, Zürich 1953, S. 241.
19 Hesiode, Theogonie – Les travaux et les jours – Le Bouclier, Texte établi et traduit par M. Mazon, 5. Aufl., Paris 1960 (gr.-franz.), Theogonie 736-745. Übers. v. Scheffler.
20 Homer: Ilias, griech. u. deutsch, übertr. v. H. Rupé, München 1961, Ilias 14, 246.
21 E. Hornung: Ägyptisches Totenbuch, Kap. XV, 69, Totenbuch der Nacht in Roeder, Urkunden zur Religion des alten Ägypten, S. 3.
22 Jacob Grimm: Deutsche Mythologie, Darmstadt 1965, Bd. 3, S. 217f.
23 Aischylos: Der befreite Prometheus (in der Übertragung von Droysen), Stuttgart 1939, S. 369.
24 G. Roeder: Urkunden zur Religion des alten Ägypten, übers. u. eingel., Jena 1915, 2. Aufl. 1923 (Rel. Stimmen d. Völker), S. 2, 81.
25 Hans Bonnet: Reallexikon der ägyptischen Religionsgeschichte, Berlin 1952, S. 537.
26 Friedrich Hölderlin, Schlußverse des Gedichts "Der Rhein".
27 Jan Gonda, Die Religionen Indiens I, Veda und älterer Hinduismus, Stuttgart 1960, S. 91 und G. Montesi, Il valore cosmico dell'Aurora nel pensiero mitologico del Rig-Veda, in Studi e materiali di storia delle religoni, 24-25 Bologna 1955, 11.
28 Euripides, Fragm. 484, Capelle, Vorsokratiker.
29 E. Neumann, Ursprungsgeschichte des Bewußtseins, S. 117.
30 E. Th. Reimbold, Die Nacht, Köln 1970, S. 70.
31 Pater Chrysostomos Dahm O.S.B., Athos, der Berg der Verklärung, Offenburg 1959.

INGEBORG CLARUS

Des Menschen und der Sonne Weg durch Nacht und Tod

(dargestellt an dem ägyptischen Buch "Amduat")

In zahlreichen Mythen der Menschheit wird von der Reise besonderer Individuen in die Unterwelt, in das Reich von Nacht und Tod berichtet. – Der zur Verfügung stehende Raum verbietet mir, sie auch nur stichwortartig aufzuführen. Vielmehr will ich die Aufmerksamkeit des Lesers auf eines der wichtigsten Unterweltsbücher des Alten Ägypten lenken und mich darauf konzentrieren. Es ist das *Amduat*, das Buch des verborgenen Raumes.

In aller Kürze seien diejenigen Grundzüge der ägyptischen Mythologie skizziert, die zum Verständnis eines Unterweltbuches unerläßlich sind.[1] Es handelt sich vor allem um den *Osiris-Mythos*.

Osiris wird vielfach als ein guter Gott-König der Vorzeit gesehen, der die Menschen die Agri-Kultur und alle Regeln eines geordneten, sozialen Lebens lehrte. Er war ein Sohn des Sonnengottes *Re*, und der Bruder der *Isis*, die gleichzeitig seine Gemahlin war. Ein Bruder des Osiris, der finstere *Seth*, neidete Osiris seine Königswürde. So ließ er ihn heimtückisch umbringen, übergab seinen Sarg dem Nil, und, nachdem Isis den Schrein wieder gefunden hatte, zerstückelte Seth die Leiche und verstreute die Teile über alle ägyptischen Gaue. Isis suchte die Teile zusammen und stellte den Leib ihres Bruders wieder her, dem nur der Phallus fehlte, den ein Fisch gefressen hatte. Nun schuf Isis ihrem Gemahl ein neues Glied aus Gold und Lapislazuli, den Symbolträgern für Sonne und Nacht. Der Tote war daraufhin fähig, mit Isis seinen Sohn *Horus* den Jüngeren (d.J.) zu zeugen, die Neugeburt aus dem Tod. Horus der Ältere ist der Himmelsfalke, welcher weitgehend mit der Sonne identifiziert wird; Horus der Junge verleiblicht sich in jedem ägyptischen König des Neuen Reiches. – Dies ist nur ein kleiner Teil des gesamten Zusammenhanges, der nun zu den Vorstellungen der Alten Ägypter über Nacht und Tod überleitet. Man dachte sich, daß der Mensch nach seinem Tod ein ähnliches Schicksal erleidet, wie Osiris: der Körper würde zerfallen, wenn er nicht sorgfältig balsamiert und durch Mumienbinden zusammengehalten würde. So wurde er bestattet und der Erde übergeben, und zwar jeweils im Westen. Dort befand sich der "West-Berg", in welchem allabendlich die Sonne untertauchte, und aus dessen anderem Tor sie sich an jedem Morgen im Osten wieder erhob.

Aber es blieb die Frage: wo ist die Sonne bei Nacht? Und was geschieht mit dem Menschen im Tod? – Diese Fragen bewegten die Ägypter aufs tiefste. – Sie wußten zwar genau, daß "von drüben keiner zurück kommt". Und dennoch gab es in ihnen eine Ahnung, so etwas wie ein geheimes "Wissen" darüber, daß der leibliche Tod nicht das Ende des menschlichen Daseins bedeuten könne. Denn auch die Sonne, auch der Sonnengott Re erschien ja immer wieder: er, der als Sonnen-Kind (Chepri) des Morgens emporstieg, als strahlender Herrscher (Re) am Mittagshimmel schwebte, und als gebückter Greis (Atum) im Westberg verschwand, trat morgens erneut in die Welt.

Aus dem "Wissen" über den Weg der Sonne entstand vielleicht die Ahnung, daß der Weg des Menschen im Innern des "Westberges" ein ähnlicher sei, und daß das Licht des Tageshimmels etwas mit jenem Licht zu tun haben könne, welches sich als göttliches Licht im Menschengeist zu spiegeln vermag. – Aus solchen Ahnungen, und vielleicht aus Quellen, die uns Heutigen verschlossen sind, mögen die alten Unterweltsführer entstanden sein, die den Toten in ihren Sarg gelegt oder auf die Bretter des Sarkophages oder die Wände der Grabkammern gemalt wurden.

Die Unterwelt heißt auf ägyptisch die *Dat*, und das Amduat berichtet über das, was sich in dem verborgenen Raum der Dat ereignet.

Die *Texte des Amduat* mögen ihre Wurzeln in der Zeit des Mittleren Reiches um 2000-1900 v. Chr. haben[2] und zwischen 1800 und 1600 v.Chr. langsam ihre Form erhalten haben. Die erste schriftliche Fixierung datiert um 1500 v. Chr. aus dem Grab Thutmosis I., also zu jener Zeit, die die Ägyptologen das "Neue Reich" nennen. – Der Baseler Ägyptologe Erik Hornung hat sie erstmals zusammengestellt und herausgegeben.[3]

Das Amduat war zunächst als Totentext ausschließlich dem königlichen Gebrauch vorbehalten. Erst in späterer Zeit wurden im Zuge eines allgemeinen "Demokratisierungs"-Prozesses Kurzfassungen des Amduat auch auf Papyri geschrieben und in die Särge gelegt, denn nun hatte jeder Verstorbene den gleichen Anspruch auf eine Führung durchs Jenseits, wie der König.

Die "List der Isis"[4]

Bevor wir uns näher auf die Schrift des verborgenen Raumes einlassen, will ich abgekürzt erzählen, wie es *Re* erging, als er alterte: Isis, seine Tochter, verlangte danach, den wirklichen, vollen Namen des Gottes zu kennen, den er stets verborgen hielt. Als ihm der Speichel schon aus dem Mund troff und in den Sand fiel, formte Isis daraus eine giftige Schlange, die sie Re auf seinen Weg legte – und die Schlange biß ihn. Danach entschwand sie sofort im Ufergestrüpp. – Re erlitt furchtbare Qualen, es brannte ihn heiß wie Feuer und schüttelte ihn wie kaltes Wasser. Da kam Isis und sprach:

"Sage mir deinen Namen, mein göttlicher Vater ... Denn ein Mann lebt, dessen Namen ausgesprochen wird."

Re nannte alle seine bekannten Namen: Chepri, Re, Atum. Aber Isis blieb beharrlich: Deinen wirklichen Namen hast Du mir nicht genannt! So entschloß sich der Große Gott und sprach zu Isis:

"Leih mir dein Ohr, meine Tochter Isis, auf daß mein Name übergehe in deinen Leib ... Wenn aber mein Herzens-Geheimnis herausgekommen ist, dann sage es auch deinem Sohne Horus. Doch binde ihn zuvor mit einem Gottes-Eid."

Re flüsterte seinen geheimen Namen der Isis ins Ohr. Außer ihrem Sohn Horus hat kein Gott und kein Mensch erfahren, was Re, der "Verborgene" ihr zuraunte. – Isis aber trieb das peinigende Gift aus dem Leib des Gottes wieder heraus.

Wir wollen in der 11ten und 12ten Stunde der Nacht auf diese Erzählung zurückkommen.

Zunächst gebe ich einen *allgemeinen Überblick* über die Anordnung der Bilder und Texte in den einzelnen Stunden des Amduat. Jedem Bild und jeder Gestalt sind Texte beigegeben, die für den damaligen Ägypter wohl klare Aussagen waren, uns jedoch etliche Rätsel aufgeben.

Die Darstellung jeder der 12 Stunden ist in drei sogenannte *Register* aufgeteilt: in der mittleren Zeile sieht man den Sonnengott in seiner Barke über den Unterweltsfluß fahren. – Im oberen und unteren Register werden die Ereignisse dargestellt, die dem Gott und dem "Ba" des seligen Toten in diesem Abschnitt begegnen.

Der *einleitende Text* des Werkes lautet:

Der Anfang ist das Horn des Westens,
    das Tor des Westhorizontes;
Das Ende ist die Urfinsternis,
    das Tor des Westhorizontes.
Zu kennen die Unterweltlichen Ba'u,
Zu kennen die Geheimen Ba'u.
Zu kennen die Tore
und die Wege, auf denen der Größte Gott wandelt.
Zu kennen, was getan wird,
zu kennen, was in den Stunden ist ...
zu kennen den Lauf der Stunden und ihre Götter.
Zu kennen ihre Verklärungen für Re,
zu kennen, was er ihnen zuruft,
zu kennen die Gedeihenden und die Vernichteten.

Das "Horn des Westens" ist der Grenzübergang zur Unterwelt, die "Urfinsternis" ist die chaotisch-finstere Welttiefe, die schon vor der Schöpfung war. Außerdem erfahren wir, daß es bei diesem Gang durch die Dat "Gedeihende" und "Vernichtete" geben wird. – Angesichts dieser Ankündigung wird jedem Menschen Angst und Bange vor dem, was ihm begegnen wird. Da ist es wichtig zu wissen, welche Geister uns begegnen werden, welche Tore der Wandlung zu passieren sind, und was der Sinn dieser finsteren Stunden sein kann.

Aber tröstlich und ermutigend vernehmen wir auch die Kunde, daß der Sonnengott Re uns begleitet, daß auch er seine Verwandlungen ("Verklärungen") durchlaufen, und daß er uns zurufen wird, was der Augenblick gebietet.

Erste Stunde

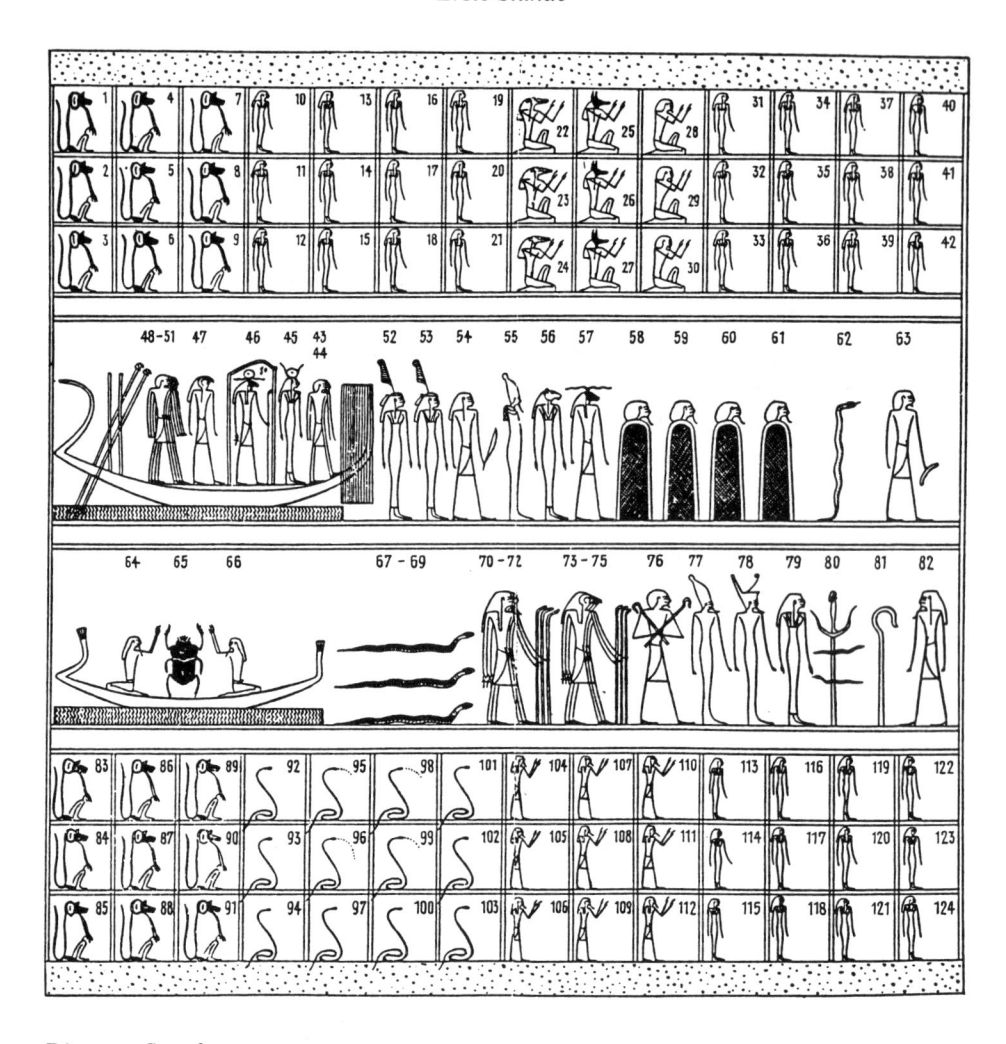

Die erste Stunde

Die Gliederung dieser Stunde unterscheidet sich insofern von allen anderen, als das *mittlere Register* in zwei Zeilen unterteilt ist. – Zunächst sei die *Belegschaft der Sonnenbarke* in der oberen Zeile des mittleren Registers vorgestellt: Vorne am *Bug* (Nr. 44) steht *Upuaut*, der "Wegeöffner"; hinter ihm sehen wir *Hathor*, die "Herrin der Barke" (45) die Liebes- und Fruchtbarkeits-Göttin. In der Mitte, durch die Wände einer "Kapelle" geschützt und verborgen steht der Sonnengott (46) in seiner nächtlichen Gestalt als Atum. In seiner Hand hält er ein Lebens-Zeichen (Anch). Hinter ihm folgt eine Gestalt, die bald als Horus, bald als *Thot* benannt wird (47). Thot ist der Weisheitsgott, der für die Bewahrung und Wiederherstellung der Ordnung der *Maat* verantwortlich ist, der Vertreterin des Gleichgewichtes in der Ordnung der Schöpfung. Am Heck endlich steht ein Vierer-Paar (48-51): dies sind *Huh* und *Hauhet* mit *Nun* und *Naunet*, die in manchen Darstellungen die Steuer-Ruder bedienen. Sie verkörpern meist lurchartig gestaltete Wesen der Urschöpfung, die als "Geburtshelfer" den aus dem Ursumpf auftauchenden Wesen ans Licht der Gestaltwerdung helfen. Wir werden ihnen in der zwölften Stunde wieder begegnen.

In der Sonnenbarke befinden sich "viele", "alle" Götter. Sie repräsentieren die "Große Neun" der Theogonie von Theben, die vielfach anders benannt wird, aber ähnliche Funktionen hat. – *Vor der Sonnenbarke* sehen wir vor allem die "*Doppelte Maat*" (52, 53), wie schon erwähnt, die Göttin der Welt-Ordnung, die in zweifacher Gestalt dafür garantiert, daß ihre Ordnung in der "unteren Welt" genauso gilt, wie am hellen Tag des Lebens. Wichtig sind noch vier schwarze Gestalten (58-61), die als "Weisungen" des Chepri, Re, Atum und des Osiris bezeichnet werden. Wir erkennen, daß der Sonnengott als Träger des obersten Bewußtseins gegenwärtig ist – *auch* mit einem Namen, den Re sonst verborgen hält (Osiris).

Im *unteren Teil des mittleren Registers* sehen wir vor allem die Barke des Chepri (64-66), der als große Verheißung mitfährt und von zwei als "Osiris" benannten Gestalten freudig begrüßt wird. – Die drei Schlangen vor Chepri sollen "den Mund ausfegen", also reinigen, und dafür sorgen, daß der Mund die Wahrheit sagt. – Die letzte Gestalt dieses Registers heißt: "Der die Erde versiegelt" (82). Er wird das Tor der Unterwelt gegen die Oberwelt wieder verschließen, sobald der Sonnengott und sein Gefolge eingetreten sind.

Im *oberen Register* der ersten Stunde wird Re durch singende Paviane und "Götter" freudig begrüßt. Am vorderen Ende stehen die 12 Stunden der Nacht bereit (31-42).

Im *unteren Register* sieht man wieder die Paviane, "die für Re musizieren" (83-91). Vor ihnen erleuchten 12 Uräus-Schlangen feuerspeiend den Weg, und zuletzt huldigen 9 Götter und 12 Göttinnen dem Sonnengott.

Wenn wir das Geschehen der ersten Stunde *zusammen*fassen, so erfahren wir aus dem begleitenden Text, daß Re in ein Gefilde eingetreten ist, das *Wernes* heißt. Es ist ein fruchtbares, von Wassern und Äckern erfülltes Land, das Gefilde der Seligen. Der Gott weist den Seligen (Ba'u) ihren "Acker" und ihre Aufgaben zu, die eine Fortsetzung des im Leben Erarbeiteten sind und eine reiche Ernte versprechen.

Das *wichtigste Ereignis* der Ersten Stunde ist die *Verwandlung des Sonnengottes* beim Eintritt durch die Pforte des Westberges. "Er verwandelt sich in einen Widder, wenn er diesen Torweg passiert", so schildert es der Text. – Der Sonnengott Re des Alten Reiches wird stets mit dem Emblem des Sonnensymbols ☉ dargestellt. Amun aber hat dazu den Kopf eines Widders.[5] *Amun* heißt "der *Unsichtbare*", der "Lebenshauch", der allen Dingen innewohnt.[6] Das bedeutet *theologisch* einen Wandel des Gottesbildes zur Zeit des Neuen Reiches (etwa ab 1600 v. Chr.). Es ist der Wandel von einer real anschaubaren Gegenwart zu einer geistigen Wirklichkeit. *Psychologisch* gesehen aber wird ein innerseelisches Geschehen in der Begegnung mit dem "Verborgenen Raum" geschildert. Man kann es einen "Bewußtseinswandel" nennen. Es ist wie ein Bewußtsein, welches die bloße Rationalität hinter sich läßt und nun schrittweise wahrzunehmen lernt, was sich in dieser unbekannten Dimension unseres Seins begibt.

Die Gestalten der ersten Stunde wurden so ausführlich vorgestellt, um dem Leser die wichtigsten Personen der "Handlung" bekannt zu machen. Im folgenden werde ich mich auf die wesentlichen Ereignisse beschränken.

Die Zweite Stunde

berichtet vor allem über die Fürsorge des Sonnengottes für die Bewohner der Dat. Ihr genauerer Inhalt wird in unserem Zusammenhang übergangen.

Die dritte Stunde

Diese Stunde bringt bereits einen ersten dramatischen Höhepunkt. Das *Tor*, welches zu durchschreiten ist, heißt "Räuber": d.h., es fällt hier alles vom Menschen ab, was ihm bisher wichtig erschien, was in seinem irdischen Leben etwa verbunden war mit Titeln, Machtpositionen, Standeswürde und Ruhm. Nackt tritt der Tote in die Stunde der Vernichtung ein, deren *Name* lautet: "Die die Ba'u zerschneidet". Den Menschen wird verkündet, daß sie gleich Osiris das Schicksal der Zerstückelung erleiden werden, und daß dies die Voraussetzung für eine gelingende *Wandlung* ist.

Entsprechend sehen wir im *Unteren Register* furchterregende, messerbewehrte "Zunichtemacher" (258-262).

Im *Oberen Register* stehen acht "Klagefrauen", die das Geschehen der Zerstückelung beweinen (209-216).

Am Eingang des *oberen* Registers sitzt, paviangestaltig, der Weisheitsgott *Thot* (194), der hier als "Dolmetscher der Dat" benannt wird. Er sitzt auf dem "Wüstensand der Ausländer", d.h. er versteht jede Sprache. Mir scheint, daß er dem Stammelnd-Ratlosen in dieser völlig unbekannten Situation seine Hilfe anbietet, um das aussprechen zu können, was jetzt vonnöten ist. – Eine ähnliche Funktion erfüllen im oberen und am Ende des unteren Registers kleine runde Schreiben. Im oberen Register stehen links zwei Gestalten mit Kreisen in der Hand (198, 199), sie sind als "bringender Gott" und "bringende Göttin" benannt.

Die kniende Gestalt (203) vor einem "Zauberstab" heißt: *"Der das Auge bringt"*. – Die Gestalt im *unteren* Register rechts ist die "Göttin vom Ostberg" (276), die also bereits eine Verheißung des wieder aufgehenden Lichtes darstellt. Auch sie trägt in beiden Händen die "Sonnenpupillen".

Die *beiden Sonnenaugen* repräsentieren Sonne und Mond. Horus, der Sohn des Osiris, war durch seinen Widersacher Seth – im Kampf für seinen Vater – seines einen Auges beraubt worden. Hier wird es zurückgebracht, und das heißt, daß nun eine voll-

Dritte Stunde

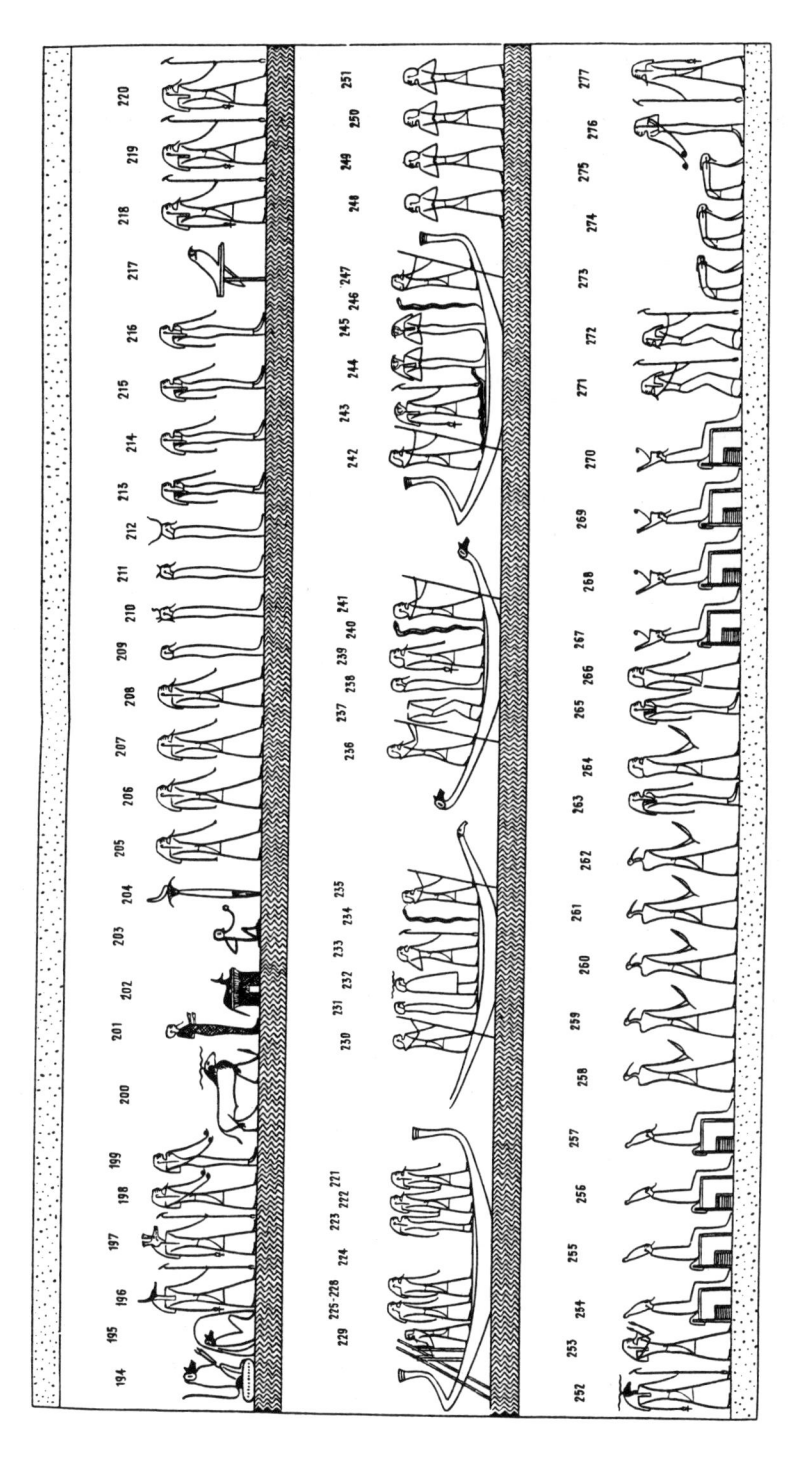

ständigere Sicht der Dinge im Licht des Tages (der Sonne) *und* der Nacht (des Mondes) möglich wird. Diese beiden Lichter mögen die zwei Dimensionen der Wahrheitsgöttin Maat darstellen. Entsprechend lauten die *begleitenden Texte* zu dieser Stunde.

Der *Anfangs-Hymnus der "Geheimen Götter" (Seelen) an Re lautet:*

"Komm doch zu uns, dessen "Fleisch" zu seinem Leib gerudert wid, Dolmetscher der Dat, Herr des Atems, dessen Leib redet ... Deine Seele erscheint, und deine Macht ist groß. Es leiten Dich Deine beiden Wahrheits-Göttinnen (Maat) auf dem Weg der Finsternis ..."

Der Gott antwortet den Seelen:

"O Verklärte des Osiris ... bleiben mögen eure Formen, und verklärt seien eure Gestalten. Luft mögen *atmen* eure Nasen, *sehen* mögen eure Gesichter, und *hören* mögen eure Ohren ... Nicht seid ihr in die Vernichtungs-Stätte gefallen!"

Die *erste Begegnung mit dem Großen Gott* macht die Gegenwart der *Augen*, der beiden Bewußtseinsträger besonders erforderlich. Dringend nötig ist der Zuruf des Re: "Bleiben mögen eure Formen ... Luft atmen mögen eure Nasen" (was ihr hier wahrnehmt, möge euch nicht den Atem verschlagen, ihr sollt nicht vergehen vor Schreck!). "Sehen mögen eure Gesichter und hören mögen eure Ohren" ... (seid so wach, wie ihr könnt, nehmt alles wahr, was hier ist). – Aber seid getrost, "nicht seid ihr in die Vernichtungs-Stätte gefallen."

Die vierte Stunde

Wir betreten nun einen Bereich *großer Finsternis*. Nichts ist zu sehen. Der Ägypter spricht von der Höhle "mit abgeschirmten Gestalten". – Ohne daß er gesehen wird, und ohne selber zu sehen, sorgt dennoch der Sonnengott in dieser gefahrvollen Stunde "mit seiner Stimme" für die Bewohner dieses Bereiches.

Der *Name* der vierten Nachstunde ist: "Die groß ist an Macht".

Wir haben hier die Schwelle zum zweiten Quartal der Nacht überschritten und nehmen etwas für alle Wüstenbewohner Erschreckendes wahr: es gibt kein Wasser mehr, alles ist versiegt. Stattdessen muß die Barke des Sonnengottes über den Sand gezogen werden. – Das ganze Gebiet wird diagonal von einem fünffach geknickten Sandweg durchzogen. Dieser Weg ist eigentlich unpassierbar. Drei messerbewehrte Tore zeigen an, daß es hier kein "zurück" gibt. Hier ist das Reich des Totengottes *Sokar*:

"... ein geheimnisvolles Bild, unsichtbar und nicht wahrzunehmen."

Auch der "Leichnam des Osiris" ist hier verborgen.

Alles wimmelt von Schlangen, und die Sonnenbarke selber ist im *mittleren Register* mit Schlangenköpfen versehen, allerdings mit solchen, die mit ihrem "stechenden Feueratem" den Weg bahnen und erleuchten. – Die Schlangen präsentieren sich in der gan-

Vierte Stunde

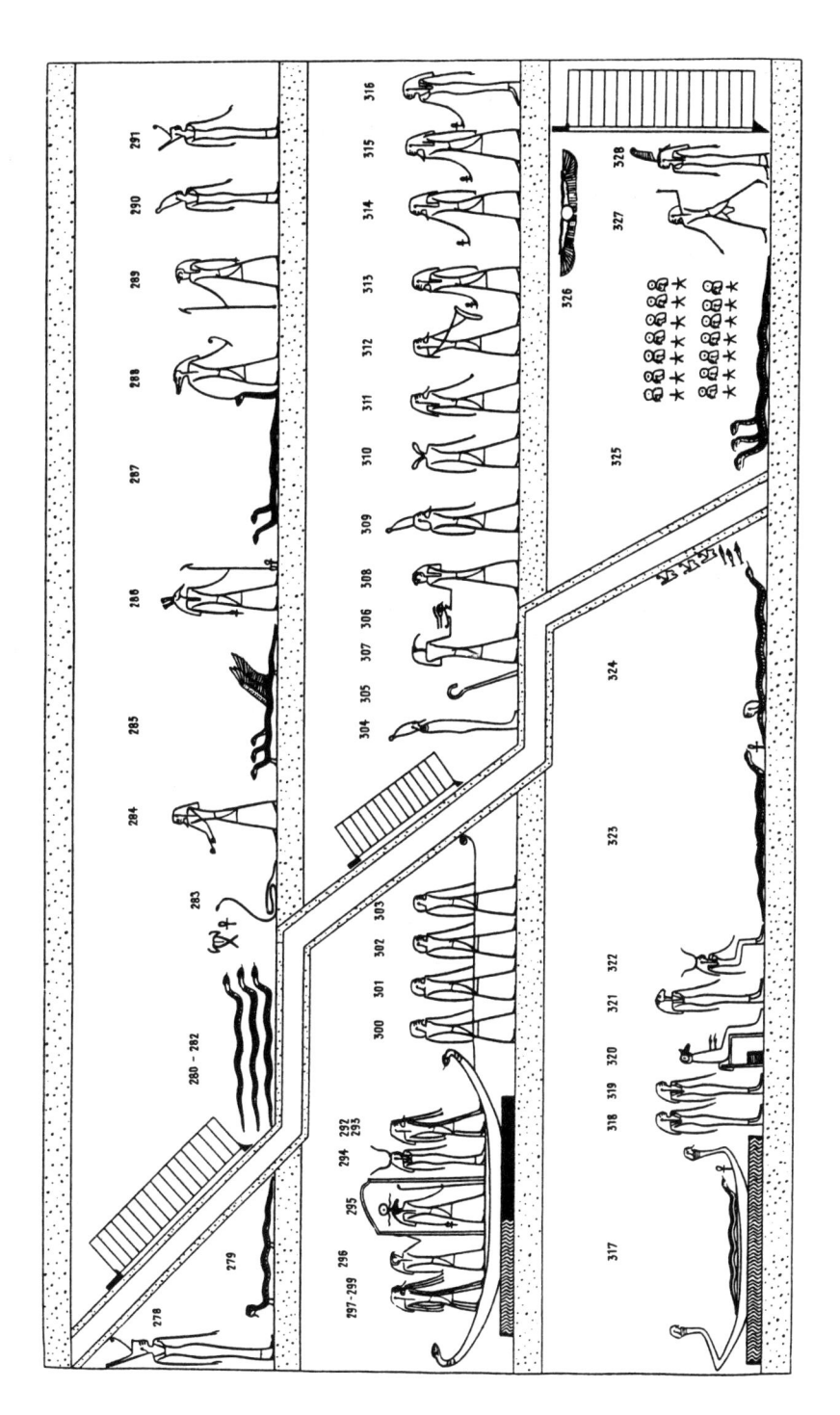

zen Vieldeutigkeit dieser Reptilien: die einen sind gefährlich, "sie leben von den Leibern der Menschen und schlürfen ihr Blut" (*oberes Register*, 280-282), – im *unteren Register* aber hat die Schlange in der Barke ein Lebenszeichen (Anch) vor sich, und sie heißt "Glatter, der leuchtet" (317). Sie verbreitet Licht und "lebt" durch die menschlichen Stimmen, die von den beiden Köpfen ihrer Barke zu ihr dringen. – Über der letzten, dreiköpfigen Schlange (325) schweben 2 x 7 Gestirnzeichen: es sind Köpfe, auf welchen Sonnensymbole sichtbar sind, und darunter die Sterne der Nacht. Es mögen astronomische Gleichnisse sein, die nicht näher erklärbar sind, die aber wieder deutlich auf die Lichter des Tages und der Nacht verweisen.

Der *Text* zu dieser Schlange lautet:

"Licht ist täglich in ihr, bis zur Geburt Chepris"
(der aus ihr hervorgehen wird!).

Am Ende des Weges schwebt über dem siegreich durch das Dunkel gelangten Re und der auch diese Finsternis beherrschenden Maat der *geflügelte Chepri* (326), dem wir schon in der ersten Stunde begegnet sind.

Wir haben bemerkt, daß an den gefährlichen Schlangen dieser Stunde eine *Verwandlung* sichtbar wird, die offenbar etwas mit der Darbringung des Heiligen *(Uzat)- Auges* an Osiris – Horus und an Sokar zu tun hat. Denn im *Oberen Register* sehen wir wieder den Weisheitsgott Thot (284), der die Sonnenpupillen trägt und von dem der Text berichtet, "er trennt Horus und Seth", also das feindliche Brüderpaar. Diese Versöhnungs-Tat wird besonders deutlich im *Mittleren Register*: dort sehen wir Horus und Seth (307, 308), die Osiris (304) gemeinsam das geheilte Sonnenauge darbringen.

Für mich als Psychologin liegt es nahe, nun zu versuchen, dem Leser den seelischen Gehalt der Bildersprache näher zu bringen. Jeder von uns hat im Laufe seines Lebens erfahren, daß es Stufen gibt, auf denen wir bestimmte "Normen" unseres Lebens zu erfüllen und zu verwirklichen haben, die zu ihrer Zeit richtig und gut sind. Die kindlichen Entwicklungsstufen sind so allgemein bekannt, daß ich sie hier übergehen will. Aber wenn sie nicht richtig gelebt werden, dann können sie auch nicht sterben. Und da fängt es schon an: jede Lebensstufe hat ihre Zeit – aber wenn sie zu Ende ist, muß sie sterben und redlich begraben werden. Jeder Gärtner weiß, daß altes Kraut und altes Holz verrotten muß, um zu gutem Humus zu werden, auf dem etwas Neues wachsen kann. Und jeder Ackerbauer – so auch der Ägypter – weiß, daß ein Samen unter der Erde vergehen muß, damit er wurzeln und einen Keimling ans Licht wachsen lassen kann. – Sofern es sich um die Agri-Kultur handelt, ist das leicht einzusehen. Aber *wie* schwer ist es für uns Menschen, alte Wünsche, verhärtete Ideale aufzugeben, um wieder offen zu werden für ganz neue Möglichkeiten in unserem Leben! Wie weh tut es, wenn etwas, was uns wichtig war, nur teilweise oder gar nicht gelingt, vielleicht deshalb, weil es zu der jetzt aktuellen Lebensstufe noch nicht, oder nicht mehr paßt, oder, weil es überhaupt für uns verkehrt war?

Die bisherigen Texte und Bilder des Amduat führen uns bildhaft vor Augen, was wir hinter uns lassen, was wir sterben lassen müssen, nicht nur einmal, sondern lebenslänglich immer wieder neu, und oft recht schmerzhaft.

An jedem "Torweg" stellt sich eine "Verwandlung" ein, nichts bleibt, wie es war, und man weiß nicht, wie es weiter gehen soll. – Wie oft schon ist unser Leben "auf Sand gelaufen" – alles schien verfahren und kein Weg war mehr sichtbar. Und wie oft haben wir in der Verzweiflung sinnlos um uns geschlagen, uns und andere verletzend, oder wir sind "giftig" geworden wie die gefährlichen Schlangen!

Gerade die vierte Stunde des Amduat aber zeigt uns Ansätze, wie solche Krisen überwunden werden können: nämlich mit Hilfe unserer *beiden* Augen, deren Sicht sich so notwendig ergänzt, und deren doppelte Sicht uns zu einer heilsamen Versöhnlichkeit umstimmen kann. Die Sicht des Sonnenauges zeigt die Dinge scharf umrissen und kritisch. Das Licht des Mondauges läßt alle Konturen weicher und fließender erscheinen, manchmal freundlicher, manchmal auch unheimlich, aber oft die Phantasie, die *innere Schau* anregend, aus welcher dann etwas Neues entspringt.

Die *dritte und entscheidende Hilfe* aber ist die *Stimme des Gottes*, der sich mit uns auf die Finsternis eingelassen hat, und dessen "Weisungen" oft im Dunkel von Nacht, Krankheit und Todesnähe deutlicher vernehmbar sind als am hellen Tag.

Die vierte Stunde des Amduat zeigt, wie gefährliche, aussichtslose Situationen sich zu wandeln vermögen, wenn es uns gelingt, alle unnützen Hüllen und Sicherungen fahren zu lassen und uns auf ein schlichtes, redliches "Sehen" und "Hören" im umfassendsten Sinn des Wortes einzulassen. – Im Dunkel der Nacht ist der "Große Gott" in all seiner unbegreiflichen Verborgenheit und in seinen vielfältigen rätselhaften Erscheinungsweisen mit uns.

Die fünfte Stunde

Nach der Turbulenz der vierten Stunde kann in der fünften Stunde eine gewisse Beruhigung und eine Vorahnung des künftig Möglichen wahrgenommen werden. – Unser Blick wird sofort auf das zentrale Geschehen in der Mitte aller drei Register gelenkt.

Zunächst sehen wir im *Oberen Register* den "Kasten des Chepri" (344). Seine gepunktete Zeichnung kennzeichnet ihn als einen Ort, der von Sand umgeben und mit Sand ausgefüllt ist. An dem unteren Ende guckt der junge Sonnenkäfer hervor, er streckt seine Arme aus und ergreift das Zugseil der festgefahrenen Sonnenbarke, um sie wieder in Bewegung zu bringen. Die beiden Vögel (345, 346), die rechts und links an dem Sandkasten sitzen, sind Isis und Nephtys, die "Klagefrauen", die das Grab beschützen und den Toten beweinen. An vielen Sarkophagen sieht man sie mit ihren ausgebreiteten Flügeln.

Im *Mittleren Register* erscheint der "Kopf der Isis" (374), welche ein Dach über dem Geschehen des unteren Registers hochzieht, und ihre schützenden Arme darüber ausbreitet.

Fünfte Stunde

Im *Unteren Register* ist das Reich des Erdgottes Aker dargestellt. Sphinxähnlich flankieren seine beiden Köpfe (392) einen abgegrenzten, ovalen Bezirk. Es ist die "Höhle" des Totengottes Sokar. In diesem Oval befindet sich eine dreiköpfige, geflügelte Schlange (394), die als Vertreter des bedrohlichen urzeitlichen Chaos betrachtet wird (Schott). Ihr Schwanz endet in einem menschengestaltigen Kopf.

In dieser Sandhöhle steht auf der Schlange eine aufrechte, falkenköpfige Gestalt, der Gott *Horus* (393). Durch seine Anwesenheit wird etwas anders: der vorderste der drei Schlangenköpfe trägt ein Lebenszeichen, die Schlange hat Flügel, und sie hat den Namen "Größter Gott, der seine Flügel ausbreitet, der Buntgefiederte". Horus hält ihn an den Flügeln fest, er bändigt hoch aufgerichtet das Bild des Ur-Chaos, in welchem Zerstörung *und* Leben potentiell enthalten sind. – Welche Gestalten in diesem "Grab" gebändigt werden, erhellt aus dem beigegebenen *Text*:

"Ein Geräusch wird aus diesem Oval gehört ... wie die Donnerstimme des Himmels bei einem Unwetter."

Das *Oval* finden wir bei den Ägyptern in vielerlei Varianten. Es ist die Gestalt der Grabkammer, des Sarkophages, des Ovals, welches Chepri vor sich herschiebt und in dem das Ei enthalten ist, aus dem das Neue Leben ausschlüpfen wird. Auch am Kasten des Chepri bemerken wir diese Gestalt, und der begleitende Text sagt, daß seine Öffnung nach Norden weist. Nach Norden ist auch ein Schacht in der Cheops-Pyramide orientiert, nämlich in die Richtung auf den Polarstern, zu dem nach alter Vorstellung die Seele des toten Pharao seine Verwandlungsreise antritt, um in die Barke des den Nachthimmel überquerenden Sonnengottes einzusteigen.

Wir wollen die übrigen Gestalten der fünften Stunde aus Raumgründen beiseite lassen, und wir nehmen nur noch den großen *Friedens-Hymnus* zur Kenntnis, den die geretteten Bewohner der Dat dem Sonnengott darbringen:

"In Frieden, in Frieden, Herr des Lebens!
In Frieden, in Frieden, der den Westen befriedet!
In Frieden, in Frieden, der die Erde öffnet!
In Frieden, in Frieden, der im Himmel ist!
In Frieden, in Frieden, der den Gegenhimmel befriedet!
In Frieden, in Frieden, es triumphiert der Herr der Neunheit! (= Re)
In Frieden, in Frieden, es breitet dir die Erde die Arme aus,
In Frieden, in Frieden, es bahnt dir die Nekropole ihre Wege!"
Du sprichst, Re, zu Osiris! Du rufst, Re, zum Sokarland, und es lebt Horus, der auf seinem Sand ist! – Komm zu Chepri, Re! Komm zu Re, Chepri! Das Seil, das ihr gebracht habt ... wird hinauf gereicht zu Chepri, damit er Re seine Hand reiche, damit er bahne die geheimen Wege für dich, Re-Harachte! Der Himmel ist in Frieden und Re gehört der schöne Westen!"

Die verdammten Ba'u vermögen den Weg des Sonnengottes nicht weiter zu begleiten, sie sind ausgeschieden und (vorerst) gerichtet. Den Seligen, die fähig und bereit waren, den Weg zu Osiris und seinen Verwandlungen bis hierhin mitzugehen, ruft Re nun zum ersten Mal zu:

"Erhebt euch für mich!"

Die "Aufgestandenen" werden dem Gott als Helfer dienen in allen weiterhin zu bestehenden Gefahren.

Es scheint einem Lebensgesetz zu entsprechen, daß auf Phasen großer Turbulenz, sowohl im Leben einzelner Menschen wie auch des Weltgeschehens, Zeiten einer neuen Konsolidierung folgen, in welchen Neues zu wachsen vermag. Das entspricht der Ordnung der Maat. – Das Neue wird in der fünften Stunde im unteren Register besonders deutlich: dort sieht es aus, als entfalte der "buntgefiederte" Schmetterling schon probend, noch innerhalb der Verpuppungshülle, seine Flügel. Was im Urzustand bedrohlich seine "Donnerstimme" vernehmen läßt, schickt sich nun schon an, in neuer, vergeistigter Gestalt seine Flügel zu breiten. – Aber das Neue ist vorerst noch äußerst schutzbedürftig. Wir sehen vor dem "Oval des Sokar" eine Schlange mit einem Lebenszeichen (395). Der Text sagt, daß dies der Weisheitsgott *Thot* ist. Es heißt von ihm, daß er eine Mittlerrolle zwischen der Außenwelt (auf Erden) und der Unter- oder Innenwelt der Dat einnimmt:

"Er tritt ein und geht heraus, er bringt die Angelegenheiten der Lebenden diesem Gott (Re-Osiris) täglich nahe, ohne gesehen zu werden."

Der Weisheitsgott sorgt dafür, daß alles "in der Maat", in wechselseitiger Verbindung bleibt, und zu seiner Zeit geschieht, und daß nichts überstürzt wird. Vorerst tun wir gut daran, "im Bilde" zu bleiben und nichts vorzeitig "deuten" zu wollen.

Die sechste Stunde

Mit der sechsten Stunde erreichen wir die Tiefe der Nacht, die auf eine Krisis zusteuert. – Der Name ihres Tores heißt "Mit scharfen Messern", die Stunde trägt den Namen "Ankunft, die den rechten Weg gibt".

In der Mitte des *Oberen Registers* liegt eine Löwengestalt (420), die als "Stier mit der Donnerstimme" benannt wird. Der Löwe gehört zu Re, der Stier zu Osiris – wir können in diesem Bild die Doppelgestalt des oberirdischen und des unterirdischen Sonnengottes vermuten, über welchem seine beiden Augen zu sehen sind (419).

In der linken Bildhälfte befinden sich 9 "halb erhobene" Gestalten (401-409), die, dem Text folgend, Opfergaben tragen. Rechts erblicken wir in der oberen Zeile das *Grab des Re* (424-429): er ist zerstückelt, und Hinterteil, Mitte ("Flügel") und Kopf sind gesondert bestattet. Die Hügel werden von feuerspeienden Schlangen bewacht; die Sonnenscheibe erleuchtet, und Messer schützen die Hügel gegen unbefugte Eindringlinge.

Im *Mittleren Register* fährt die Sonnenbarke wieder im Wasser, und vor ihr sitzt auf einem Thron der Gott Thot (440), der hier nicht mehr heimlich, sondern öffentlich anwesend ist. Vor ihm steht, ihre Gaben noch verbergend, eine Gestalt, welche die beiden schon bekannten Sonnenpupillen bringt (441). – In der Mitte der Zeile stehen die

Sechste Stunde

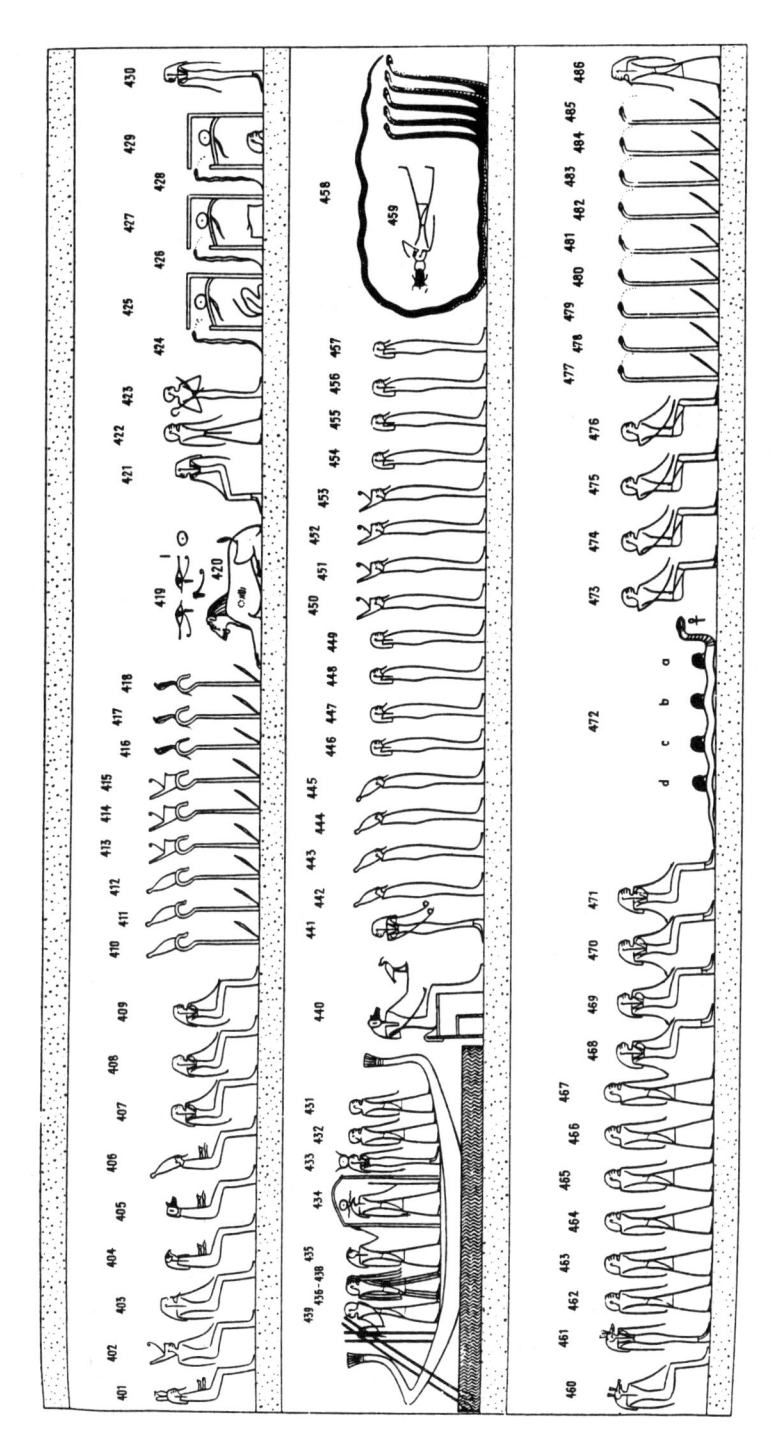

Gestalten seliger Toter – und, am rechten Ende befindet sich die Entsprechung zum Grab des oberen Registers: das ist das

"Fleisch des Chepri, Vielgesicht hütet ihn." (448, 449)

Der Sonnengott Re liegt hier, nicht mehr zerstückelt, und frei von Mumienbinden im Kreis der großen Verwandlungs-Schlange, die ihren Schwanz im Maul hat. Dies ist die erste bekannte Darstellung des *Uroboros*, der, das Sonnenkind schützend, seine ausgeprägte Gestalt und Funktion später auf einem Schrein des Tut-ench-Amun präsentiert.

Im *Unteren Register* sehen wir wiederum halb und ganz aufgestandene, nicht mehr mumifizierte Gestalten. Der Sonnengott ruft ihnen zu:

"Steht doch auf und weicht nicht zurück, streckt euch doch aus und seid nicht müde ..."
(die "Müdigkeit" wird durch das "Halb-Aufgestandensein" aus der Todesmattigkeit dargestellt)

Ihre Aufgabe ist, "für das Kommen des *Achti* zu sorgen". Die *Achu* sind die seligen Toten, die keine Mumienbinden mehr benötigen, weil sie einen verklärten neu funktionsfähigen Leib erhalten haben.

Im Bild und Text der sechsten Stunde finden wir dargestellt, wie, stellvertretend für alle seligen Toten, der Sonnengott selber den Tod der Zerstückelung und das Grab auf sich nimmt, und in die "Verwandlung des Fleisches" eingeht. Der Sonnen-Ba hat sich, wie in einer "Heiligen Hochzeit", mit seinem Ach vereinigt, um nun, in verwandelter, geistiger Gestalt dem Feind der Schöpfung, dem alles verschlingenden *Apophis* zu begegnen.

Die siebente Stunde

Der Eingang zu dieser Stunde heißt "Tor des Osiris". Der Ort des Geschehens ist die "Geheimnisvolle Höhle", und die Zeit ist diejenige, welche "Den mit schrecklichem Gesicht köpft". Aber die eigentliche Begegnung zwischen Re und seinem Gegner, dem Apophis, "mit dem schrecklichen Gesicht" findet noch nicht statt.

Zunächst erfahren wir wieder, daß "der Gott eine andere Gestalt annimmt", und daß er "den Weg ablenkt von Apophis".

Im *Oberen Register*, sowie in der Barke des zweiten Registers, sehen wir die "andere", die neue Gestalt des Gottes, die er bereits in der sechsten Stunde unter dem Schutz des "Weltumringlers" (Mehen) erworben hat. Er wird nun nicht mehr durch ein Gehäuse geschützt, sondern durch die Schlange der Verwandlung (491, 509). Am Anfang des oberen Registers sehen wir ihn als Osiris (491)[7] thronen, dem seine "Feinde" gefesselt vor die Füße gezogen und die vor ihm enthauptet werden. Der Sonnengott ruft Osiris zu: "O Osiris, Dat-Vorsteher, Herr des Lebens und Herrscher des Westens! Dir gehört Leben, du lebst und bist am Leben!" – Am Ende der oberen Zeile sitzt er noch einmal in seiner Gestalt als "Alter", als Atum (503)[8] auf einer Schlange, die "Zusammenhalter" heißt und ein Lebenszeichen trägt.

Siebente Stunde

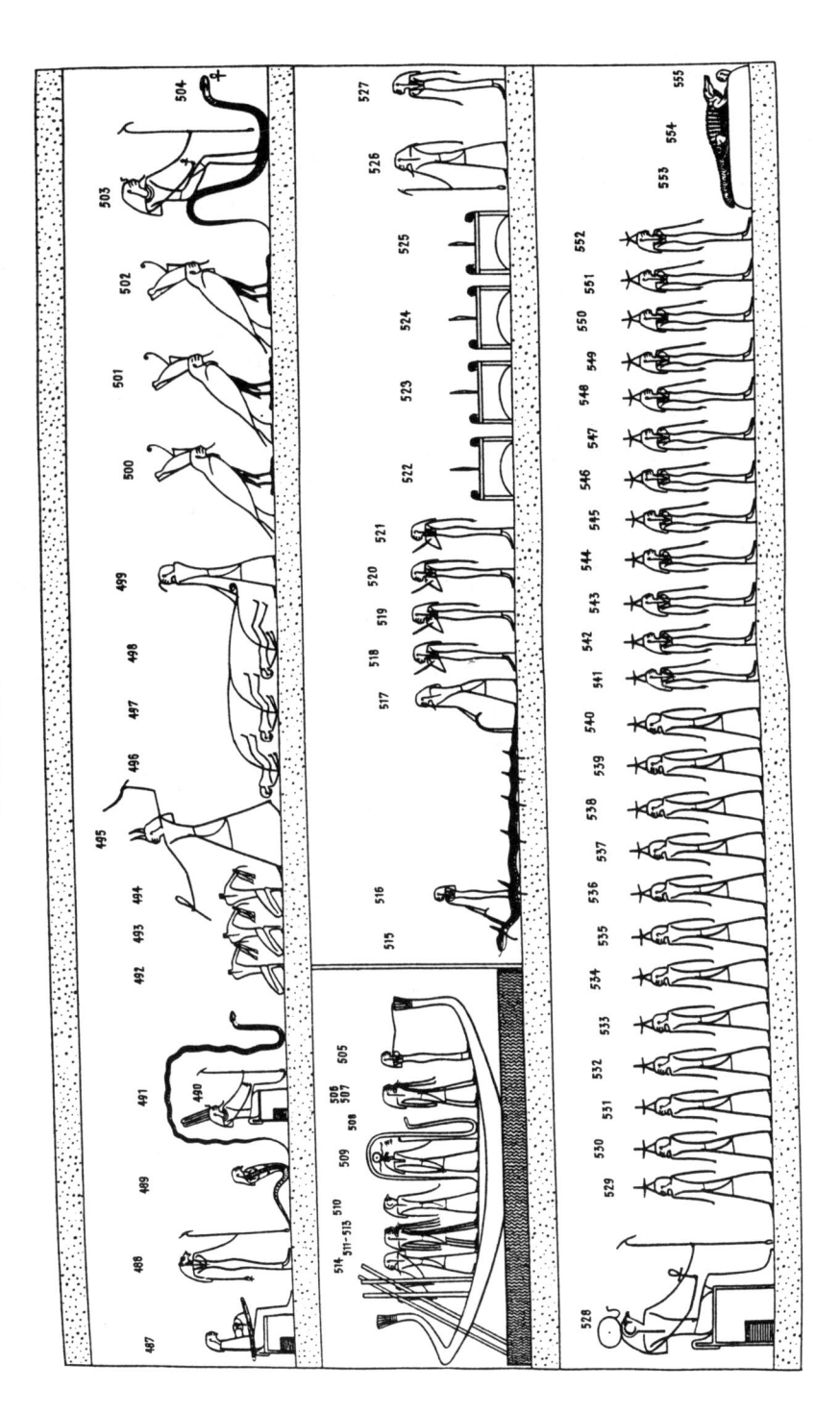

Im *Mittleren Register* steht Re als widdergestaltiger Amun (509) in der Mehen-Schlange. Seine Barke ist im Wasser. Aber zwischen ihm und *Apophis*, der das trockene Sandreich beherrscht und der alles Wasser ausgetrunken hat, ist eine Wand errichtet. Vorne am Bug des Sonnenschiffes steht Isis (205) mit beschwörend ausgestreckter Hand, und hinter ihr der "Älteste Zauberer" (206), von dem Hornung annimmt, er sei Seth! Isis und Seth lähmen Apophis durch ihre Zauber, so daß er gefesselt und zerschnitten werden kann.[9] Apophis ist blind. Vorerst wird der gelähmte Apophis gefesselt und zerstückelt. Am Ende der Zeile stehen noch einmal die 4 Gräber des Sonnengottes (522-525), es sind Kästen, an deren oberen Ecken schattenhafte Menschenköpfe sichtbar sind. In den Kästen sind Hügel, und der begleitende Text erkärt uns, daß unter den Hügeln der Sonnengott in seinen Erscheinungsformen als Chepri, Re, Atum und Osiris "verborgen", also unsichtbar ist.

Ich kann mich des Eindrucks nicht erwehren, daß diese Bilder-Folge ein *Opfer* zeigt: So, wie Apophis gefesselt und zerschnitten wurde, so geschah es auch Re – oder, so hat es der Große Gott selber auf sich genommen. – Wenn wir dem eine psychologische Deutung geben wollen, so können wir etwa sagen: wenn wir Menschen unsere "Feinde", also etwas, was wir als böse empfinden, wirksam bekämpfen wollen, dann bleibt dies ergebnislos, solange wir uns ausschließlich gegen äußere Feinde richten (die sich immer finden lassen!). Denn diese "Feinde" haben nur allzu oft etwas mit unseren eigenen feindseligen Phantasien und Impulsen zu tun, die wir auf mehr oder weniger geeignete "Objekte" projizieren. – Erst wenn wir erkennen, was die "bösen Anderen" auch mit uns selber zu tun haben, und wenn wir fähig werden, diese ungeliebten Schatten-Anteile in uns selber zu opfern und zu begraben, werden wir von unseren innerseelischen Feinden befreit. – Das Ergebnis eines solchen Opfers können wir im

Unteren Register erblicken. Hier thront Horus-Re (528), der selber das Opfer der Zerstückelung auf sich genommen hatte, in herrschaftlicher Haltung vor den 12 Stunden des Tages der Nacht (529-552), die er kraft seines Uas-Szepters (dem Symbol für heilbringende Macht) und des Anch in seinen Händen neu ordnet und auf ihren Weg bringt.

Das *Opfer* dieser Stunde, so werden wir bald sehen, war nur eine erste Stufe, eine probende Vorwegnahme der Erneuerung, und so ist auch die Neuordnung der Schöpfung und ihre *Zeit* ein zwar wichtiger, aber nur erster Schritt zur Vollendung des Opus. – Doch verheißungsvoll klingen die Worte des Gottes an die seligen Ba'u:

"Ihr seid die Stehenden (Aufrechten, nicht mehr todesmatten), ihr gehört ja zu mir ... Ihr leitet nun Re ... zum vollkommenen Westen, in Frieden!"

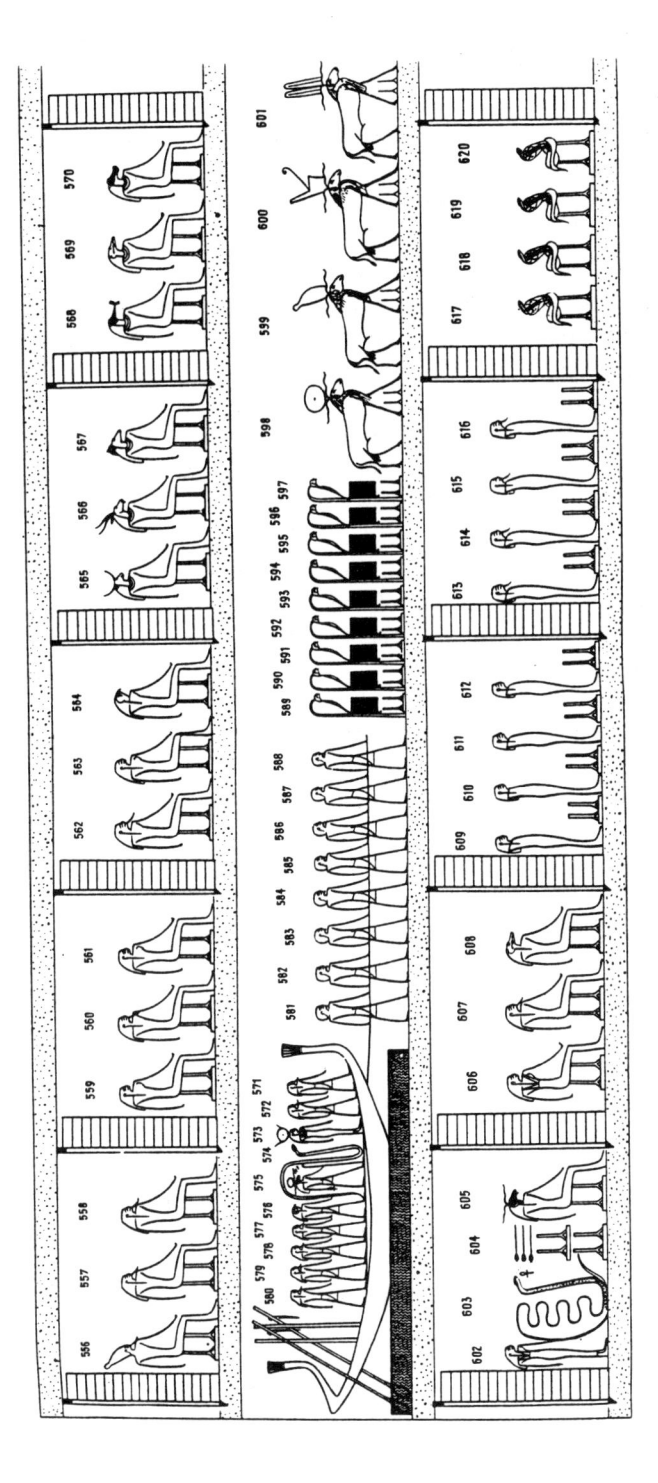

Achte Stunde

Die achte Stunde

Nach der Turbulenz der vorangegangenen Stunden mutet uns der Bereich der achten Nachtstunde wie ein Ruheort an. – Sein Eingangstor ist: "Das steht, ohne müde zu werden", der Ort wird als "Sarkophag der Götter" vorgestellt, und die Stunde heißt "Herrin der tiefen Nacht".

Im *Oberen und im Unteren Register* sind je fünf Kammern abgebildet. Es heißt, daß hier die "Bilder" (oder Wesen) ihrer Bewohner auf ihren "Kleidern" sitzen, die durch das Zeichen ⚱ dargestellt werden. – Auf der irdischen Ebene haben "Kleider" für den Ägypter die Bedeutung, daß ein Mensch vollständig mit "Schutz" umhüllt ist: das sind z.B. seine Titel und Ehrenorden, und alles, was ihm im Leben wichtig ist. – Aber es fragt sich, ob hier die "Kleider" des diesseitigen Lebens gemeint sind, oder "Neue Gewänder", welche die verklärten Ba'u schon umgeben und beschützen – ja, ob sich in diesen "Neuen Kleidern" nicht schon ihre Wesens-Wandlung kundtut?

Der beigegebene Text sagt, daß sich die "Leichname" der Menschen unsichtbar unter den dargestellten Kammern (Höhlen) befinden. Wenn aber der Sonnengott allnächtlich erscheint, so springen die Türen der Höhlen auf und die Seelen vereinen sich mit ihren Körpern und dem Wesen des Sonnengottes. Sein Licht vereinigt sich mit den "Bildern", den Wesen seiner Geschöpfe.

Auf den Anruf des Re hin wird hier für jeden seligen Toten das möglich, was früher nur dem König zugestanden wurde: er wird "gott-ebenbildlich", und zwar jeder auf seine Art. Denn wenn der Gott ihnen zuruft, so antworten sie ihm. Man hört summende, brausende Chöre in allen Naturlauten der Freude und des Schmerzes, deren Sprache Re versteht:

"Gehört wird ein Geräusch aus dieser Höhle, wie viel Summen von Bienen ...
wie der Freudenruf von Stieren ...
wie die Stimme von Menschen, welche trauern ...
wie das Raunen von Lebenden, wenn ihre Seelen Re zurufen:
Komm doch zu deinen Bildern, ... daß du in deinen Gestalten ruhst."

Re antwortet,

"er ruft ihnen zu, nachdem er sie erreicht hat ... und sie rufen ihm zu mit ihrer Stimme ... dieser Gott aber freut sich über ihre Stimme".

In der achten Stunde ereignet sich die Vereinigung dessen, was sich ein Menschenleben lang entwickelt und geformt hat, mit dem Göttlichen Wesen. Zu seinen "Kleidern", zu seiner "Person" im wesenhaft gültigen Sinn kommt erst der, der vorher bis zur völligen Vernichtung alles bisher Gültigen das Todesschicksal erlitten hat. Denn Tod und Verwandlung vollzieht sich an jedem der "raubenden" und "fressenden" Tore der Unterwelt in neuer Weise. – Der Gott regt in uns so etwas wie ein Tiefen-Bewußtsein an. *Goethe* hat diese Dimension in seinem Faust II als das "Reich der Mütter" beschrieben, in welchem alle Bilder des potentiellen Seins in uneingeschränkter, archetypischer Möglichkeit schweben, gewärtig des Rufes ins Sein, in die konkrete Gestalt. – Dem Menschen des noch weitgehend ins Kollektive eingebetteten Bewußtseins war dieses "Tiefen-Bewußtsein" eine Selbstverständlichkeit. Wir Westeuropäer des 20. Jahrhunderts müssen das Denken und Fühlen dieser Art erst mühsam wieder erspüren. – Das ereignet sich z.B. in unseren nächtlichen Träumen in vielen Varianten, am häufigsten im Bild einer gegengeschlechtlichen Vereinigung, deren Gefühls-Nuancen vom Persönlichsten bis zum Objektiv-Numinosen reichen können, besonders, wenn sich in solchen Bildern die Begegnung mit der Dimension des Göttlichen spiegelt.

Auf die Betrachtung der Darstellungen im *Mittleren Register* der achten Stunde können wir weitgehend verzichten. Es zeigt den Sonnengott, der in "Mehen" durch die Dat gezogen wird und die seligen Toten besucht.

Die neunte Stunde

In der neunten Stunde wird offenbar, was sich in den Kammern der achten Stunde noch im Verborgenen anbahnte. – Wir treten in den Abschnitt der letzten Stunden der Nacht ein, die, der Anweisung folgend, bereits auf die *Ost*-Seite des Grabes zu malen sind, also in die Richtung des Aufgangs der Sonne.

Das *Tor* heißt: "welches die Flut hütet" (Die "Flut" ist die frucht- und lebenbringende Nilschwelle). Das *Gefilde* der Stätte ist "hervorbringend an Gestalten, lebend an Erscheinungsformen". Im *Oberen Register* stehen 12 weibliche Gestalten, "die hinter Osiris wandeln" (633-644), die also gerechtfertigt sind. Ihre Funktion ist es,

"... für die Erhebung des Osiris zu sorgen, und den geheimen Ba heranschweben zu lassen durch ihre Worte ..."

Die Erhebung des Osiris bedeutet nicht nur, daß der Gott Osiris groß und mächtig ist, sondern auch, daß durch das "Heranschweben der Großen Seele" (des "geheimen Ba") jeder selige Tote an dem Schicksal des Osiris teilhat, nämlich am Wieder-Aufstehen und an der Wandlung in einen neuen Lebensleib.

Im *Mittleren Register* stützen sich die 12 Ruderer (655-666) ausruhend auf ihre Stangen, und vor ihnen sieht man 3 Körbe (557-559), aus denen Spenden zur Stärkung der Götter und Menschen verteilt werden.

Im *Unteren Register* thronen 12 gefährliche, feuerspeiende Uräen (571-582) "auf ihren Kleidern". Ihre Aufgabe ist es, dem Osiris Licht zu spenden, die "Feinde" aber zu verbrennen. – Doch: "Wer sie kennt, der schaut ihre Gestalten, der vergeht nicht durch ihre Flammen."

Und wer an dieser Gefahr heil vorbei kam, der erblickt 9 "Feld-Götter", die Ährenstäbe tragen und Speisen verteilen. "Sie sind es, die alle Bäume und Pflanzen entstehen lassen" – und die Mannschaft der Sonnenbarke wird "Den im Horizont rudern, bis er sich niederläßt im östlichen Torweg des Himmels."

Neunte Stunde

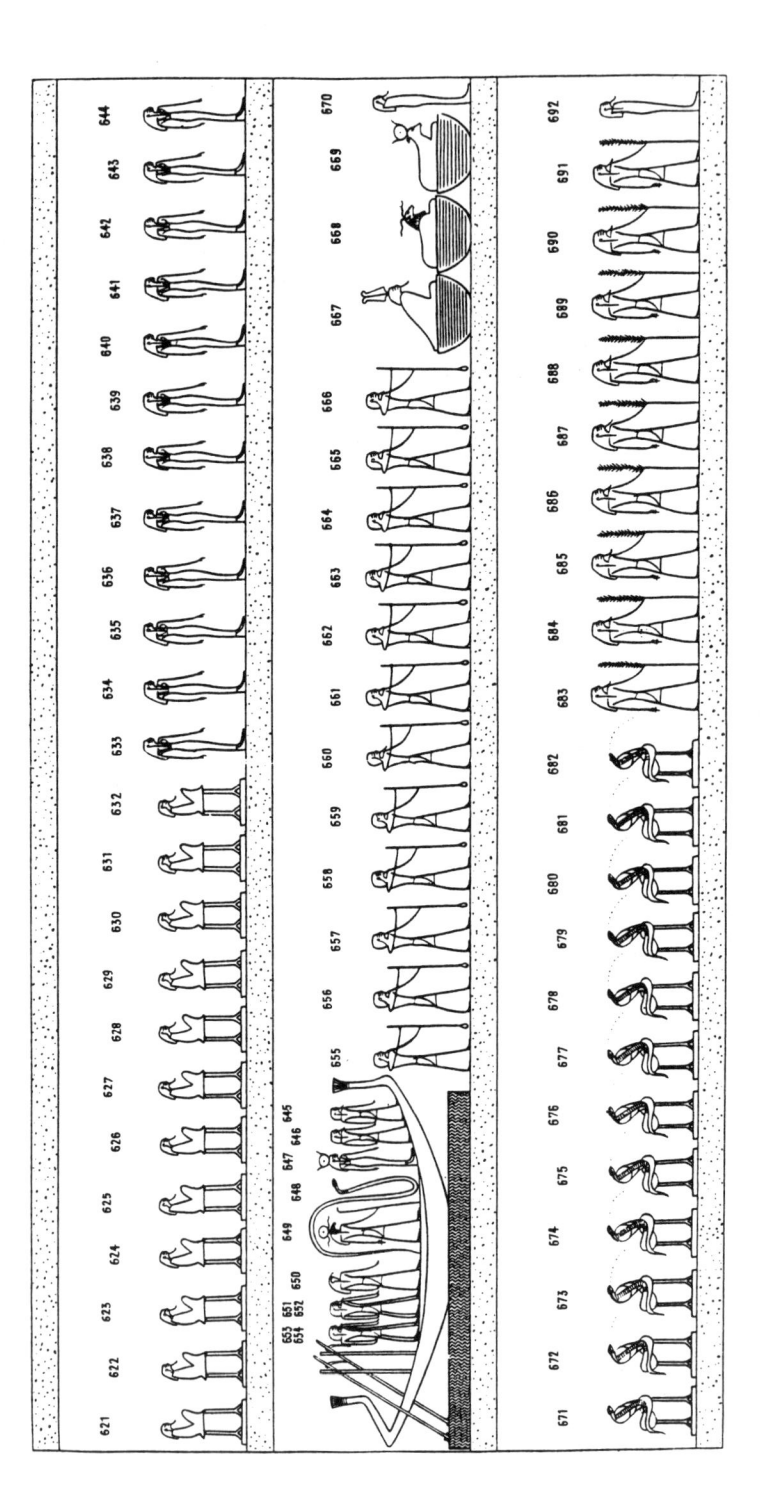

Zehnte Stunde

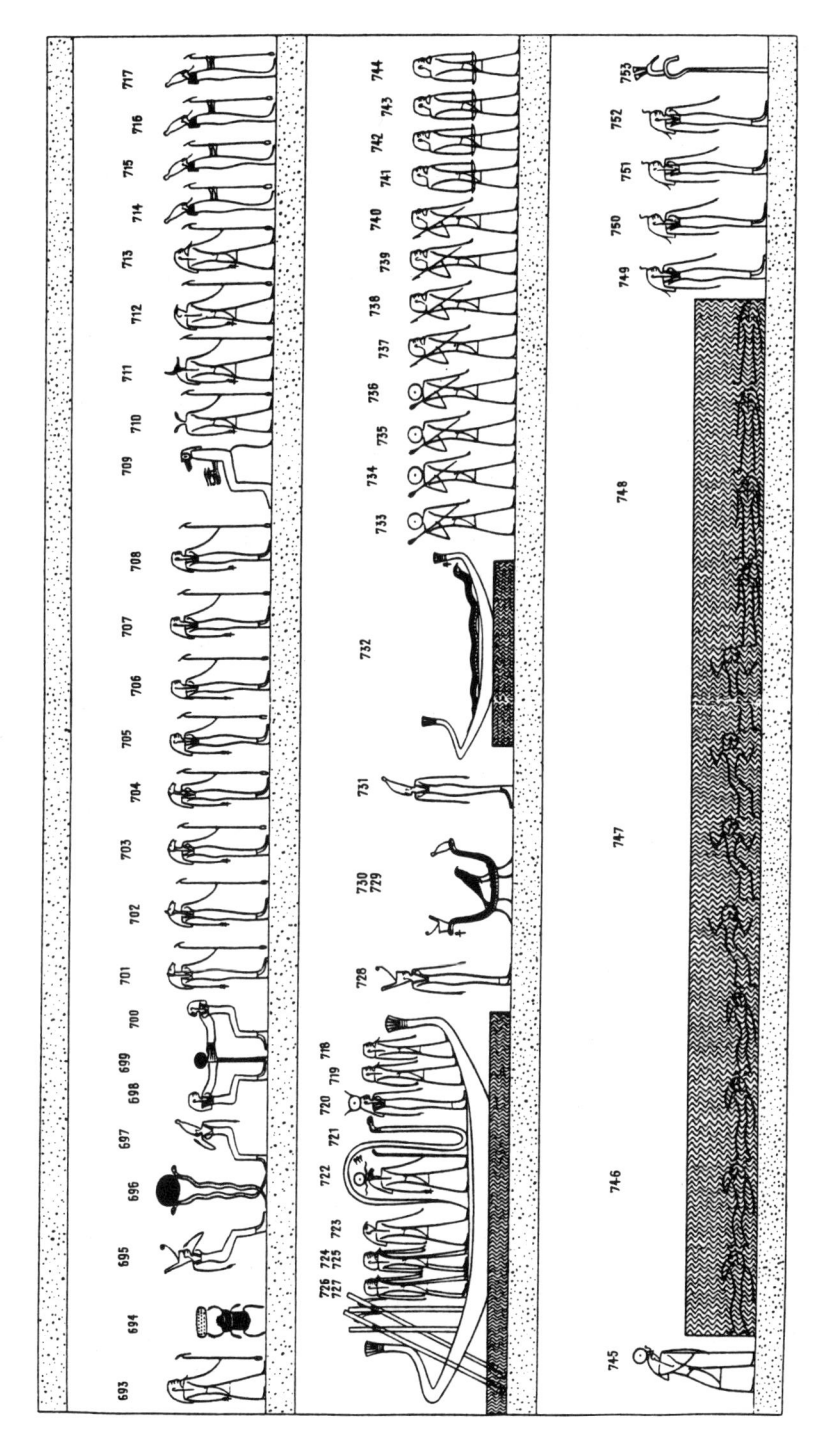

Die zehnte Stunde

Der Inhalt der ereignisreichen zehnten Stunde wird wiederum durch ihren Namen gekennzeichnet. Das Eintritts-Tor heißt: "Mit großen Erscheinungsformen, Gestalten gebärend". Der Ort heißt: "Mit tiefem Wasser und hohen Ufern", und der Name der Stunde ist: "Wütende, welche den Hinterhältigen schlachtet".

Am Anfang des *Oberen Registers* erblicken wir einen Skarabäus (694), der "lebendiger Käfer" genannt wird. Er erhebt sein "Oval", das uns schon bekannte Abbild des unterweltlichen Eies, aus welchem jeden Morgen die Sonne emporsteigt. – Danach sehen wir zwei zunächst rätselhafte Gruppen:

1. (695-697) Zwischen zwei "halb erhobenen" Göttinnen mit der oberägyptischen und der unterägyptischen Krone sieht man eine sich aufrichtende Doppel-Schlange, die zwischen ihren Enden eine Scheibe, das "linke Auge" des Sonnengottes emporhebt.

2. (698-700) Eine kleinere zweite Sonnenscheibe, das "rechte Auge", ruht auf einem Stab, der von zwei Gestalten gehalten wird, die die "Fesselnden" heißen. Der Text sagt, daß der Stab von zwei Seilen umwunden ist.[10] – Das gefesselte *rechte Sonnenauge* ist jenes, welches dem Horus durch Seth geraubt und beschädigt wurde. – Vor diesen beiden Grupen sehen wir in 2 x 4-facher Gestalt die löwenköpfige Göttin *Sechmet* (701-708), eine aggressiv-gefährliche Erscheinungsform der Liebesgöttin Hathor. Aber Sechmet dient auch dem Sonnengott als sein "Auge", welches er aussendet, und das alles sieht. So war es in einer Sage auch Sechmet, die das verletzte Auge des Horus entdeckte. – In unserem Bild tritt sie als diejenige auf, die das Auge heilt, beschützt und schließlich dem Weisheitsgott Thot übergibt. – Thot (704) thront vor den Sechmet-Gestalten und hält das gerettete Auge in seinen Händen. Er wird es an seinen richtigen Platz setzen, womit bildhaft die Weltordnung wieder hergestellt ist. Sechmet aber erhält von Re den Auftrag: "das Auge des Horus für ihn zu schützen, und das Glanzauge täglich gesund sein zu lassen".

Das "gefesselte" rechte Auge ist der Mond, der in der Neumond-Phase "verschwunden", also geraubt und "gefesselt" ist. Das war der Zustand der großen Finsternis in der "Tiefe der Nacht", vor allem zwischen der fünften und achten Stunde. Hier, in der zehnten Stunde wird wieder ein Lichtschimmer, das "Glanzauge" des nächtlichen Gestirns erkennbar.

Das linke, das "Sonnen-Auge" wird in dem hier gezeigten Bild mit dem gleichen Gestus emporgehoben, mit welchem die Göttinnen Isis und Nephthys am Morgen die Sonnenscheibe wieder an den Tages-Himmel entlassen.

Das *Mittlere Register* wird in gewohnter Weise von der Sonnenbarke durchfahren. Vor ihr ist, zwischen zwei Göttinnen, die Ober- und Unterägypten repräsentieren, eine vierbeinige Schlange mit zwei Köpfen (729, 730) dargestellt, auf der ein Falke sitzt. Dieser Vogel ist der "Ba des Sokar", der als Totengott der Dat vorsteht, er ist also sichtlich die unterweltliche Entsprechung des Sonnenfalken. Die Schlange trägt den Namen: "Der die Gesichter verbindet", und sie trägt ebenfalls die Kronen der beiden ägyptischen Reiche. – Symbolisch gesehen war es für jeden Pharao wichtig, wie der Sonnengott die "obere" und die "untere" Welt zu kennen und zu beherrschen – was psychologisch "oberes und unteres", Tages- und Nachtbewußtsein, rationale und irrationale Seelenschicht des Menschen bedeuten kann. –

Gleich neben dem Ba des Sokar begegnen wir einer Barke mit dem Ba des Osiris. Er ist der "Lebendige der Erde" *und* die Schutzschlange (732) der Unterwelt. Über dem "Falkenkopf" der Schlange schwebt ein Anch-Zeichen. Die Schlangengestalt des Gottes verweist auf die unterirdische Verwandlungskraft alles Lebendigen, der Falkenkopf auf den auch in dieser Gestalt anwesenden Sonnen-Aspekt.

Die *Leibwache des Sonnengottes* (733-744) beschließt die Szene mit Pfeilen, Speeren und Bogen. Sie haben die Aufgabe, "den mit schrecklichem Gesicht" (Apophis) abzuwehren in der Urfinsternis des Nicht-Seins.

Das *Untere Register* heißt "Mit tiefem Wasser und hohem Ufer". Das Wasser ist erstens der reale Nil, in dem immer wieder Menschen ertranken. Ohne Balsamierung und ohne den Schutz der Mumienbinden und einer regulären Bestattung treiben sie dahin. – Aber das Gewässer ist gleichzeitig der große Nun, und der Gott Horus-Re (745), der am Ufer steht, ruft den Ertrunkenen zu, daß ihre Seelen atmen werden, daß sie unverwest mit der großen befruchtenden Überschwemmung am anderen Ufer landen werden. – Die "Geretteten" (die "Gestrauchelten" des Lebens) genießen den Vorzug, ohne die in den vergangenen Stunden zu passierenden Gefahren direkt ins Reich des Osiris zu gelangen, denn sie haben ihr "Purgatorium" bereits im Diesseits des Lebens erfahren! – Am Ende der Zeile stehen vier Schlangenträgerinnen (749-752), "die den Weg Re's in der Urfinsternis erleuchten, damit er hinausgehe zum östlichen Torweg". – Der Herrschafts-Stab der irdischen Macht des Seth (733) geht schützend mit Re.

Die elfte Stunde

Diese Stunde heißt "Sternige, Herrin der Barke, die den Widersacher abwehrt bei seinem Hervorkommen". Das Tor ist der "Mund der Höhle, welche die Leichname revidiert", d.h., wo endgültig die Seligen von den Verdammten geschieden werden.

Wir können in der Betrachtung des Geschehens an die vergangene Stunde anknüpfen, denn im *Oberen Register* steht dort, wo in der zehnten Stunde der Chepri mit seinem noch zukunftsträchtigen Ei war – jetzt auf einer vierbeinigen geflügelten Schlange das "Bild des Atum" (755)[11], der die Schlange bei beiden Flügeln packt. Im Bild der fünften Stunde stand der Gott noch im verborgenen Oval des Sokarreiches (393). – Die Schlange des jetzt sichtbaren Bildes heißt aber "Schauender" (755). Rechts und links von Atum sind zwei inzwischen gleich große Sonnenaugen dargestellt. –Wenn wir die ungleich großen und noch "gefesselten" Augen der vorigen Stunde (695, 699) zum Vergleich heranziehen, so gewahren wir, welche "Befreiung aus Banden" sich inzwischen ereignet hat. – Die Lösung aus den vorher notwendigen Mumien-Binden wird auch in den folgenden Gestalten (759-770) sichtbar, die als "Lebende" mit frei beweglichen Armen und Beinen dargestellt werden.

Elfte Stunde

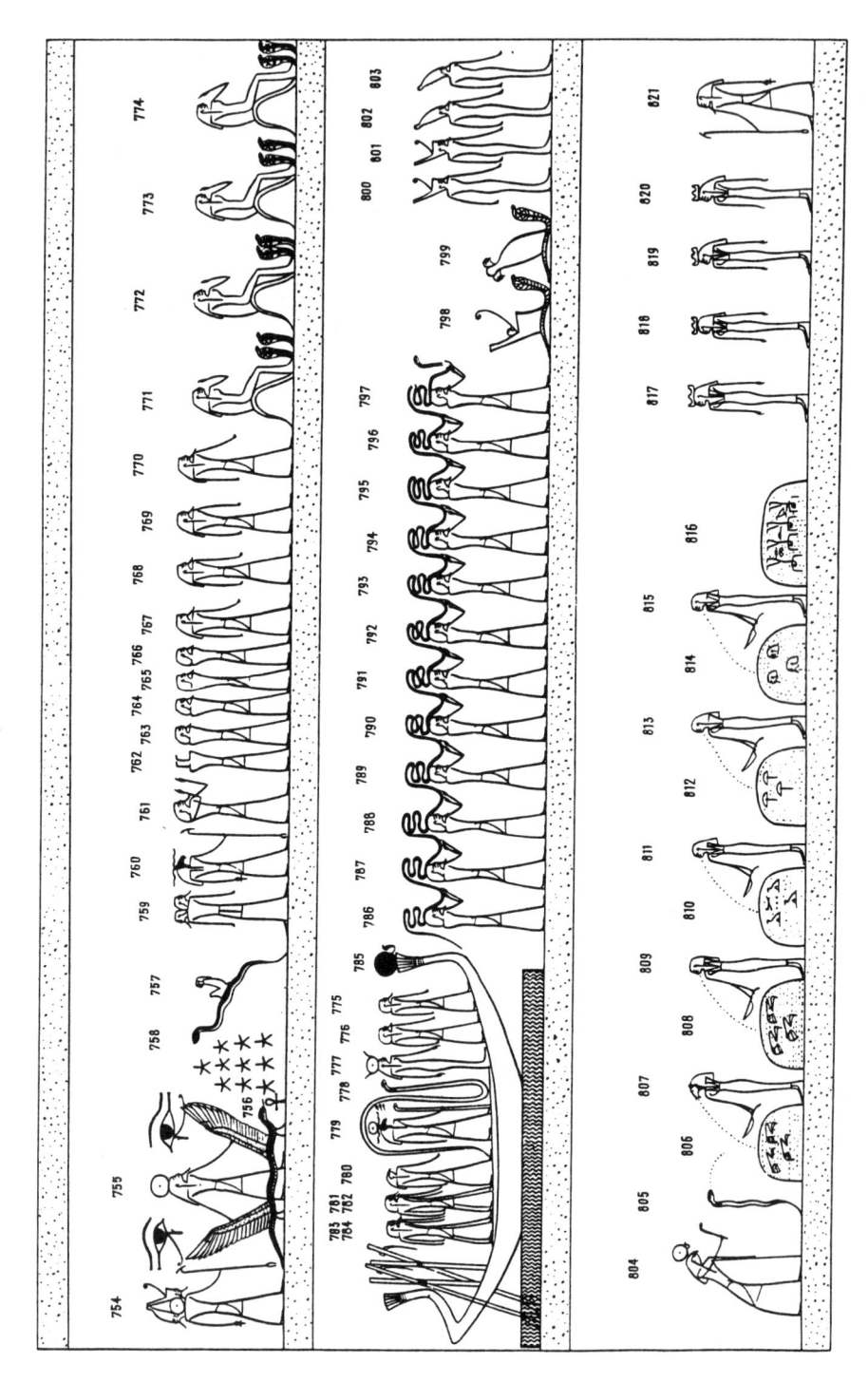

Abb. zum Text der elften Stunde

5. Stunde

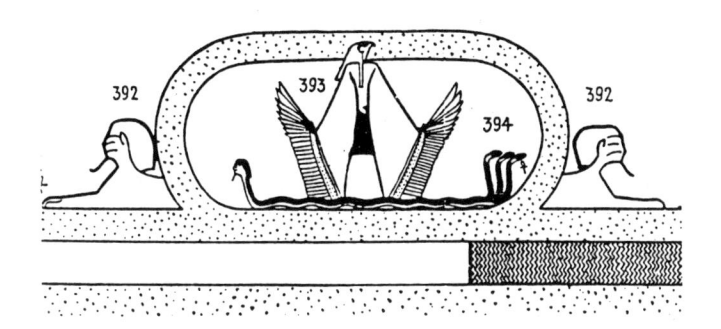

10. Stunde   *11. Stunde*

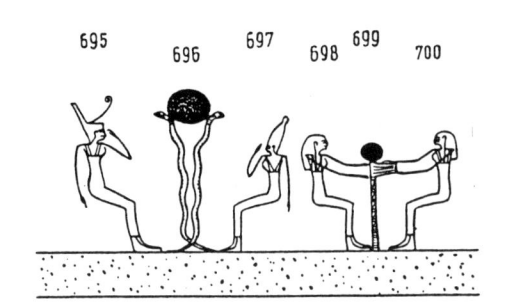

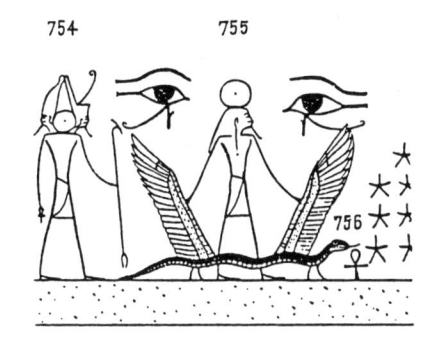

Die Geburt nimmt immer mehr Gestalt an, d.h. sie wird anschaubar ins Bewußtsein gehoben. Die Schlange, aus der Atum auftaucht (755), "lebt von den Schatten der Toten", diese sind verschwunden, die "Lebenden" aber sind aufgestanden. So repräsentiert die Schlange gleichzeitig die Stätte der Vernichtung und der Neugeburt.

Das Gleiche verbildlicht die sich aufrichtende Schlange (757), auf der die Göttin der Zeit sitzt. Sie hat die bisher vergangenen 10 Stunden der Nacht (758) vor sich, die sie dann "verschlingt".

Aber wir werden sofort eines erschreckend neuen Geschehens ansichtig, wenn wir die letzten 4 Gestalten des oberen Registers (771-774) betrachten und den zugehörigen Text zur Kenntnis nehmen. Auf 4 doppelköpfigen Schlangen sitzen 4 Göttinnen, von denen es heißt, daß

"ihre Schenkel in der Erde (Unterwelt) sind, ihre Füße in der Urfinsternis. Dieser Große Gott ruft ihnen zu in ihrem eigenen Leib! – Ihre Ba'u leben täglich von der Stimme des Bildes, das aus ihren Füßen herauskommt. Es geht hervor der Gegenwind und der Aufruhr des Windes, der in der Dat entsteht aus den Gesichtern dieser Göttinnen".

Dieser Text ist so rätselhaft wie das Ereignis, das er ausdrückt. Jede der Göttinnen hält eine Hand vor ihr Gesicht, aus dem der sengende Feuerhauch der Unterwelt hervorgeht. Die Stimme des Sonnen-Gottes, dessen, der zur Schöpfung ruft, ist *in* ihnen, aber gleichzeitig leben sie von dem, was aus ihren Füßen heraufkommt und was mit der furchtbaren Ur-Finsternis des Nicht-Seins zu tun hat. In diesem Bild und seinem Text wird uns der Vorgang der Schöpfung und ihr vieldeutiges Geheimnis in einer Weise vorgeführt, daß uns ein Schauer ergreifen kann. – Gleichzeitig mögen wir ahnen, was die Bedeutung des "Geheimen Namens des Re" war, den der Gott in der anfangs erzählten Geschichte der Isis ins Ohr flüsterte.

Im *Zweiten Register* wird erstmals am Bug der Sonnenbarke die vorerst noch dunkle und von einer Uräus-Schlange beschützte Sonnenscheibe (785) sichtbar, die auf der ganzen bisherigen Fahrt verborgen blieb. – Vor ihr tragen 12 Gestalten eine lange Schlange mit 12 x 3 Windungen (796-797). Das stellt die Geburt der Zeit dar, die bei den Ägyptern kultisch in 12 x 3 Einheiten aufgeteilt war.

Die Schlange wird in unserem Text als "Mehen" benannt, das ist "die Ringelschlange und die Beschützerin des Gottes", die "Schwanz im Maul". Sie ist gleichzeitig die "Schlange der Neugeburt". – Der *Text* zu dem Bild der Zeit-Schlange lautet:

"Sie tragen den Weltumringler auf ihren Köpfen ... zum Osthorizont des Himmels. Sie haben die Ringelschlange auf ihren Weg zu bringen."

Vor der großen Ringelschlange sehen wird, auf Uräus-Schlangen thronend, das Bild der "Göttin von Sais" (798-799) in der Gestalt von Ober- und Unterägyptischen Kronen. Und vor diesem "Bild" erblicken wir, in vierfacher Gestalt, *Neith* (800-803), die Göttin der Mysterien von Sais, in welcher Isis und Nephthys enthalten sind.

Der *Text* berichtet:

"Sie sind es, die das unnahbare Tor von Sais hüten, das unbekannt ist, unsichtbar und nicht wahrzunehmen."

Wie in allen Mysterienkulten, dienten die Mysterien von Sais der Einweihung in die "geheimen Wandlungen" und die Neugeburt der Seele. Sie bewirkten also das gleiche Geschehen, welches auch im Amduat dargestellt wird.

Im *Unteren Register* der elften Stunde sehen wir die (vorläufig!) endgültige Vernichtung der Feinde. Sie werden auf Anweisung des Horus-Re (804) in den "Zustand des Nicht-Seins" befördert. In 6 feuergefüllten Straf-Gruben (805-814) werden sie vernichtet: die beiden ersten Gruben (806, 808) zeigen die zu Boden geschlagenen Leichname, deren Ba'u (Seelenvögel) (810), deren Schatten (812) und Köpfe (814) jeweils gesondert bearbeitet werden. Die letzte Grube zeigt noch das "Verkehrtsein" (816) aller Widersacher dadurch an, daß sie auf dem Kopf stehen.

Die "Lösung aus Banden" hat nach alledem ihren hohen Preis, ebenso die sich ankündigende Neu-Schöpfung aus den Gegenkräften von Licht und Chaos und die Neuorientierung der Zeit. Dies alles muß mit schmerzlichen Opfern bezahlt werden, bevor der entscheidende Schritt in die letzte Stunde der Nacht getan werden kann.

Zwölfte Stunde

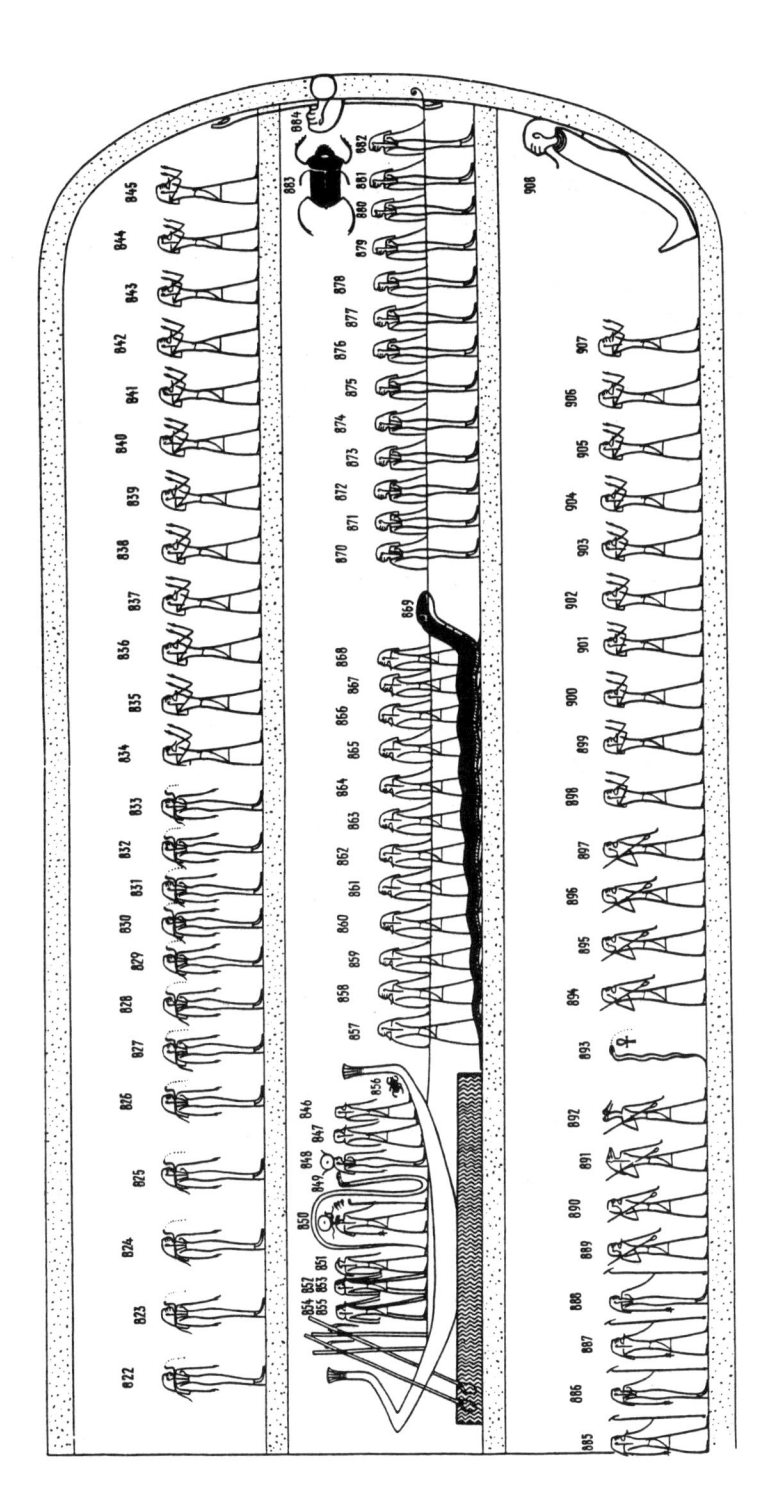

Die zwölfte Stunde

Das Eingangstor der zwölften Stunde heißt: "Das die Götter erhöht".

Der Name des Ortes ist: "Mit entstehender Finsternis und erscheinenden Geburten", und die Nachtstunde ist "die die Vollkommenheit Re's schaut".

Das Bild der zwölften Stunde sieht relativ einfach aus. Alle Gefahren und Wirbel der vergangenen Stunden führten auf diese Darstellung des letzten, entscheidenden Schrittes hin, der hier vollzogen wird.

Das *Obere Register* zeigt 12 Göttinnen (822-833), deren Uräus-Schlangen den Seligen leuchten, den Apophis aber abwehren. 12 männliche Gestalten (834-845) begrüßen den Sonnengott mit anbetend erhobenen Armen und bringen ihm einen Hymnus zu seinem Aufgang dar:

Geboren ist der Geborene,
Entstanden ist der Entstandene! ...
Jauchzen sei dir, du Ba, der im Himmel ist!
Deine beiden Töchter, Isis und Nephthys empfangen dich in deinen Gestalten!

Das *Untere Register* zeigt an seinem Anfang die vier Geburtshelfer-Gottheiten Nun und Naunet, Huh und Hauhet (885-888), denen wir schon begegnet sind. Nach getaner Arbeit tragen die Ruderer (889-897) ihr Werkzeug auf der Schulter. Zwischen ihnen richtet sich eine "leuchtende" Schlange (893) auf, 10 weitere lobpreisende Gestalten (898-907) beschließen die Zeile.

Das *Mittlere Register* aber zeigt das Ereignis, das unseren Blick sogleich auf sich gezogen hat. – Anstelle der nächtlichen Sonne befindet sich am Bug des Schiffes der jugendliche Chepri (856). Sodann werden wir Zeugen des letzten, erregendsten Schrittes. Die Große Schlange (869) wird nicht mehr bekämpft, sondern der Sonnengott tritt mitsamt seinen Begleitern den Durchgang durch den riesigen Leib der Schlange an. Der Name der Schlange ist: "Ka dessen, der die Götter leben läßt".

Der Ka ist die Lebenskraft, hier eines Urwesens, welches mit dem ambivalenten Weltumringler Mehen (Uroborus) und mit der Zeitschlange der elften Stunde identisch ist.[12]

Nüchtern könnte man also feststellen, daß Gott und Mensch wieder den Weg aus der Unterwelt heraus in die irdische Zeit antreten. – Aber ich vermute, daß der große Schlangen-Ka auch etwas mit Apophis zu tun hat, dessen Abbild in der siebten Stunde er recht ähnlich sieht. Der Unterschied ist, daß Apophis (515) mit blindem Auge, der "Ka" (869) aber mit sehendem Auge dargestellt wird. Außerdem bewegt sich Apophis von rechts nach links, also entgegen der Sonnenbewegung; der Ka der zwölften Stunde bewegt sich zum Aufgang der Sonne hin nach rechts. Er ist "richtig", Apophis "verkehrt".

Der begleitende *Text* zu unserem Bild berichtet von dem Sonnengott Re:

Er tritt ein in ihren (der Schlange) Schwanz, und kommt heraus aus ihrem Maul, indem er geboren wird in seiner Erscheinungsform als Chepri, und die "Götter" (Seligen), die in seiner Barke sind, ebenso."

118

Während des Durchganges redet der Große Gott den Schlangen-Ka an,"damit er glatt sei zur Geburt des Gottes".

Alle "treten ein in das Geheime Bild der Schlange (Leben der Götter) als Ehrwürdige (Alte), und sie kommen heraus als die Verjüngten des Re, Tag für Tag". Von ihnen berichtet der Text:

Ihr Abscheu ist es, auf Erden zu schreien und den Namen des Gottes auszusprechen".

Das Geheimnis des wahren Namens des Re wird gewahrt, es darf nicht ausgesprochen, es kann nur erfahren werden!

Am Ende des *Mittleren Registers* sehen wir den jetzt voll entfalteten Chepri (883), den der Himmelsgott Schu (884) mit ausgebreiteten Armen am östlichen Horizont des Himmels empfängt. – Am Ende des *Unteren Registers* bleibt eine große Mumie (908), das "Fleisch" oder "Bild des Osiris" zurück, indessen der Sonnengott, der identisch ist mit dem "Ba des Osiris", zum Taghimmel emporsteigt.

Der Schluß-Hymnus der Dat-Bewohner lautet:

Lebe, du Lebendiger in seiner Finsternis!
Lebe, du Großer in seiner Finsternis,
Herr des Lebens und Herrscher des Westens, Osiris-Chontamenti (= der "Erste der Westlichen").
Der Lebensodem Re's gehört deiner Nase,
Der Atem Chepris ist bei dir ...
Heil Osiris, dem Herrn des Lebens!"

Herr des Lebens in der unteren und in der oberen Welt ist der Sonnengott Re und sein unterirdischer Aspekt, Osiris. Schon in den Pyramiden-Texten des Alten Reiches vernehmen wir die Verheißung an einen großen Einzelnen, den König:

"Du schläfst, damit du aufwachst,
Du stirbst, damit du lebst"

Jetzt, im Neuen Reich der Ägypter gilt das gleiche für alle seligen Toten, die vor Osiris bestehen, die ihm auf seinem Wege der Maat folgen und zuletzt selber zu Osiris werden.

Schlußbetrachtung

Wir finden im Amduat die Darstellung eines verinnerlichten Verwandlungs-(Initiations)Weges. Das alte Leben stirbt und erneuert sich im Durchgang durch die Ur-Finsternis, den Tod. Vergeblich wird der Widersacher der Schöpfung, Apophis, bekämpft. Erst im Durchgang durch das "Rückgrat der Schlange", in welchem sich "murmelnd" die Verwandlung ereignet, wird der Tod trans-zendiert – "täglich neu", so sagt der realistische Ägypter, niemals endgültig.

Für uns *heutige Menschen* mag noch einmal der Blick auf die Geburtshelfer-Paare in der ersten und in der zwölften Stunde hilfreich sein: Huh und Hauhet, Nun und Naunet. Sie helfen dem Großen Gott bei seiner Schöpfungs-Arbeit. Sie steuern unser Lebens-Boot auf der Übergangs-Stufe durch den *Todes-Kanal* in das Reich einer unbekannten Finsternis hinein – und in der zwölften Stunde bieten die gleichen Mächte ihre hilfreiche Hand durch den ebenfalls engen und finstern *Geburts-Kanal* ans Licht unseres Erden-Tages. – Beide Reiche sind Wirklichkeit.

Aus der Sicht unseres bewußten Erdenlebens ist der Tod die Finsternis schlechthin. Die Geburt begrüßen wir als freudiges Ereignis. Aber wer weiß genau, wo es in Wirklichkeit "hell" und wo es "finster" ist?

Anmerkungen

1 Eine ausführliche Darstellung der ägyptischen Mythen (in tiefenpsychologischer Sicht) in: Ingeborg Clarus, "Du stirbst, damit du lebst", Bonz-Verlag, Stuttgart-Fellbach 1980.
2 Eberhard Otto: Osiris und Amun (Hirmer, 1966, München).
3 "Das Amduat, Ägyptologische Abhandlungen Bd. 7, Wiesbaden 1963. "Ägyptische Unterweltsbücher, Artemis 1972, und "Die Grabkammer des Vezirs User, N.A.W.G. 1961, Nr. 5.
4 E. Brunner-Traut, Altägyptische Märchen, S. 116 (Eugen-Diederichs, 1965).
5 Der Widder ist ein Vertreter der Fruchtbarkeit.
6 Eberhard Otto: Osiris und Amun, S. 76, Hirmer Verlag, München 1966.
7 Osiris ist durch die "Doppel-Federkrone" gleichzeitig als Amun gekennzeichnet.
8 Atum ist gleichzeitig der Schöpfer-Gott von Heliopolis.
9 Wir sind erstaunt zu erfahren, daß ausgerechnet Seth, der frühere Feind des Osiris dem Sonnengott zu Hilfe eilt! Auch in der ägyptischen Spätzeit wird Seth als ein Untier und Feind der Schöpfung dargestellt. Aber zur Zeit der Hochblüte des Neuen Reiches wird Sethos zum Königs-Namen, was bedeutet, daß er im Dienst des Großen Gottes steht.
10 Dieses Bild erinnert sehr an die bekannten Darstellungen an den Königs-Thronen: dort fesseln Horus und Seth die "beiden Länder" (Ober- und Unterägypten) aneinander. Horus vertritt die Herrschaft über Unterägypten, Seth beherrscht die Ober-ägyptische Wüste. Im übertragenen Sinn sind die beiden Länder der "oberen" und der "unteren" Welt gemeint.
11 Atum ist nicht nur der "gealterte" Re, sondern auch der Schöpfergott der Theogonie von Heliopolis, der weitgehend mit Chepri identisch ist! (Lurker, Götter und Symbole der Alten Ägypter, 1974), S .44.
12 Nach E. Hornung, Unterweltsbücher, S. 177.

NIKOLITSA GEORGOPOULOU*

*Die symbolische Triadik im kosmogonisch-anthropologischen
Mythos des Hesiod*

1. Der kosmogonische Sinn der Hesiodschen Theogonie

Nach Aristoteles' Auffassung ist Hesiod neben Homer der zweite Dichter, der in einer noch von mythischer Sprechweise geprägten Zeit über das Göttliche klar und frei dachte[1]. Neben der Tatsache, daß die beiden Dichter die gleiche poetische und metrische Form benutzen, nämlich das epische Verfahren und den daktylischen Hexameter, steht die weitere Gemeinsamkeit, daß ihr künstlerisches Werk die griechische Literatur prachtvoll eröffnet. Hesiod unterscheidet sich jedoch von Homer durch eine ausdrückliche theologische Intention. Homer möchte in erster Linie Heldentaten beschreiben und den "Ruhm der Männer" preisen. Das "Göttliche" tritt in seinem Werk nur beiläufig auf. Hesiod dagegen beschäftigt sich intensiv und systematisch mit der Problematik des Göttlichen.

Von Anfang an verfolgt Hesiod die Absicht, das religiöse Volksgut zu sichten, es vor dem Vergessen zu retten und in seinem Zusammenhang darzustellen. Es handelt sich um eine geistige Kodifizierung mit Prolog-Charakter. Sein Ziel ist es, fortwährend die epische Kraft seines Volkes auf die Zukunft zu richten und nicht museal die Vergangenheit zu verwahren. Für dieses leitende Prinzip seines Schaffens und für sein praktisches Interesse gibt es zwei Belege: Der Titel seines Werkes "Theogonia" und sein zweites großes Gedicht "Opera et Dies" weisen auf diese leitende Absicht hin, die "Theogonia" in direkter und buchstäblicher Form, die "Opera et Dies" eher versteckt und anspielend. Dies geschieht – in den theologischen Sagen der "Pandora"[2] und der "fünf Menschengeschlechter"[3] durch Ermahnungen und Forderungen, die innere Zucht und äußere Haltung verlangen. Sie umfassen gewissermaßen die gesamte sittliche Bandbreite einer religiösen Lehre.

Ein weiterer Hinweis ergibt sich aus der Art und Weise, wie das Volk den Dichter von seinen Werken her verstand und charakterisierte. Hesiod setzte sich im Bewußtsein der Griechen als der Dichter des "belehrenden" Heldengedichts durch. Dies bedeutet, wenn man die anthropozentrische Seite des griechischen Geistes bedenkt und die Begriffe "Schule" und "Lehre" im engeren Sinne überschreitet, die Anerkennung der Kompetenz in sozialen und nationalen Aufgaben bis hin zur geistigen Führerschaft mit gesetzgebender Funktion.

Die Hänge des Elikon[3] bewohnend, erhält Hesiod in einem für seine Existenz entscheidenden Moment der Gottesschau von den Musen den Auftrag, die Geschichte der Götter zu besingen. Schon bei Homer bekannt, aber noch in unbestimmter und archai-

---

* unter Mitarbeit von Dr. phil. Helmut Müller (Bamberg)

scher Erscheinung, schenken sie dem einfältigen Hirten die Gnade der Gottesschau, die Fähigkeit zu offenbaren und zu verkünden. Es ist bemerkenswert, daß die Wahrheit, die sie ihm zu offenbaren versprechen, von Anfang an mit einem dunklen Gewand des Zweifels und der Anzweifelung umgeben ist: "Wir können Lügen sagen, die Wahrheiten ähneln", erklären sie dem verwunderten Hirten. "Wenn wir aber die Dinge mit Ernsthaftigkeit berücksichtigen, können wir auch die Wahrheit selbst offenbaren"[5]. Diese Verse haben tiefe Bedeutung und sind für die Konstitution des griechischen Geistes charakteristisch. Sie erläutern die "Anthropozentrik" des griechischen Wesens, das Erkenntnisgrenzen akzeptierte, indem es die Bedeutung der menschlichen Autorität einschränkte und eine offenbare Wahrheit ausschloß. Darüber hinaus zeigen sie, daß die Griechen in der Erforschung der Wahrheit ihr ästhetisches Bewußtsein voranzubringen suchten. Das heißt: Um Erfahrungen auszudrücken, die ihnen das Leben schenkte, benutzen sie die Kunst! Grundlage der griechischen Dichtkunst ist die Einheit in Rhythmus und Harmonie sowie das Wort der Musen[6].

Die Kunst nimmt daher als Methode oder Instrument zur Erforschung der Wahrheit eine Zwischenstellung ein. Sie ist eine latente und vage Kraft zwischen einfacher Fantasie und strenger Wissenschaft. Von den Musen des Hesiod stammt das Wort "Musik". Dieses Wort findet sich heute in der Sprache jedes zivilisierten Volkes. Mit "musisch" ist damit jede künstlerische Tätigkeit gemeint, die das ästhetische Empfinden des Menschen zu steigern vermag. Sie führt sowohl zu einem Erkenntnisfortschritt als auch zu einer allgemein menschlichen Reifung[7]. Die Kunst kann allerdings in keinerlei Weise mit der Wissenschaft identifiziert werden.

Der zitierte Zusammenhang von Lüge und Wahrheit begegnet uns auch bei Homer[8]. Bei Hesiod allerdings hat er programmatischen Charakter. Dem Geschenk der Musen, der Musik, wird hier offensichtlich zugestanden, daß es einen Beitrag zur Erkenntnis der Wahrheit leistet. Es liegt hier eine frühe dichterische Vorankündigung der sokratischen Grundbehauptung über das Wissen um die Unwissenheit vor. Hesiod stellt in seinem rein didaktischen Werk "Opera et Dies" diese Suche nach der Wahrheit und den Auftrag der Arbeit[9] an die Spitze seines Werkes. Mit seinen Äußerungen über den Umgang mit Wahrheit und Lüge und seinem Auftrag zur Arbeit will er uns offenbar raten, theoretisch nach Sinn und Ziel unseres Lebens zu suchen, dabei aber unermüdlich und stetig zu arbeiten. Sokrates, der später mit seiner ihm eigenen strengen Suche nach Erkenntnis die Beziehung zwischen Wahrheit und Lüge wie Hesiod sieht, faßt dessen Lebenswerk unter dem Motto "Arbeite und mache Musik"[10] zusammen.

Dieses musikalische bzw. ästhetische Element im Werk Hesiods und Sokrates' erscheint mehr oder weniger auch im Werk von allen griechischen Schriftstellern. Beispielsweise sind die meisten vorsokratischen Philosophen bis zu einem gewissen Grad Dichter. Das gleiche gilt auch für die Sophisten, die dafür bekannt sind, daß sie größte Bedeutung auf die formale Perfektion ihres Wortes legen[11], des mündlichen wie des schriftlichen. Auch noch im Werk des sich um Wissenschaftlichkeit bemühenden Aristoteles gibt es viele Elemente, in denen der dichterische Atem spürbar ist. Dies freilich, ohne seinen berühmten "Hymnus auf die Tugend" in Betracht zu ziehen, welcher ein rein dichterischerText ist. Die sorgfältige, stilistisch geschliffene Arbeit an den Texten zeigt bei allen attischen Prosaschriftstellern, den Rednern z.B. oder den Historikern, die Wichtigkeit, die sie der ästhetischen Seite ihres Werkes beimaßen. Das findet auch seinen Ausdruck darin, daß es bei den griechischen Schriftstellern und den Lehrern der philosophischen Schulen Tradition ist, die Musen zu verehren und ihnen in Tempeln[12] zu opfern. Schließlich zeigt das Zitat von Hesiod, daß die Musen, wenn sie wollen, das Spiel zwischen Lüge und Wahrheit aufgeben und ausschließlich die Wahrheit sagen. Wahrheit versucht der griechische Geist auf zweierlei Weise zu erfassen, nämlich theoretisch in einer Anstrengung des Denkens – wie sie im Entwurf einer "ersten Philosophie" vorliegt – oder ästhetisch durch die Kunst. Trotz Freiheit, Fantasie oder gar Euphorie in den Gedankengängen ist die Kunst nicht frei von logischen Prinzipien oder sie enthält, wie im Falle des Euripides, eine je eigene Dialektik[13]. Demgemäß ist Hesiod selbst in dem Maße wie er den Musen dient, weder einfacher Sagenschreiber noch gottbegeisterter, religiöser Verkünder, wie der Prophet Amos[14], sondern er wird zum Philosophen[15].

2. Symbolik der Weltelemente

Im Unterschied zu religiösen Erzählungen anderer Völker über die Entstehung des Weltalls und der Erscheinung der Götter ist die "Theogonia" des Hesiod dadurch charakterisiert, daß sie weniger eine Genesis der Welt als vielmehr eine Genealogie der Götter darstellt. Der Inhalt des Werkes ist also grundlegend theogonisch. Freilich fehlen nicht die Bezüge zum archaischen Auftauchen kosmischer Elemente, aber die Theogonie der Götter hat Vorrang. Aus dem Chaos, gewissermaßen der Gebärmutter des Weltalls, entstehen in einer geordneten Reihenfolge elementare kosmische Produkte, in Gestalt von Naturphänomenen oder von personifizierten Kräften und Mächten, wie z.B. der Eros[16], der gleich nach dem Chaos und der Erde in Erscheinung tritt. Solche kosmogonische Produkte, die die geschlechtliche Kraft des Chaos hervorbringt, sind die Erde[17], die Meere, der große Ozean[18], der Tag mit der Nacht und der Äther mit der Finsternis[19].

Im folgenden bricht Hesiod diese Ordnung kosmischer Phänomene, Kräfte und Mächte ab, die logischerweise ins Reich des Organischen hätte übergehen müssen, um dann mit Pflanzen, Fischen, Reptilien, Vögeln und Menschen zu enden, wie auch die Genesis des Alten Testaments berichtet. Wider Erwarten führt Hesiod seine theogonische Sicht fort, indem er alle Dinge aus einem Gemisch von kosmischen Elementen und menschlichen Bedeutungen sich entwickeln läßt.

So sind "Tod, Schlaf, Rache, Betrug, Liebe, hohes Alter, Krieg, Schmerz, Vergessen, Hunger, Streit, Totschlag, Lügen, Zweifel, Gesetzlosigkeit, Strafe, Eid usw."[20], die in Hesiods theogonischer Abfolge auftauchen, kosmogonische Elemente, die in das menschliche Bewußtsein eindringen und durch es ihre Bedeutung erlangen. Wenn wir also die kosmischen Phänomene erkennen wollen, die im Verlaufe der Theogonie auftauchen, müssen wir bedenken, daß sich bei ihrer Erfassung das anthropologische Element einmischt, indem es neutrale kosmische Größen in klar anthropologische Bedeutungen verwandelt. Denn wenn Hesiod z.B. den Kampf um das Weiterleben zweier Fische oder einen Streit wilder Tiere beschreibt, meint er nicht nur die kosmischen Phänomene von Zerstörung oder Errettung, sondern es geht ihm letztlich um anthropologische Sinndimensionen. Diese analoge Übertragung wird möglich durch das anthropomorphe Bewußtsein des Menschen. Mit anderen Worten: Hesiod erhebt Elemente und Phänomene der Natur zu göttlichen Prinzipien. Solche sind z.B. "Tod, Schmerz, Liebe, Streit und Schlaf." Die entsprechenden Gottheiten gewinnen so menschliche Züge. Später, mit fortschreitender Kultivierung der Natur und Entwicklung seines Bewußtseins, wird der Mensch in diesen Urphänomenen nicht mehr Gottheiten sehen, sondern sie als Bewährungsfelder sittlicher Entscheidungen und Reifung "versachlichen". Gute und böse Ereignisse sind dann nicht mehr Folgen göttlicher Eingriffe, sondern Resultate sittlicher Entscheidungen.

Viele Jahrhunderte nach Hesiod wird Dostojewski erneut diese Prinzipien ins Gedächtnis der Menschen rufen, die ja nicht mehr als Gottheiten empfunden werden, sondern Erfindungen und Produkte des Menschen sind, der in einer verdorbenen und tief gefallenen Gesellschaft und Situation lebt. In seiner bekannten Novelle "Der Traum eines Lächerlichen" – verraten schon die Wörter des Titels "Traum" und 'lächerlicher' seine Absicht. Als durch die Entwicklung von Zivilisation das unschuldige Dasein einer paradiesischen Gemeinschaft zugrunde ging – will Dostojewski sagen, traten sofort die gleichen Elemente, die Hesiod beschrieben hatte, in anderem Gewand wieder auf: Tadel, Ehre, Sinnlichkeit, Eifersucht, Gerechtigkeit, Lüge, Eigennutz, Schmerz, Betrug und Krieg[21]. Nach Dostojewski verbreitet sie sich in der Gemeinschaft auf die gleiche Weise wie im Mythos der Pandora, in dem alles Schlechte aus der göttlichen "Büchse" entweicht und die Menschheit tyrannisiert[22]. Wenn Dostojewski das paradiesische Leben beschreibt, welches den Menschen in ihrer Unschuld und Unwissenheit geschenkt wurde, so kann er sich bezeichnenderweise diese Stadt nicht anders vorstellen als an den Stränden und den Inseln des archaischen Griechenland[23]. Diese an wichtiger Stelle gemachte Anspielung auf das klassische Griechenland spricht für die Vermutung, daß Dostojewski Hesiod als Quelle benutzte. Dies gilt speziell für die Beschreibung des Lebens der Menschen des goldenen Geschlechts, die in den "Opera et Dies" gegeben wird.

Hesiod unterbricht mit der Einfügung der untergeordneten Gottheiten, die aus der Verbindung der kosmischen Wirklichkeit mit der anthropologischen Erfahrung auftauchen, nicht die Entfaltung seiner Kosmologie, die er mit der Darstellung der Erschaffung der Erde, des Himmels, des Ozeans, der Berge und der Flüsse begann. Im Gegensatz zur Genesis des Alten Testaments, welche nur die vier Flüsse nennt, die den Paradiesgarten umfließen, nämlich den Pischon, den Gihon, den Tigris und den Euphrat[24], bezieht sich Hesiod auf fast das gesamte Netz der Flüsse, die den in seiner Epoche bekannten geographischen Raum durchflossen: den Nil, den Alfios, den Strimonas, den Istris, den Meandros u.a. sowie auf noch andere kleinere, unbekannte oder mythische, z.B. den Nessos, den Eptaporos, oder den Iridanos.[25] So werden in einer, kosmisch gegebenen Reihe, die zumindest für unsere heutige Denkweise häufig ungeordnet erscheint, lebensweltliche und geographische Phänomene vermengt und in der symbolischen Form größerer und kleinerer Gottheiten vorgestellt, wie in Typhon, Sphynx, Chimära, den Nereiden oder den Gorgonen. Mit den Göttern, die später eine herausragende Stellung bei den zwölf Göttern des Olymp einnehmen – Kronos, Zeug, Aphrodite und Poseidon – führt er den Faden seiner kosmischen Beschreibung zu einem klaren Ausgang.

3. Die Triadik der Gottheiten und der Weltperioden

Mit dem Auftreten der olympischen Götter ist die diffuse und häufig undurchsichtige Ära der titanischen Phasen und der ungeheuren Ereignisse im Zusammenhang der Entstehung des Weltalls beendet. Allmählich erscheint nun jedes Bild der Welt, das uns das klassische Griechenland vermacht hat, ruhend im elysischen Licht der Harmonie der olympischen Götter. So stellt nun die Theogonie in ihrer Gesamtheit eine wohlgeordnete Beschreibung des Auftauchens des Weltalls und der Götter dar.

Der Entwurf von Hesiod beginnt mit dem Chaos einer vagen und ungeformten Materie und geistigen Ahnung von Kraft und endet mit der Welt als harmonievollem, stabilem, prächtig schönem und ewigem Energiezustand. Die Theogonie ist nun gewissermaßen die archetypische Schilderung dieses Verlaufs. In diesem Verlauf des ursprünglichen Auftauchens, der Transformation und der letztendlichen Gestaltung unterscheidet Hesiod drei Stadien oder Perioden der bewirkten Umwandlung: die des Uranos, des Kronos und des Zeus. Beim Versuch, diese Unterteilung zu konkretisieren, wird deutlich, daß diese drei Perioden den drei Phasen der Entwicklung des Weltalls entsprechen: der astrophysikalischen, der geologischen und der anthropologischen.

Die astrophysikalische ist die Phase des Uranos, die geologische die des Kronos und die anthropologische die Phase des Zeus. Die Gestalt des Himmelsgottes Uranos können wir nicht begreifen und ebensowenig die Gestalt des Kronos, der in der Phantasie des Hesiod eine unklare und seltsame Gestalt hat, die von monströsen Leibwächtern der Titanen umgeben ist. Die Gestalt des Zeus erscheint uns aber in einem idealen und strahlend menschlichen Ebenmaß.

So zeigt nach dieser schematischen Unterteilung der Weltschöpfung die *erste Phase*, die Bezüge zur Geburt des Gottes Uranos und der Titanen enthält, ein allgemeines und unbestimmtes Bild. Es hat einen charakteristischen Bezug zu dem vom Menschen schwer zu erfassenden, noch undifferenzierten Zustand des Weltalls während der kosmischen Periode der Entstehung der Himmelskörper. Es geht um die Struktur und die Eigenschaft der astrophysikalischen Verhältnisse; die Bildung der Magnetfelder und des Gravitationsgesetzes; die Bahnen der vielfältigen stellaren Bewegungen; die Dichte der interstellaren Materie; das Auftauchen aus dem Nichts in den himmlischen Raum der Sterne, wie die griechischen Atomisten nach Hesiod sagen werden[26]; die Entstehung der

Fixsternsysteme mit den Bahnen der Planeten; die unfaßbaren Entfernungen von tausenden von Lichtjahren; überhaupt um das Rätsel des Anfangs der Raum-Zeit-Relation. Das mit diesem titanischen Bild gemeinte – die Titanen sind bei Hesiod die Kinder des Uranos – also die Entstehung des Universums ist unserer sicheren Kenntnis auch heute noch entzogen.

Diese epistemische Unsicherheit beschreibt Hesiod in der kosmischen Periode der Herrschaft des Gottes Uranos in analoger Weise. Er sagt uns, daß die Kinder, die die Erdgöttin Uranos gebar, in der Finsternis von ihr versteckt wurden, bis es irgendwann der Erdgöttin in ihrer mütterlichen Liebe gelang, sich mit ihrem Sohn, Kronos, zu verschwören und Uranos die Macht zu entreißen. Der kühne und verschlagene Kronos entmannte daraufhin Uranos mit einer Sichel[27]. Aus den Blutstropfen der Wunden des Uranos entstanden einerseits die Giganten und Aphrodite, andererseits die Erinnyen und die Nymphen[28]. Die Giganten und Aphrodite stehen für die gewaltigen geologischen Mächte und die unaufhörliche generatio evolutiver Kräfte, die Erinnyen und Nymphen für den unerbittlichen Kampf ums Dasein und die vielfältigen Gestalten der Lebendigen.

In der *zweiten Phase*, die die Dynastie des Gottes Kronos umfaßt, wendet sich Hesiod wie schon kurz angesprochen, Ereignissen zu, die heute von Geologie und Paläontologie erforscht werden. Der Sohn der breitbrüstigen Erde, Kronos, der auf den Thron des Alls geklettert ist, symbolisiert gemäß der am meisten geschätzten Auslegung die Zeit[29]. Und tatsächlich teilt sich das untrennbare Raum-Zeit-Kontinuum, das die moderne Astrophysik in unserem Jahrhundert entdeckt hat, in der Begrenztheit unseres Planeten in seine zwei Dimensionen Raum und Zeit. Die Zeit erhält innerhalb der makrokosmischen, nicht mehr megakosmischen Dimensionen unser irdisches Maß, sozusagen ein Flußbett, in dem sich die uns bekannten planetaren Prozesse vollziehen.

Der Kronos-Chronos (die Zeit)[30] ist die kosmische Realität, die selbst ihre Kinder gebiert und dann vernichtet. Nach Hesiod und dem weiteren mythischen Glauben der Griechen hat Kronos die Kinder, die er gebar, "in Windeln gewickelt" verschlungen[31]; auch das Bild "in Windeln gewickelt" hat Bedeutung für die Griechen. Es soll nämlich andeuten, wie schnell im Vergleich zu den riesigen kosmischen Perioden jeder Augenblick vergeht. Diese Epoche, während der Kronos mit seinen Brüdern, den Titanen regiert, symbolisiert die Geschichte der Erde von ihrem hypothetischen Anfang an, als glühender Masse und brennendem Meteor, der sich von der Sonne getrennt hat, oder auf welche andere Art sie erschienen sein mag, bis zu ihrer letzten geologischen Phase, in der die Geschichte des Menschen beginnt. In dem berühmten Teil der Theogonie, in dem Hesiod von der Titanenschlacht erzählt, dem Kampf des Zeus und der Götter des Olymp gegen den Kronos und die Titanen, versucht der Seher von Askra, über die graue Vorzeit unseres Planeten zu schreiben.

Es handelt sich um eine Schilderung der gewaltigen Umwandlungen und Veränderungen unseres Planeten in Bildern und Worten aus der Zeit, als die glühende und flüssige Masse der Erde sich abkühlte und ihre jetzige Gestalt allmählich annahm, der Mensch in Erscheinung trat und sie eroberte. Die Theogonie des Hesiod endet mit seiner Bezugnahme auf eine Vollgestalt des Menschen, nämlich Odysseus[32].

In den Versen der Titanenschlacht, in der das Ungeordnete und das Formlose in eine Ordnung gebracht werden sollte, kommt die Schilderung den geologischen Prozessen auf der jungen Erde sehr nahe: "Und es brannte die riesige Erde und schmolz wie Zinn von der unersättlichen Feuersflamme"[33]. Oder "Und die gesamte Erde brodelte und die Strömungen des Ozeans und das riesige Meer. Und ein brennender Hauch umzingelte die irdischen Titanen, und die unlöschbare Flamme stieg bis zum göttlichen Äther auf. Und das feurige Leuchten des Blitzes machte ihre Augen blind, obwohl sie so scharf waren"[34]. Auch das Toben der Elemente findet seinen Widerhall. "Und das riesige Meer hallte schrecklich wider. Und wild schrie die Erde und stöhnend wurde der große Himmel erschüttert. Und der riesengroße Olymp wankte bis in seine Festen, während langsames und hohles Getöse bis in den düsteren Tartaros reichte"[35]. Oder: "Das Getöse und der Staub, der Blitz, der Donner und der brennende Einschlag des Blitzes prallten mit den Winden zusammen. Und die Pfeile des großen Zeus verbreiteten Unruhe und Getöse und unerträglicher Lärm erhob sich in der schrecklichen Schlacht"[36].

Auch die Erstarrung und Versteinerung der Erde, die Eiszeit, die Erosion, die Gebirgskettenbildung, die Plattentektonik, das Heben und Senken von Meeresboden und Land findet eine mythische Darstellung bei Hesiod: "Zu der Zeit standen die Götter in schrecklicher Schlacht gegen die Titanen, gigantische Felsen in ihren starken Händen haltend. Und die Titanen verstärkten ihnen gegenüber die Kolonnen"[37].

Die Periode der Herrschaft von Zeus ist die *dritte Phase*, die Epoche der historischen Zeit. Hier hat die kosmologisch weitere und die geologisch engere Durchführung Form erhalten. Das Chaos ist zur Welt geworden. Ordnung, Rhythmus und Harmonie haben den Lauf der Natur in die Bahn der Weltgesetze gelenkt. Die Welt erscheint als natürlicher Organismus, autonom, selbstbeweglich und autark.

Von dem Moment an, da Zeus Kronos ablöste, war viel Zeit nötig, um die perfekte Ordnung in der Welt herzustellen und ihre vollständige Form zu etablieren. Diese Übergangszeit hat Hesiod mit den aufeinanderfolgenden Frauen angedeutet, Gattinnen, die sich Zeus nimmt und mit ihnen Kinder in die Welt setzt, deren Namen[39] einen zunehmenden Grad von Ordnung anzeigen: Metis (Verstand), Themis (Gesetz), Evrynome (vollständiges Gesetz), Demeter (Mutter Erde), Mnemosyne (das Gegenteil der Vergeßlichkeit des Kronos), Leto, Hera, Maia (die Mutter des Hermes), Semele (die Mutter des Dionysos), Alkmene (die Mutter des Herkules) usw. Wenn wir diese Linie weiterverfolgen, gelangen wir zu den schönen Sterblichen, mit denen Zeus die Helden der griechischen Mythologie gebar: Europa, Danae, Leda und Io.

Die Prinzipien, nach denen die Griechen das Erscheinen der Welt und das Wirken der Götter beschrieben haben, sind anthropomorpher Natur. Die Welt vor dem Auftreten des Menschen ist dem Dunkel der Vergessenheit entrissen, und durch das menschliche Bewußtsein aufgeklärt worden; sie gewinnt Ordnung und Gestalt. Genau dies ist die Bedeutung des kosmischen Geschehens: daß nämlich Zeus seinen Vorgänger, der seine Kinder verschlang, besiegte.

Zeus wandelte Kronos sozusagen in eine anthropomorphe Realität, so daß das Werden der Welt, ein Naturprozeß, als Geschichte verstanden werden muß. Aus den ewigen

Phänomenen und den Gesetzen der Natur werden Gottheiten, die menschliche Gestalt angenommen haben: Das Feuer wurde Hephaistos; das Wasser Poseidon; die Muttererde mit den Pflanzen, dem Getreide und den Bäumen wurde Demeter; der Existenzkampf der Menschengeschlechter Ares; der natürliche Trieb zur Erhaltung der Art Aphrodite; das stille Licht der Sonne mit ihrer unsichtbaren, wohltuenden Harmonie wurde Apollo; das Schweigen der Wälder und des Mondes Artemis; die Quellen, die blauen Wellen und das schattige Gestrüpp wurden Niriiden und Nymphen; die Winde Äolos, der Tod Pluto, und die ganze restliche endlose Reihe von Naturphänomenen wurden die dreißigtausend Gottheiten der Theogonie von Hesiod[39].

Über all diesen verschiedenen Gottheiten des Besonderen, welche die abhängigen Naturprinzipien und -funktionen in Gruppen symbolisieren, erhebt sich die allgemeine und alles überblickende Gottheit des Zeus, der für Hesiod, wie auch für Homer und das griechische Volk im ganzen, der Vater der Götter und der Menschen ist. Zeus ist das Symbol der dritten kosmologischen Periode, welches das Bestehen der Ordnung in der Natur und die Herrschaft des denkenden Menschen personifiziert. Zeus regiert in Begleitung der anderen zusammenarbeitenden Gottheiten die Welt vom Gipfel der Erde: dem ewig wolkenumgebenden und schneebedeckten Olymp. Zeus ist das Maß, die Ordnung, der Rhythmus, das Gesetz, die Harmonie und die Schönheit der Welt. Darunter wird die Ordnung und die Wohlgestalt des Seienden verstanden.

Dieses Element der Schönheit, welches den Hauptinhalt und den Grundcharakter der dritten kosmologischen Epoche bildet, die Epoche der klaren Gestalten und der logischen Aufkärung, drückt sich in den zwölf Göttern des Olymp aus. Unter diesem Horizont mit seinem Verweischarakter auf Schönheit und Ordnung entwickelt sich die gesamte Kultur des klassischen Griechenlands.

Endet mit der dritten großen Periode des Zeus, die sich bis zur Epoche Hesiods selbst und seinem Volk erstreckt, das kosmologische Werden? Werden die kosmische Dynamik und die endlose Zeit nicht einen neuen Gott schaffen, der seine Vorfahren verjagt, wie es mit Uranos durch Kronos geschah und mit Kronos durch Zeus, und wird sich eine neue, vierte Periode öffnen und eine neue Ordnung im Welttheater geschaffen werden?

Hesiod nimmt zu dieser schlüssigen und unvermeidlichen Frage Stellung. Nicht eine neue Transzendenz wird als 4. Periode eröffnet, sondern innerhalb der dritten Periode geht die Kosmogonie weiter mit Zeus und seiner Gruppe menschlicher Gestalten. Freilich können sie unsterblich und übernatürlich sein, mit grundlegend unbestimmbarem Wesen und unberechenbarer Größe. Der Impuls und die Kraft, die die Kosmogonie weiterführt, ist das Wort – eine Kraft und eine Kategorie also, die nicht etwa welttranszendent, sondern ganz im Gegenteil ein Konstituens der menschlichen Natur ist. Die neuen Götter selbst denken und sprechen auf menschliche Weise und mit menschlichen Worten. Ihre Sprache ist griechisch. Alles, was über das Göttliche in den epischen Werken Homers gesagt wird, wie auch in den kurzen Dialogen der Theogonie, ist in seiner Gestalt völlig übereinstimmend mit den Reden des Aias und des Odysseus, oder des weisen Nestor im Apell der Soldaten oder in der Versammlung der Könige. Schließlich ist auch ihre Gestalt rein menschlich. Jener kräftige, ausgestreckte Arm des Zeus oder des Poseidon von Estiaia, der den Blitz oder den Dreizack schleudert, um das wilde Meer zu bewegen, ist die gleiche Hand eines Athleten in Olympia, bereit, alle Rekorde zu brechen.

Welche Art Gott und welche neue Epoche wäre folglich jene, die kommen müßte, die kosmologische Ordnung mit ihrem ausgewogenen Niveau dichterischer Vollendung und logischer Glaubwürdigkeit voranzutreiben? Die Gefahr, die hier für Hesiod und das Volk der Griechen im weiteren Sinne auftaucht, wenn er die überkommenen Mythen weiterführt, indem er neue erfindet, liegt darin, daß er die Balance von äußerer Gestalt und innerer Logik der Mythen nicht zu halten vermag. Er wäre ein Schreiber von Märchen nach Art östlicher Mythologien, bei denen im Unterschied zu der griechischen das Zusammenspiel zwischen Mythos und Logos fehlte. Damit ist jene Eigenschaft gemeint, welche wir als *philosophisches Element* in der griechischen Mythologie charakterisieren und welche später Platon im Sinne und in der Gestalt des philosophischen Mythos auf ein unerreichbares Niveau künstlerischer Perfektion führen wird.

Exkurs

In einer abschließenden Reflexion zur Triadik der Gottheiten und Weltperioden kann folgender innerer Zusammenhang erhoben werden. Die erste astrophysikalische Periode, die Herrschaft des Uranos, ist durch das Chaos bestimmt. Das Chaos hat zunächst keine andere Qualität als den Raum. Das Zeitalter des Uranos verdient nicht einmal die Benennung *Zeit*alter, weil der erste Hervorgang aus dem Chaos überhaupt erst die Zeit (Chronos) schafft, das kennzeichnende Merkmal der zweiten Periode. Die dritte Periode schließlich, die des "Zeus", überschreitet sich nicht mehr in eine vierte Periode, sondern ist dadurch gekennzeichnet, daß sie die zeitliche Extension der zweiten Periode, der Herrschaft des Kronos, in Gestalt riesiger geologischer Zeiträume innerlich zu erfüllen beginnt: Die gewaltigen geologischen Zeiträume werden mit dem Auftreten des Lebens abgelöst. Zeit, die bisher niemand wahrgenommen hat, wird in kleinen Dimensionen, der "Eigenzeit" der Lebewesen, innerlich mit Erleben erfüllt. Die anthropologische Periode des Zeus macht aus bloß kosmischem Zeitablauf in Gestalt von Koordinaten des Vor- und Nacheinanders Geschichte, in der der Mensch agiert, aus der Vergangenheit lernt und in die Zukunft plant. Die Zeit ist kein bloßes Verhängnis mehr, sondern wird gestaltete Geschichte. Es findet also ein Hervorgang aus dem ursprünglichen raumhaften Chaos des Uranoszeitalters in die Zeit als solche – das Zeitalter des Kronos – statt, während das Zeitalter des Zeus keine dritte Qualität jenseits von Raum und Zeit hervorbringt, sondern die zweite in einer Art Rückwendung verinnerlicht.

Während also der Übergang vom 1. zum 2. Zeitalter das Hervortreten aus dem Chaos in die Zeit überhaupt bedeutet, bringt der Übergang vom 2. zum 3. Zeitalter ein Hineingehen in die Zeit und die Er-füllung der Zeit. So vollzieht der Dreischritt Uranos-Kronos-Zeus eine himmlisch-irdische (nämlich "urbildlich" theologische und "abbildlich" kosmologisch-anthropologische) Kreisbewegung des aus sich Heraus- und in sich Hineingehens der Wirklichkeit – und man könnte aus solcher Interpretation die These wagen, daß sich bei Hesiod die mythologische Vorahnung einer dialektisch-trinitarischen Grund-Auffassung der Wirklichkeit ereignet.

4. Die göttliche ausgleichende Gerechtigkeit im Anthropologischen: Die Mythen von Prometheus und Pandora

Hesiod erfindet also nach Zeus keinen neuen Gott mehr, sondern wendet sich von den Göttern zum Menschen. Indem er plötzlich diese Kehre macht, öffnet er einen sehr weiten Bereich innerhalb der dritten Periode des Zeus selbst und überträgt er das Problem der kosmischen Entwicklung von den Göttern zu den Menschen und von der Welt zur Geschichte. Die Mythen über Prometheus und die fünf Menschengeschlechter erscheinen hier und jetzt mit innerer Notwendigkeit und an ihrem logisch richtigen Platz. Der erste methodische Hinweis auf diesen Einschnitt und die Änderung der Szenerie ist die Tatsache, daß diese zwei Mythen nicht mehr in der Theogonie enthalten sind, sondern in "Opera et Dies", in dem den Dichter Fragen und Dinge beschäftigen, die Bezug zu den Menschen haben. Die Bezugnahme auf Prometheus, die die Theogonie nach Art der biblischen Genesis vornimmt[40], geschieht in der einfachen Registrierung im genealogischen Register der Titanen. Der Mythos des Prometheus in den "Opera et dies" aber beschreibt, wie dieser Titane das göttlich gute Feuer und die Weisheit raubte[41] und es den Menschen als verbotenes Geschenk gab, Zeus' Willen übertretend und an diesem Punkt seine kosmische Ökonomie verletzend. Denn mit jenen göttlichen Gaben ausgestattet, überschreitet der Mensch seine Natur und nimmt teil am Leben der Götter.[42]

Im folgenden werden der Zorn des höchsten Gottes Zeus und die Strafe geschildert, die der berühmte menschenliebende Titan erleidet. Später beschreibt Hesiod mit dem Einschub des Epimetheus und der Pandora die Strafe, die Zeus den Menschen als Preis und Lösegeld für ihre Teilnahme an der neuen höheren Lebensweise mit göttlicher Qualität und göttlichem Gepräge auferlegt.

Der Mythos des Prometheus, der in der griechischen Geisteswelt wiederholt bearbeitet wurde – vom Dichter Äschylos in der bekannten dramatischen Trilogie wie vom Philosophen Platon im Dialog "Protagoras"[43] – bildet eines der tiefsten und didaktisch unterschöpflichsten Werke der Griechen. Aber auch über die Griechen hinaus ist der Prometheus-Mythos eine herausragende geistige Leistung der Menschheit. Die großen Probleme der Natur des Göttlichen, der Strukturen der Welt, des Menschenschicksals, des Zusammenpralls von Despotismus und Freiheit, des Kampfes zwischen geistiger Unmündigkeit und Aufklärung, der Distanz zwischen Würde und kriecherischer Schmeichelei. Auch die Dialektik zwischen bürgerlicher und revolutionärer Lebenskultur findet sich schon keimhaft in dieser archaischen Erzählung.

Zur theologischen Auffassung von Hesiod sind zwei Anmerkungen zu machen. Einmal müssen die Auseinandersetzungen angesprochen werden, die den Übergang zwischen den Perioden bewirken. Denn so wie die Machtübernahme bei der Ablösung des Uranos durch Kronos und des Kronos durch Zeus, nicht friedlich vor sich geht, so finden auch hier Betrug und Vergewaltigung der Dinge statt. Die Entmannung des Uranos durch Kronos führte zur Niederlage des Kronos durch Zeus. Des Kronos Überwältigung durch Zeus hatte schließlich den Betrug des Zeus durch Prometheus zur Folge. Das wiederum wird als Grund der desolaten menschlichen Verhältnisse angesehen.

Die zweite Bemerkung betrifft das Schicksal des Zeus. Auch diesem droht eines Tages das Ende seiner Herrschaft und das Verblassen seines Ruhms. Hesiod schweigt freilich zu diesem Punkt. Denn wenn Zeus irgendwann einmal gestürzt werden sollte, hätte Hesiod über eine neue Epoche und einen Nachfolger des Zeus sprechen müssen – womit das kosmologische Konzept der drei Perioden untergraben wäre. Hesiod müßte eine Zerstörung der inneren Logik des Mythos in Kauf nehmen.

Wenn die Theo- und Kosmogonie bei *Hesiod* also wie geschildert verlaufen muß, so bedeutet das nicht, daß der Tragiker *Äschylos* an den gleichen Verlauf gebunden wäre. In der Tat wird aus der epischen Theogonie Hesiods bei Äschylos eine tragische Anthropologie. Das, was bei Hesiod episch nicht erlaubt war, wurde bei Äschylos tragisch durchgeführt. Äschylos gibt in der Behandlung des Mythos einen ausdrücklichen Hinweis auf die Drohung, die über Zeus lastet. Der gegangene Prometheus hält mit Sicherheit und Eigensinn das große Geheimnis fest. Nur dieser weiß, wie und von wem Zeus gestürzt zu werden droht – und dieses Geheimnis wird er als Waffe zur Rettung gebrauchen. Denn da er sie gegen den Zorn des Zeus austauscht, gelingt es dem Einen, seinen Thron zu retten und dem Anderen, von den Fesseln seiner Bestrafung befreit zu werden. Die Lösung, die die griechische Tragödie zu geben hat, wird die Epoche des Zeus verewigen. Im Gegenzug wird die Eroberung göttlicher Gaben und die Beteiligung des Menschen am göttlichen Leben akzeptiert. Zeus regiert weiterhin die Welt vom Olymp aus – mit menschlichem Angesicht, nicht mit einer Maske. Und der Mensch – dies ist das neue Element, welches die Tragödie einbringt – wird für dieses Zugeständnis bezahlen müssen[44].

Der Mythos der Pandora symbolisiert den Preis, den der Mensch für seine Teilnahme an göttlichen Gaben zu zahlen hat. Dieser Preis ist ein Erfordernis der Gerechtigkeit. Denn nach der griechischen Auffassung von einer kosmischen Ur-Harmonie befinden sich alle Gegensätze in der Natur von Haus aus im Gleichgewicht. Dies bedeutet, daß dem Guten die gleiche Menge Schlechtes entgegensteht, dem Licht genausoviel Dunkelheit, der Freude ein entsprechendes Maß an Trauer. Die Strafe, die Zeus über die Menschen zu verhängen beschloß, bestand darin, ihnen durch Pandora schweren Kummer zukommen zu lassen, indem sie leichtsinnigerweise das kleine Gefäß öffnete, das die Götter verschlossen aufbewahrten. Nur die Hoffnung konnte sie im letzten Augenblick, wie der Mythos sagt, in ihrer Büchse zurückhalten, zu trösten, daß es eine Zukunft geben wird, die zu Optimismus Anlaß gibt: "und die Hoffnung blieb damals in den unzerbrochenen Wänden des Gefäßes und schaffte es nicht, aus der Öffnung zu entfliehen"[45].

Pandora ist die "Frauenfalle", die Zeus dem leichtsinnigen Bruder des Prometheus, dem Epimetheus stellte: als hinterlistiges Gegengeschenk an die Menschen für das Geschenk des Feuers. Pandora, von den Göttern mit allen äußeren Vorzügen geschmückt[46], mit Schönheit, reizender Gestalt, zarter Haut, goldenen Ketten und Halsschmuck, der Kenntnis der Haushaltungskunst und leidenschaftlichen Worten, die überzeugen, war sie in sich, so sagt der Mythos, voll von Lügen, verschlagenen Anschauungen und listigen Überlegungen[47]. So gaben ihr, die von den Menschen begehrt und für bezaubernd gehalten wurde, die Götter auf, die Rolle des unsichtbaren Instruments ihrer Plagen zu spielen: "und sie werden ihr eigenes Unglück umarmen"[48].

5. Der Mythos der fünf Menschengeschlechter

Der Mythos der fünf Menschengeschlechter[51] ist der erste Versuch im Raum des klassischen Griechenland, den Verlauf des geschichtlichen Werdens zu erforschen. Er ist Ausdruck des Bestrebens, das Schicksal des Menschen insgesamt zu verstehen. Hesiod untersucht hier die Situation des Menschen unter der Perspektive einer geschichtlichen Dynamik, die sich nicht als eine kosmisch-natürliche, sondern eher als anthropologisch-historische Realität verwirklicht. Die Unterscheidung, d.h. der Übergang des Menschen von Naturkausalität zu Willenskausalität, hat die Teilnahme des Menschen an den göttlichen Gaben des Feuers und der Weisheit nach dem "menschenfreundlichen Verbrechen" des Prometheus unvermeidlich mit sich gebracht.

Der Mensch hat sich von dem Moment, da er seiner selbst bewußt wurde und durch das Feuer in der Lage war, Metalle zu schmieden, von der Natur entfernt; er realisiert seine Existenz in einem rein ihm gehörigen Raum, der Geschichte. Infolgedessen geht es im *Mythos der fünf Menschengeschlechter* um die Fortsetzung des einheitlichen Konzepts der Hesiodschen Theologie. Das Problem der historischen Entwicklung des Menschen wird nach Hesiod viele griechische Denker beschäftigen. So wie es sich von seinen theologischen Wurzeln allmählich abtrennt und entfernt, erwirbt es typisch philosophische Gestalt und es folgen Überlegungen zur Philosophie der Geschichte. Diese werden nach Hesiod und nach den griechischen Historikern – hauptsächlich Thukydides – die zwei großen Philosophen (Platon, Aristoteles) beschäftigen.

Platon wird das Konzept seiner sittlichen und politischen Philosophie ganz auf bestimmten theoretischen Prinzipien aufbauen, die von seiner Anschauung über die menschliche Natur ausgehen. Der strenge Charakter des Organisationsmodells des Staates, welchen er konzipiert und die Bedeutung der "geschlossenen Gesellschaft", wie sie heutige Autoren nennen, haben hier ihren Anfang und ihre Basis. *Aristoteles* gelangte im Ausgang vom gleichen Problem zur Entwicklung seiner Theorie über die Wiederholung der Zivilisationen.[50] Das selbe Motiv erscheint wieder in der Philosophie der *Stoa*, hier nun kosmische Prinzipien integrierend. In der Neuzeit schließlich findet sich eine wirksame Entsprechung im Gedankengang Nietzsches von der "ewigen Wiederkunft des Gleichen"[51].

Hesiod gibt also mit dem *Mythos der fünf Menschengeschlechter* ein Bild der historischen Entwicklung des Menschen bis zu seiner Epoche hin. Das Hauptmerkmal dieses Bildes ist eine paradiesische Auffassung von der Welt am Anfang. Hesiod verlegt den seligen Zustand und das Glück der Menschen in die Vergangenheit, im Gegensatz zu einer zukunftsorientierten chiliastischen Perspektive. Hesiods Auffassung geht von einem Paradies am Anfang der Zeiten aus und glaube, daß Menschen umso glücklicher sind, je näher sie noch dem Anfang sind. Die jeweils ältere Generation wird als glücklicher angesehen als die jüngere. Das bedeutet auch: Je mehr man sich der Gegenwart nähert, desto unheilvoller wird die Welt. Seine eigene Epoche, so sagt Hesiod, das fünfte und letzte Menschengeschlecht, ist die schlimmste von allen Epochen: Unsittlichkeit, ungerechte Gesetze und Schamlosigkeiten ersticken sie. Der Dichter wünscht sich, in einer vorherigen Epoche geboren zu sein[52]. "Jetzt wäre aber weder ich selbst unter den Menschen gerecht, noch mein Sohn, denn das Schlechte ist gerecht, da, je ungerechter es ist, es als desto gerechter betrachtet wird"[53]. Das Resultat dieses sittlichen Umsturzes, des rücksichtslosen Benehmens und der sittlichen Paralyse, ist die Preisgabe der Menschen und der Gesellschaft durch die Gottheiten des "Eidos" und der "Nemesis" (des inneren sittlichen Gesetzes und der göttlichen Gerechtigkeit) und ihre Rückkehr auf den Olymp[54]. Die fünf Menschengeschlechter bilden nach ihrer chronologischen Erscheinung, aber auch nach dem Grad ihres Vorranges in der Teilnahme an der Tugend und dem Glück, das *goldene Geschlecht*[55], das *silberne*[56] und das *kupferne*[57], das *Geschlecht der Helden*[58], welches in den Kriegen von Troja und Theben vernichtet wurde, und letztlich das *eiserne Geschlecht*[59] der Epoche des Dichters.

Epilog: Die ethische Bedeutung und Nachwirkung Hesiods

Die sittliche Entdeckung Hesiods ist es, die Bedeutung der "Dike"[60] erfaßt und beschrieben zu haben: die Bedeutung der kosmischen Gerechtigkeit, deren Quelle man in der Natur Gottes und in den Anfängen der Welt findet, und welche das menschliche Urteil durchsetzt[61], indem es die Tugendhaften belohnt und die Verderbten bestraft. Mit seiner Bezugnahme auf "Dike" leitet Hesiod einen Grundgedanken ein, der in der Folgezeit die gesamte sittliche Sphäre des griechischen Geistes prägen und seinen vollkommenen Ausdruck bei den größten griechischen Denkern finden wird: bei Solon, den vor- und nachsokratischen Philosophen, Pindaros und den tragischen Dichtern. Für das Verhältnis der Sittenlehre Hesiods zu seinen religiösen Anschauungen fällt besonders ins Gewicht, daß er die Idee der "Dike" unmittelbar mit der Bedeutung der Arbeit verbindet. Die Notwendigkeit der Arbeit in "Opera et Dies" drückt einen kategorischen Imperativ aus[62].

Obwohl das Werk von Hesiod im Vergleich zur Homerischen Epik wesentlich kleineren Umfangs ist – in seiner Gesamtheit nimmt es gerade ein Zehntel der Verse der Ilias und der Odyssee ein – ist es doch so tief in seinem Verständnis, so reich in seiner theologischen und philosophischen Problematik und so sicher organisiert in seiner stofflichen und gestalterischen Struktur, daß die Behauptung, Hesiod sei gleichwertig mit Homer wohl keine Übertreibung darstellt. Seine vielleicht geringere Bekanntheit ist mit auf die Tatsache zurückzuführen, daß seine Dichtung relativ schwer zugänglich ist, weil sie großen Scharfsinn, gedankliche Dichte und Symbolik einschließt. Je tiefer man aber in die Auslegung der Symbole dringt, die den theologischen Charakter der hesiodschen Dichtung verdunkeln, desto mehr überzeugen sie in ihrem Wert. Die Griechen haben diese Eigenart der hesiodschen Dichtung bemerkt. Deswegen haben sie sich die Geschichte eines Wettbewerbs zwischen den zwei großen Epikern ersonnen, der entscheiden sollte, wem der 1. Platz gebühre. Nach der Tradition haben sie den Vorrang bei diesem Wettstreit – dem certamen Homeri et Hesiodi[63], unter dem er in der philologischen Wissenschaft bekannt ist – dem Hesiod gegeben.

Anmerkungen

1 Aristoteles, Metaph., 983 b 28.
2 Opera ..., 59-105.
3 Ebd. 106-201.
4 Theogonia, 22-23
5 Ebd. 27-28.
6 S. H. Koller, Musik und Dichtung im alten Griechenland, Bern 1963, S. 11.
7 Vgl. Cicero Tusculanae disputationes V 23: "cum Musis, id est cum humanitate et doctrina".
8 Homer, 203.
9 Opera ..., 299-300, 397-398.
10 Platon, Phädon 60e 6.
11 S. H. Koller, a.a.O., S. 174.
12 Platon, Phädrus 237. Kritias 108c.
13 Euripides, Troades 906-908.
14 Amos 2,14f. S. die Bemerkungen von M. P. Nilsson, Griechischer Glaube, München 1950, S. 43.
15 Vgl. H. Diller: Hesiod und die Anfänge der griechischen Philosophie (Antike und Abendland, 2, 1946, S. 141).
16 Theogonia 120.
17 Ebd. 117.
18 Ebd. 133.
19 Ebd. 123.
20 Ebd. 211-232.
21 F. M. Dostojewski, Sämtl. W. in 10 Bdn. München 1977, Bd. 4, S. 740f.
22 Opera ... 90-105.
23 Dostojewski, a.a.O., S. 733.
24 Gen. 2,10-14.
25 Theogoinia 337-345.
26 Dox. 565.
27 Theogonia 168-175.
28 Ebd. 185-200.
29 Dox., 654,9.
30 S. M. P. Nilsson: Geschichte der griechischen Religion, B. II, München 1950, S. 478.
31 Theogonia 473.

32 Ebd., 1012.
33 Ebd. 861-862.
34 Ebd. 695-699.
35 Ebd. 678-682.
36 Ebd. 706-710.
37 Ebd. 674-6.
38 Ebd. 886-944.
39 Opera ... 252.
40 Theogonia 510-525.
41 Platon, Protagoras 321d.
42 Ebd. 322a.
43 Ebd. 320a - 322d.
44 S. M. Eliade: Geschichte der religiösen Ideen. Bd. I: Von der Steinzeit bis zu den Mysterien von Eleusis. Freiburg 1978, S. 240.
45 Opera ..., 96-7.
46 Ebd. 80-82.
47 Ebd. 78.
48 Ebd. 58.
49 Ebd. 106-201.
50 Aristoteles, Metaph. 1074b 10-13.
51 F. Nietzsche, Ecce homo. Werke in drei Bänden, hg. v. K. Schlechta, München 1966, Bd. III, S. 1111.
52 Opera ... 175.
53 Ebd. 270-272.
54 Ebd. 197-200.
55 Ebd. 109-126.
56 Ebd. 127-142.
57 Ebd. 143-155.
58 Ebd. 156-173.
59 Ebd. 174-201.
60 Ebd. 213f.
61 Ebd. 217-218.
62 Ebd. 299-39763. S. Th. Allen: Homeri opera, B. V. Oxonii 1974[10], S. 225f.
63 S. Th. Allen, Homeri opera, V, 225f.

ERWIN SCHADEL

Methodische und ontotriadische Überlegungen zur Zahlensymbolik

Herrn Prof. Dr. Rudolf Haase zum 19. Februar 1990

1. Zum Verhältnis zwischen Mathematik und Musik

"Schon von Pythagoras an waren die Menschen davon überzeugt, daß in den Zahlen größte Geheimnisse verborgen sind. Und es kann angenommen werden, daß Pythagoras, wie vieles andere, so auch diese Meinung aus dem Orient nach Griechenland gebracht hat. Weil aber der wahre Geheimschlüssel ['vera arcani clavis'] unbekannt war, verfielen die Neugierigeren in eitles und abergläubiges Geschwätz; daraus entstanden sowohl eine gewisse Vulgär-Kabbala, welche sich weit von der wahren entfernt, als auch die vielfältigen Phantastereien jener Pseudo-Magie, wovon ganze Bücher angefüllt sind"[1].

Nicht um also harmonikale Zahlenspekulation überhaupt abzulehnen, sondern um diese – eben weil sie ihm sehr am Herzen liegt – vor Obskurantentum und wildwüchsigem Konstruktivismus in Schutz zu nehmen und dadurch ihren positiven Sinngehalt zu wahren, rät Leibniz im vorgegebenen Zitat zur Skepsis – was auch für die folgenden Erörterungen eine methodische Leitlinie abgeben mag.

Denn in derzeitiger 'New Age'-Bewegung nicht anders als in gnostischer und kabbalistischer Bibelauslegung[2], in anthroposophischen oder theosophischen Spekulationen[3], in tiefenpsychologischer Zahlensymbolk[4] oder in verschiedensten Mythologien bzw. Kosmologien[5] – in all diesen und zahlreichen anderen Wirklichkeitsverständnissen, die der Zahl eine Ordnungsfunktion zuerkennen, ist zweifellos die Bemühung um eine ganzheitliche Seinsauffassung aufzuspüren. Doch sieht sich das Denken, das sich sachwillig auf sie einläßt und ein durchgängiges Gestaltungsprinzip in ihnen zu eruieren versucht, sehr bald in Verlegenheit gebracht. Denn der empirische Befund bietet ein schier undurchdringliches Dickicht verschiedenartiger und unvereinbar scheinender Darlegungsweisen. Diese verlieren sich nicht selten im Bloß-Narrativen oder im "Erbaulich"-Visionären. Sie lassen Widersprüchliches nebeneinander stehen, kontaminieren heterogene Überlieferungsstränge, überlagern und vermischen Wesentliches mit Peripherem und Sekundärem – oder sie verdecken vermittels autoritär ausgegebener "Intuitionen" die eigentlich zu leistende Konstitutionsanalyse.

Angesichts der schillernden Mannigfaltigkeit vorgegebener Zahlauffassungen kann man, wie es scheint, zweifach "reagieren": *Entweder* "post-modern", d.h. man läßt in radikalpluralistischer Manier die eine Auffassungsweise unkritisiert und gleich-gültig neben der anderen bestehen, nimmt sich damit jedoch – in exzessiver "Toleranz", die mit dialektischer Notwendigkeit das Andere ihrer selbst impliziert – die Chance, zu einer Evaluation verschiedener Zahlenauffassungen zu gelangen. Denn die in den einzelnen Erscheinungsformen derselben als unhintergehbar angenommene Beliebigkeit verhindert es, daß im aufscheinenden Vielen ein sich durchtragender Einheitsgrund entdeckt werden kann. Damit aber fällt und fehlt das Kriterium, das es ermöglicht, Gültiges von Unhaltbarem zu unterscheiden. *Oder* aber, zweitens, ontologisch, d.h. man macht sich auf die Suche nach dem von Leibniz so genannten 'Geheimschlüssel' der Zahlenspekulation. Dieser Weg führt zunächst jedoch in den "Engpaß" der Begründungsproblematik hinein (und wird deswegen "verständlicherweise" häufig gemieden). Doch ist die hierbei zu gewinnende 'Läuterung' (*purgatio*) als Vorbedingung für Wesens-'Erhellung' (*illuminatio*) anzuerkennen [und diese freilich selbst wiederum als innere Voraussetzung für Seins-'Vollendung' (*perfectio*)]. Wichtig ist es hierbei, daß, um eine Problemkonturierung zu erreichen, äußerlich unvereinbar erscheinende Extrempositionen herausgearbeitet und in ihrer tieferen Bezogenheit aufeinander gekennzeichnet werden. Kommt es nämlich zu einer Ausleuchtung der einzelnen Glieder eines Gegensatzes, wobei ihr partiell-positiver Sinngehalt erfaßt und zugleich auch ihre Überzogenheit und Maßlosigkeit charakterisiert werden, so kann die Einsicht in die Notwendigkeit und innere Verflochtenheit der Konstitutionselemente jener Sache, die sie auszudrücken versuchen, gewonnen werden.

1.1 Der Formalpurismus als Problem

Das eine musiktheoretische Extrem, das insbes. in den 'Zwölftonspielen' des Josef Mathias Hauer zum Ausdruck kommt, charakterisiert sich durch die Tendenz, das 'Rein-Geistige' gegenüber dem Naturhaft-Materialen abzulösen und auf sich selbst zu beziehen. Dabei kommt es zu einer Entqualifizierung des 'Materials'. Diese wird speziell in der europäischen Atonalität durch eine 'Gleichschaltung' der zwölf Halbtöne der Tonleiter (deren innere Genese unbeachtet bleibt) vollzogen. In bezugslos gewordener Selbstbezüglichkeit paralysiert sich hierbei der kompositorische Impetus. So entdeckt z.B. Hauer eine numerisch zwar begrenzte, in ihrer Ganzheit jedoch nicht mehr überschaubare Vielzahl von Melos-Möglichkeiten, welche gleich-gültig nebeneinanderstehen und von sich aus keinerlei Stimulus zu innegestaltender Verwirklichung des je Möglichen hergeben. Der Geist, der komponieren will, "schwebt" gewissermaßen in der formalen Nichtigkeit der Totalstatistik. Er kann sich daraus nur noch durch Gewaltsamkeiten, die dem Tonmaterial stets äußerlich bleiben (durch Aleatorik oder sonst irgendwelche Zufalls-Manipulationen) "befreien". So aber kommt es zum dialektischen Umschlag: Die an sich blinde Vielheit von Möglichkeiten realisiert sich (unter "Opferung" der Komponisten-Persönlichkeit) in partieller Konkretion, welche hinsichtlich der unrealisiert gelassenen möglichen Möglichkeiten, die das "Sinn"-Potential ausmachen, niemals etwas Vollkommenes zu repräsentieren vermag, sondern notwendigerweise vom Beliebigen durchgriffen ist[6].

Auch bei Wilfried Neumaier, der sich der "Gefahr einer mathematischen Überfremdung der musikalischen Theorie"[7] durchaus bewußt ist, bleibt der Übergang und der Zusammenhang zwischen mathematischer Operation und musikalischer Konkretion prinzipiell uneinsichtig: In methodischer Hinsicht strebt Neumaier zwei antiken Musiktheoretikern nach: dem Euklides, der konsonante Proportionen "mathematisch ableitet"[8], und dem Aristoxenes, der seiner Auffassung nach zeigt, wie man "*ohne akustische Hilfsmittel* zu exakten Begriffen und Ergebnissen kommen kann"[9].

Um einen Ausgangspunkt für die angestrebte "umfassende Synthese"[10] aller Tonsysteme "auf der höheren Ebene"[11] der Mathematik zu erlangen, betreibt Neumaier die "Verallgemeinerung der historischen Tonsysteme"[12], d.h. die Nivellierung der diese spezifizierenden Intervallfolgen. Was sich dabei ergibt, ist ein abstrakter 'Tonraum', von dem paradoxerweise ausgesagt wird, er sei "einfach *und* unüberschaubar, weil er unendlich viele Töne hat"[13]. Nach unvermittelter Einbeziehung der Oktave, von der Neumaier mißverständlich sagt, daß ihr "als schönster Konsonanz die schönste Proportion, nämlich 2:1, *zugeordnet*" sei[14], kennzeichnet er jenen 'Tonraum' – noch deutlicher undeutlicher, möchte man sagen – als "unendlichstufig"[15] und sieht auf dieser "höheren" [Möglichkeits-]"Ebene ... verschiedene Modelle der" [musikalischen] "Wirklichkeit [!?] nebeneinander her bestehen"[16].

Was ist damit aber – mit dem "Rückzug" auf die bloße Möglichkeit, den Oktavraum auf unendliche Weise zu unterteilen – gewonnen? Ist *jede* mathematische Proportionierung, die sich auf korrekte Weise errechnen läßt und an sich "richtig" ist, per se auch schon sinnvoll und "wahr"?

Wie es scheint, könnte man die abstrakte Ausgangsposition, die Neumaier für die geplante Deduktion der Tonsysteme herausarbeitet (mit Hegel) als 'reine Unmittelbarkeit', die noch der Vermittlung bedarf, umschreiben. An letzterer hapert es jedoch unter den von Neumaier abgesteckten Bedingungen. Es ist nämlich klar, daß die in infinitum vorangetriebenen formalmathematischen Differenzierungen "immer unübersichtlichere Tonsysteme"[17] hervorgehen lassen – bis hin zur letzten 'Unübersichtlichkeit' des 'unendlichstufigen' Tonraumes, in welchem die höchste Differenzierungsstufe in Differenzlosigkeit, in In-differenz übergeht. Aus der Ungründigkeit derselben ist jedoch im wörtlichen Sinne nichts – nichts Form- und Gestalthaftes – zu ermitteln[18].

Neumaier bleibt daher nur noch die 'katábasis eis állo génos', d.h. die für seine Denkverhältnisse "systemfremde" Bezugnahme auf die Praxis. Der dabei entstehende Bruch und der konzeptionelle 'Sprung' werden deutlich, wenn er konzediert: "In der" [musikalischen] "Praxis ist man ... gezwungen, wieder überschaubare Verhältnisse herzustellen"[19]. Er weiß z.B. auch, daß beim Temperieren von Tonsystemen "*wichtige* Intervalle gut genähert sein müssen"[20], kann dabei freilich kein Kriterium vorstellen, von welchem her die 'Wichtigkeit' eines Intervalles ablesbar wäre.

Sagt Neumaier schließlich, daß er auf das Problem der "Proportionsbestimmung ... nicht weiter eingehen" wolle[21] (obwohl er doch, wie oben zu sehen war, die Urproportion der Oktave akzeptiert hat), so deutet sich darin ein methodischer Kurz-Schluß an. Denn das Ganze der Musik ist sicherlich nicht *nur* aus abstrakten Möglichkeits-Erwägungen heraus abzuleiten; es ist vielmehr noch etwas anderes vonnöten: die sensible Hinwendung auf akustische Elementarereignisse (als dem per se keineswegs strukturlosen 'Material' von Musik) und dessen geistige Sinnerschließung.

Das elektronische Mischpult und ein entsprechender technischer Aufwand (so wie er ab 1951 im Kölner Funkhaus betrieben wurde) ermöglichen die nahezu unbegrenzte praktische Umsetzung des mathematisch Möglichen. Da sich Karlheinz Stockhausen, der in der elektronischen Klangerzeugung musikalisches Neuland erhoffte, "dem Primat des Ideellen"[22] (das heißt dem Mathematischen) verschrieben hatte, lag für ihn (wie auch schon für etliche Idealisten vor ihm) die "Idee" nahe, "*das Material selbst aus der Idee werden zu lassen*"[23]. Das aber heißt: Die 'Idee', die wesentlich *Form*ursache von Seiendem ist, wird hier ontologisch überfrachtet und als *Wirk*ursache ausgegeben. *Darauf* aber vor allem – auf eine Verwechslung innerhalb der Ursachenkonzeption – und nicht so sehr auf mangelnde Rezeptionswilligkeit des Publikums ist es letztlich wohl zurückzuführen, "daß sich bisher keine einzige elektronische Komposition wirklich durchgesetzt hat"[24].

Versuchen wir das Vorangehende kurz zusammenzufassen, so läßt sich sagen, daß *eine* wichtige Quelle für Ungereimtheiten in der Zahlensymbolik im allgemeinen und in der Musikauffassung im besonderen darin zu suchen ist, daß ohne irgendwelche "Kontaktaufnahme" mit empirischen Daten (und damit auch ohne Korrekturmöglichkeiten durch dieselben) ein aprioristischer Formalismus und Konstruktivismus ausgeprägt wird (bei Schönberg, Hauer, Stockhausen u.a. zwar auf verschiedene Weise, doch in ähnlicher subjektozentrisch-geistmonistischer Grundeinstellung). Dieser Konstruktivismus muß jedoch in dogmatischer Selbstisolation erstarren, weil er nur sich selbst (seinen Theorieentwürfen) und nicht dem "Anderen" das Schöpferischsein zuspricht. Wir befinden uns hier, wie Dahlhaus es formuliert, in der "Sackgasse *abstrakter* Unmittelbarkeit"[25].

1.2 Der Materialpurismus als Problem

Da wir indes die Ansatzproblematik der Musiktheorie in ihrer Problemkontur kennenlernen wollen, ist deswegen auch noch auf das andere Extrem, auf die 'Sackgasse *konkreter* Unmittelbarkeit' einzugehen. Es geht hier darum, sich nicht von der Materie, sondern von allem Form- und Formelhaften in der Musik zu "befreien". Bruitismus, bloße Geräuschmusik, komödiantisch-lustvolles Sich-Ausleben chaotischer "Klangereignisse", ohrenbetäubendes Lärmen, orgiastisches Stampfen und Trommeln – all dieses und ähnliches wird nunmehr als geeignetes Mittel betrachtet, dem wahren "Wesen" von Musik auf die Spur zu kommen. So legte es z.B. John Cage, der durch präparierte Klaviere, wütende Schreibmaschinenkonzerte u.a. bekannt wurde, darauf an, in "einer beharrlichen Durchkreuzung und Zerstörung sämtlicher formalen Momente ... den Zugang zur 'eigentlichen Natur' des Tönenden"[26] aufzudecken.

Dabei fragt es sich freilich, ob ein solches Unterfangen überhaupt realisierbar ist oder nicht vielmehr etwas ontisch Unmögliches versucht. Da nämlich – wie oben an Hauer und Neumaier angedeutet – der Formalpurismus als solcher zu keiner "wirklichen" Musik führt (es sei denn durch Aufsprengung seiner selbst), so ist zu vermuten, daß auch der Materialpluralismus als solcher nicht in der Lage ist (und auch gar nicht in der Lage sein kann), auf die angestrengte Frage nach dem, was Musik überhaupt ist, auch nur annäherungsweise zu antworten. Baumgartner behauptet in diesem Zusammenhang zwar, daß Cage "durch seine bedingungslose Abstraktion" [von Formhaftem] "... den Begriff der Musik bis zur Negation alteriere"[27], unterläßt jedoch nähere Ausführungen darüber, *was* mit seinem 'Begriff der Musik' zu begreifen sei.

Ist also, nochmals gefragt, ein rein materiales Musikverständnis überhaupt möglich? Gibt es m.a.W. *die* originäre Musik-Materie, welche bar aller Form ist? Hierbei gilt es freilich zu beachten: Das Glissando-Geheul, das auf der Violinsaite erzeugt wird, ist nicht völlig strukturlos, sondern u.a. durch eine untere und obere Frequenzzahl eingegrenzt. Ähnliches ist auch von den 'Ton-Trauben' ('tone-clusters') zu sagen, welche mit der Faust oder dem Unterarm auf einem Tasteninstrument hervorgebracht werden. Aber auch alle anderen Geräusche (akustische Kurzattacken wie Schnalzen, Knacken und Knallen, Tonbandaufnahmen des Straßen- und Fabriklärmes, Klangfarbenmelodien u.a.) sind als sog. "aperiodische Schwingungsvorgänge"[28] nicht völlig konfus und charakterlos (ansonsten wären z.B. Knarren und Krächzen nicht voneinander zu unterscheiden).

Die apostrophierte 'Aperiodizität' des geräuschhaft Erscheinenden läßt sich jedoch bei näherer Betrachtung und bei entsprechendem mathematischen Aufwand strukturell sehr wohl beschreiben, wobei verschiedene Komplexionsstufen zu beachten sind. So kann man – um ein simples Beispiel zu bringen – die erste Dissonanz unter den Elementarintervallen – den Ganzton [9:8] – als Differenz von Quinte [3:2] und Quarte [4:3], also als $\frac{3}{2} \cdot \frac{3}{4}$ berechnen. Von da aus ergeben sich jedoch weitere Möglichkeiten der Strukturerhellung. Die Proportion $\frac{256}{243}$ z.B. (die für arabische und indische Musik charakteristisch ist, von europäischen Ohren jedoch als quäkender "unsauberer" Halbtonschritt vernommen wird[29]) hat eine völlig "logische" Herkunft aufzuweisen: Sie stellt jenes Restintervall dar, das die Terz, die als verdoppelter Ganzton aufgefaßt wird, zur Quarte hin ergänzt. In einer Gleichung: $\frac{9}{8} \cdot \frac{9}{8} \cdot x = \frac{4}{3}$; also $x = \frac{64}{81} \cdot \frac{4}{3} = \frac{256}{243}$. (Ob dieser "logischen" Berechnung auch ein onto-logischer Sinn im Hinblick auf die Selbstentfaltung des Musikalischen zukommt – oder sich vielleicht aus der für die arabische Musikkultur kennzeichnenden Überbetonung des Mathematischen "erklären" läßt –, ist vermittels rein logischer Überlegungen freilich ebensowenig zu eruieren wie etwa vermittels des bloß ethnomusikologischen Befundes, daß man das Intervall $\frac{256}{243}$ in dieser oder jener Musikregion "faktisch" zu realisieren versucht.)

Sollte jemand entgegnen, das musikalische 'Material' biete noch viel komplexere Verhältnisse als jenes $\frac{256}{243}$, der Fortschritt und die Zukunft der Musik lägen in den "Mikrointervall-Techniken"[30], so wird zwar zugestanden, daß – ähnlich wie es Neumaiers mathematisches Theorem des 'unendlichstufigen Tonraums' impliziert – auch die Ton-Materie unendlich oft differenziert und proportioniert werden kann. (Gemäß dem 'Extrema se tangunt' würden Mathematisches und Akustisch-Materiales letztlich im Gleichen – in der gleichen Unbestimmtheit – zu bestimmen sein. Sie würden sich, anders gesagt, auf der sinnfreien "Grenze" des Nichts "begegnen".)

Doch bliebe zu fragen, ob es einen Sinn haben kann, zu 'Mikrointervallen' fortzuschreiten, wenn noch nicht einmal die Makro- bzw. Elementarintervalle in ihrem tonalen Zusammenhang durchschaut sind. Ein solcher "Fortschritt" gliche (in entfernter Weise) dem Verhalten eines Schülers, der Lektor werden will, sich aber die Mühe schenkt, zuvor die Buchstaben im einzelnen kennenzulernen. Sollen m.a.W. der schöpferische Akt eines Kunst- oder Musikwerkes (sowie der Nachvollzug desselben) nicht im Blinden verenden, so ist es unbedingt notwendig, das Komplexere auf das jeweils Einfachere zurückzuführen: die Polyrhythmik auf einzelne Rhythmusformen, die in künstlerischer Absicht zusammengefügt werden, die Poly- bzw. A-tonalität auf Tonalität usw. Zwölftontechnik unterbricht allerdings diesen "genetischen" Zusammenhang, indem sie vorgibt, das Eine – die Tonalität – durch Anderes – die Atonalität – so "ersetzen"[31] zu können, als handle es sich hierbei um beliebig auswechselbare musikalische "Konstruktionsverfahren"[32].

1.3 Das gesuchte 'Dritte': hylemorphistische Aktualeinheit

Nach diesen Erläuterungen mag es nun hinreichend klar sein, daß der problematisierte Materialpurismus ein Ding der Unmöglichkeit darstellt. Denn den akustischen Ton, das hörbare Geräusch "gibt" es nicht, ohne daß es irgendwie meßbar ist und damit Gestaltetheit aufweist.[33] 'Reines' Chaos, auf das der Materialpurismus zustrebt, ist *im* Seienden und *als* Seiendes nicht auffindbar. Denn Seiendes als Seiendes meint von sich hier immer schon Gestaltetheit. Gestaltlos Seiendes *ist* nicht, ist *Nichts*. Selbst das elektronisch erzeugte 'weiße Rauschen' wäre als Rauschen nicht zu identifizieren, wenn es nicht irgendwelche – sei es auch noch so minimale – meßbare Energie-Schübe repräsentierte. Auch die "Luft, die zittert", worin Schnebel das "ursprüngliche Wesen" von Musik entdeckt[34], ist in ihrem Zittern und Beben etwas Maßhaftes.

D.h. also: Der Versuch, das 'pure' Geräusch als musikalische 'Essenz' aufzufassen, ist aus ontologischen Gründen ebenso zum Scheitern verurteilt wie das entsprechende Gegenextrem: der Versuch, die gesamte Musik aus 'purer' Formalität deduzieren zu wollen. Die wahre Wirklichkeit liegt vielmehr in der 'Mitte'. Sie ist jenes 'Dritte', das als *Vollzugseinheit von Materie und Form* deren scheinbare Unvereinbarkeit von Grund auf immer schon überwunden hat[35].

Unter diesem Aspekt entpuppt sich jedoch das populäre '*Der Ton* macht die Musik' als ebenso einseitige Auffassungsweise wie das Ebnersche "*Nicht* der Ton macht die Musik, sondern das *Intervall*"[36] (d.h. die Verhältniszahl). Was 'macht' aber dann also die Musik? Das sich fortwährend differenzierende Zusammen-Spiel von Ton *und* Form. D.h.: Von ihrem Seinscharakter her ist Musik (naturhaft-akustischer) Ton, der sich – aus sich heraus – in (geistig-mathematischer) Form entfaltet. Wie es scheint, erahnt Hanslick diesen entelechialen Zusammenhang, der näherhin als unlösbares Ineins zweier Seinsmomente: als Ver-tonung von Form und Durch-formung des Tones aufzufassen ist; er sagt daher: "*Tönend bewegte Formen* sind einzig und allein Inhalt und Gegenstand der Musik"[37].

Damit aber wird an den "Nerv" ontisch-konsistenter Musikauffassung gerührt. Diesergemäß ist das exklusive 'Entweder/Oder' ("*Entweder* der natürliche Ton *oder* die geistige Form macht die Musik") in ein integrales 'Sowohl/Als auch' ("*Sowohl* der sinnliche Ton *als auch* die vernunfthafte Gestalt konstituieren Musik überhaupt") emprozuführen. Das aber bedeutet im Rückblick auf die vorangehende Argumentation: Die Einsicht in die Auswegslosigkeit sowohl des Formal- als auch des Materialpurismus bringt es mit sich, daß "hyletischer" Ton und "morphistische" Zahl – in und aus ihrem Dritten – als in sich schwingende Ganzheit wahrgenommen werden. Im binnendifferenzierten Vollzug dieser Ganzheit drücken sich Natürliches und Geistiges zugleich aus ("begegnen" einander), wobei sehr wohl Akzentuierungen des einen gegenüber dem anderen, keineswegs jedoch der pure "Naturalismus" bzw. die reine "Vergeistigung" ontisch möglich sind[38].

1.4 Kreative Differenz als triadisches Ineins von Seinsgegensätzen

Heißt es im obigen Hanslick-Zitat, daß die 'Bewegung' zwischen Ton und Form vermittle und daß darin 'allein' der 'Inhalt' der Musik bestehe, so bedarf dies freilich noch – um die für neuzeitliches Denken kennzeichnende 'Seinsvergessenheit' (und deren nihilistische "Konsequenzen") zu überwinden – der ontologischen Vertiefung. Denn die "Duplizität" des 'Dionysischen' und 'Apollinischen', von der Nietzsche hinsichtlich der Materie-Form-Problematik redet[39], impliziert, wie er selbst sagt, ein "schwierige[s] Verhältnis"[40], das als alternierendes Scheinen innerhalb des Zeit-Verlaufes und als fortwährend verschobene Werde-"Identität" von scheinbar unauflösbarer Tragik durchzogen ist. Von den sog. 'Müttern des Seins', von "Wahn, Wille, Wehe"[41], hervorgebracht, "äußert" es sich im Realen als unversöhnliches "Nebeneinanderstehen"[42] von Dionysisch-Sinnlichem und Apollinisch-Begrifflichem, von künstlerischer Intuition und wissenschaftlicher Abstraktion. Hier ist einerseits der formal denkende 'Wissenschaftler' durch "Angst vor der Intuition" gekennzeichnet; im "Hohn über die Abstraktion" versucht sich andererseits der materiebezogene 'Künstler' seines Gegenspielers zu erwehren[43].

In gewisser Entsprechung zu derartigem Wirklichkeitsverständnis kommt es in der Musik des 20. Jahrhunderts zu einer "Spaltung von Geist und Leben"[44]: zur isolierenden Verherrlichung des Bloß-Vitalen und der als chaotisch aufgefaßten Naturkraft (z.B. in Strawinskys 'Sacre du printemps') sowie zu subjektozentrischer "Vergeistigung und Abkehr vom Leben"[45] (vor allem in atonaler und serieller Kompositionstechnik). Dieses Auseinandertriften entwickelte sich, wie Wolff es formuliert, zu einer "elementaren Gefahr"[46] für die menschliche und menschheitliche Existenz. Dies macht deutlich, daß Musik- und Selbstverständnis des Menschen einen unmittelbaren Zusammenhang darstellen. Es wird zugleich auch erkennbar, daß es sich bei dem obigen Problem, die Vermittlungsbewegung zwischen Ton und Form zu verstehen, nicht um eine musikologische Spezialfrage oder eine ästhetische Belanglosigkeit handelt. Es geht hier vielmehr darum, den Konturenverlust des nihilistischen 'Nebeneinanderstehens' von innen her zu überwinden. Bei diesem prekären Unterfangen wird – über den Phänomenologismus neuzeitlicher Denkungsart hinaus – nach jenem Seins- und Wirklichkeitsgrund gefragt, der das 'Nebeneinanderstehen' von Materie und Form überhaupt ermöglicht und in diesen beiden als virtuell "anwesender" zu eruieren ist. (Ansonsten nämlich – wenn sie von Grund auf nichts wären – wären sie nicht einmal als 'nebeneinanderstehende' zu bestimmen.)

Das heißt jedoch: Vermittels der ontologischen Reduktion, welche bei der Überwindung des nihilistischen Selbst- und Musikverständnisses angewandt wird, sollen die aufscheinenden Gegensätze keineswegs vernichtet werden. Im Gegenteil, im Sinne einer 'reductio ad harmoniam' geht es darum, jene hervorgetretenen Gegensätze, welche das Verstandesdenken lediglich "registriert", aber nicht mehr zu vermitteln vermag, aus der relativierenden Umnichtung herauszuheben und in der relationalen Subsistenz ihrer Seinsberechtigung einsichtig zu machen. Dabei aber geschieht es, daß sich die *In-differenz*, die (wie oben zu sehen war) sowohl dem Material- als auch dem Formalpurismus "zugrunde" liegt und jeden zielstrebigen Selbstvollzug von Seiendem zu verhindern scheint, zur *kreativen Differenz* verwandelt.

Mit 'kreativer Differenz' ist – wie sich bei näherer Betrachtung zeigt – ein fundamentaler Umschwung des gesamten Wirklichkeitsverständnisses angedeutet: Das quietistisch-gleichgültige *Nebeneinander* von Gegensätzen wird zu einem aktual-integrativen *Ineinander* derselben. Das aber bedeutet in systematischer Zuspitzung: Kraft seiner Partizipation an der Kreativität des Seins als der 'Aktualität *aller* Akte'[47] vollzieht sich das überkategoriale Ineinander des einen musikalischen Grundaktes in drei Subsistenzweisen:

1. als *in-sistente* Realität des Tonmaterials (als dessen Überhauptsein, dessen elementares Daß-Sein, das zur Ausformung anregt),

2. als *ek-sistente* Idealität der proportionierenden Formaldifferenzen (als aus dem Daß-Sein unmittelbar hervortretendes Was-Sein, als von innen her bewegtes Sich-Ausgestalten des Überhauptseins) und

3. als *kon-sistente* Bonität vollendeter Selbstgemäßheit (als in Viel-Einheit sich ergebende Vollendungs-Fülle, als subsistenter Überfluß "ansprechender" Konvenienzbezüge und als interne Finalbedingung für die Hervorbringung ontisch konsistenter Proportionsstrukturen.

Diese in-ek-konsistentielle Grundstruktur des Musikalischen kann sich in der "horizontalen" Melodie präsentieren; sie kann ebenso aber auch in der "vertikalen" Harmonie zum Aufklingen gebracht werden. Dabei gilt es jedoch zu beachten, daß jener triplizitäre Prozeß, *indem* er den quantitativen Zeit-Raum strukturell qualifiziert und sich in diesen hinein auswirkt, *als* innewirkende Integrationsbewegung zugleich auch über und "jenseits" alles Raum-Zeitlichen (und dessen Wesenszerdehnung) verbleibt. Gerade deswegen kann er als unerschöpflicher Innovativgrund aller je möglichen Raum-Zeit-Konstellationen aufgefaßt werden.

Wird bestritten, daß der *in-ek-kon*sistentielle Grund[t]akt, der Seiendes überhaupt und Musikalisches insbesondere durchwaltet, in seinem Selbstvollzug von den Bedingungen des Raum-Zeitlichen unabhängig ist, so ist zu berücksichtigen, daß diesen Bedingungen keine konstitutive Bedeutung innerhalb der Akt-Analyse zukommt. Diesergemäß *ist* Seiendes (und kann im Erkennen als solches identifiziert werden), weil es in sich mit sich selbst übereinkommt. Für diese Selbst-Übereinkunft, die ganzheitstheoretisch als 'Rückeinbergung' zu charakterisieren ist[48], ist mit onto-logischer (nicht: temporärer) Notwendigkeit eine Selbst-'Ausgliederung' im Sinne einer immanenten Wesens-Differenzierung vorausgesetzt. Was sich nämlich nicht irgendwie differenziert, kann auch nicht mit sich selbst übereinkommen. Dabei bedarf jedoch die ins Spiel gebrachte Selbst-Differenzierung von Seiendem noch der näheren Erläuterung. Würde diese sich nämlich als *inhaltliches* Anderswerden (als inhaltliche "Entfremdung") gegenüber dem Ursprung, aus dem es hervortritt, vollziehen, so wäre der Identitätsakt, der Seiendes überhaupt konstituiert (es 'sein' läßt, 'erkennbar' macht und als 'Liebenswertes' darbietet), von Grund auf verunmöglicht. Das heißt jedoch m.a.W.: Die Binnendifferenzierung von Seiendem kann nur als *modales* Anderswerden, d.h. als *reine* Relationalität zwischen dem Hervorbringenden und seiner Wesensgestalt aufgefaßt werden. Wird diese reine Relationalität, vermittels welcher Seiendes überhaupt an der Aktnatur des Seins partizipiert, außer acht gelassen und, wie z.B. im dialektischen Evolutionismus, durch zeitliches Nacheinander und räumliches Auseinander "ersetzt", so "verschwimmen" die raum-zeitlichen Dinge im wahrsten Sinne des Wortes. Sie verlieren den Tiefenaspekt subsistenter Selbstbezüglichkeit und sind daher *als* einzelne Dinge gar nicht mehr erkennbar. Sie werden, mit Kant formuliert, zu einem 'bloßen Spiel von Vorstellungen'.

1.5 Ontisches Zentrum: das in sich *seiende Nacheinander von 'Sein' und 'Geist'*
(zur Aristotelischen Kritik der pythagoreischen Zahlentheorie)

Was in Beliebigkeit gesetzt ist und sich selbst nicht anders als ein solchermaßen Gesetztes aufzufassen vermag, wird notwendigerweise aggressiv und neigt zu eruptiver Selbst-Inszenierung – wovon auch die Musik, die in Vergessenheit des Seinsganzen konzipiert wird, ein beredtes Zeugnis ablegt. In solcher Musik ist "die Kluft zwischen 'Geist' und 'Stoff', Lichtwelt und dämonischem Triebreich ... unaufhebbar"[49]. Die "Gefahr wechselseitiger Vergewaltigung"[50] (sowohl der Natur durch den Geist als auch des Geistes durch die Natur) ist dabei solange nicht zu bannen, als das seinshafte 'Dritte' (die Ur-Harmonie als In-ein-ander-fügung von Natur und Geist) unberücksichtigt bleibt.

Die Urharmonie, durch welche die Zerrissenheit im Musikverständnis prinzipiell überwunden werden kann, impliziert, näher besehen, also den Zusammenhang (oder auch: Zusammenklang) von Natur und Geist bzw. Ton und Zahl *innerhalb* der einen Prinzipienwirklichkeit von Seiendem. Dabei sind ontologische Ordnungsaspekte – wie z.B. die o.g. reine Relationalität von Ursprung und Gestalt – keineswegs wieder zu verwischen, sondern unverkürzt zum Tragen zu bringen.

Auf ähnliche Weise, wie nämlich im Aristotelischen Sinne vom Erkenntnisakt zu sagen ist, daß hier "ohne die Erkenntnis des Daß-Seins eines Dinges ... die Erkenntnis seines Was- oder Wesens-Seins nicht möglich"[51] ist, gilt auch vom musikalischen Selbstvollzug: Von einem solchen kann erst dann gesprochen werden, wenn der 'natürliche' Ton und die 'geistige' Zahl eine reine Relationalität darstellen. Der Geist, der sich in zahlhafter Proportion manifestiert, ist hier dem Seins- und Bewegungsursprung zwar *nach-*, aber keinesfalls (wie neuplatonischer Emanationismus oder arianische Logos-Vorstellung suggerieren) *unter-*geordnet[52]. (Bei der Dreiklangs- und Tonleiteranalyse ließe sich en detail zeigen, wie sich diese zunächst paradoxe Formulierung im Elementar-Musikalischen aufs erstaunlichste bestätigt.)

Der problematisierte musikologische Zusammenhang kann u.a. durch eine sprachphilosophische Struktur-Analogie erläutert werden. Diesergemäß verhalten sich musikalischer *Ton* und die diesen ausgliedernde *Zahl* in entsprechender Weise wie das sachgründige *Gedächtnis* des Menschen, das alle materialen Erkenntnisgehalte (auf nichtmaterielle Weise) vordisponiert, und die *Vernunft*, die als 'inneres Wort', als "nihil de suo habens"[53], die memorialen Gehalte im reinen Gegenübersein der Geistinnerlichkeit zur Ausformung bringt.

Das aber bedeutet, aufs Musikalische zurückgewendet: Ein genuin harmonikales Zahlenverhältnis ist nicht jedes beliebige, das sich der 'seinsvergessene' Intellekt ausdenkt, sondern dasjenige, welches im vernehmenden Hinhören auf die Ton-Natur die darin liegenden Potenzen aktiviert und diese – ohne zwanghafte Manipulationen – dazu bringt, sich gewissermaßen "auszusprechen". So aber wird – in distanzierter Proportionalität zum originär 'Einen' – dessen 'Idee' mitgeteilt[54]. Fassen wir nun gemäß den vorangehenden Explikationen das *in sich* seiende Nacheinander von 'Sein' und 'Geist' als ontisches Zentrum, in welchem sich Musik überhaupt konstituiert, so wird es möglich, musiktheoretische Aporien und Problemkonstellationen "von innen her" aufzuhellen. Ein paar historische Reminiszenzen mögen dies veranschaulichen:

Die antiken Pythagoreer nehmen an, "die Elemente der Zahlen seien Elemente alles Seienden und der ganze Himmel sei Harmonie und Zahl"[55]. Diese Hochschätzung der Zahl hat ihre Berechtigung in der struktur- und erkenntnisgewährenden "Natur" der Zahl. Denn ohne diese würde alles ins blinde Chaos verschwimmen[56].

Indes scheinen die Pythagoreer nicht ganz gegen eine "rationalistische" Überfrachtung des Zahlhaften gefeit zu sein. Im Überschwang ihrer numeralen Weltansicht behaupten sie, "die Zahlen seien die Dinge selbst"[57], "das Seiende existiere durch Nachahmung der Zahlen"[58] oder: "die Körper seien aus Zahlen zusammengesetzt"[59].

Aristoteles hält den Pythagoreern zugute, daß sie der platonisch-idealistischen Gefahr einer Hypostasierung des Zahlhaften entgegenwirken und eine Vielzahl von Aporien dadurch vermeiden, "daß sie die Zahl *nicht* als etwas Abtrennbares auffassen"[60]. Er merkt jedoch kritisch an, daß sie unbestimmt gelassen haben, "auf welche Weise die Zahlen Ursachen von Wesenheiten seien"[61]. Das aber heißt: "es hätten diejenigen, die behaupten, daß das Seiende aus Elementen bestehe und daß die Zahlen das Erste des Seienden seien, zuerst unterscheiden sollen, auf welche Weise eines aus dem anderen hervorgeht; daraufhin aber wäre zu erklären, auf welche Weise die Zahl aus den Prinzipien hervorgeht"[62].

Aristoteles fragt also nach dem Seins- und Bewegungsprinzip der pythagoreischen Zahlenkonzeption. Er versucht, deren Wirklichkeitsbedeutung aufzuhellen, und ist dabei zugleich bestrebt, die Un-tiefe reiner Numeralästhetik sowie die Absolutsetzung des Geistes, der die Zahlen denkt, auf den Selbstbezug der allesgewährenden Seinsbewegung hin zu überwinden.

In der gleichen Perspektive einer Ontologisierung des Zahlhaften stellt Plotin in seiner Abhandlung 'über die Zahlen' heraus: "Nicht das Denken der Bewegung hat die Selbstbewegung hervorgebracht, sondern die Selbstbewegung hat das Denken hervorgebracht, so daß sie sich selber als Bewegung und" [dieser *immanent* nachfolgend] "als Denken hervorbrachte. Denn die Bewegung ist dort" [im Prinzip von Seiendem zwar] "zugleich auch das Denken jenes Prinzips; doch ist jenes Prinzip von sich aus Bewegung und zwar die erste"[63] [von allen, also auch der Denkbewegung].

1.6 Methodologische Konsequenzen in problemgeschichtlicher Erläuterung (zur Integrativbedeutung des Monochords)

Es zeigt sich also: In der Konstitutionsordnung, welche "nicht" [primär] "nach der Zeit, sondern nach der Wahrheit"[64] besteht, ist der Geist, der die formgebenden Zahlen in sich birgt und daher als 'Ort der Ideen'[65] umschrieben werden kann, nicht direkt mit dem Wirkprinzip identisch, sondern die "erste", d.h. unmittelbar-reine "Verwirklichung desselben"[66].

D.h.: Wirklichkeit überhaupt und Musikalisches im besonderen sind als ein prinzipielles Sich-selbst-Gestalten *im* Zahlhaft-Geistigen zu umschreiben. Für den Menschen bedeutet dies, daß er nur als Ganzheit, d.h. mit 'Sinn *und* Verstand' und in *geistiger* Sensibilität dem Musikalischen gerecht zu werden vermag. Werden dagegen in ästhetizierend-sensualistischer Manier 'die Ohren über den Verstande gestellt'[67], so ist zu denen, die sich solchermaßen "eingestellt" haben, mit Platon zu sagen: "Sie erforschen in den gehörten Zusammenklängen zwar die Zahlenverhältnisse; doch vermögen sie es nicht, zu den eigentlichen Problemen emporzusteigen, nämlich: *welche* Zahlen überhaupt harmonisch sind, welche nicht, und *weshalb* dies für beides zutrifft"[68].

M.a.W. heißt dies: In empiristischer Problemauffassung (und in der damit verbundenen Vielgeschäftigkeit) ist es nicht möglich, den kosmisch-universalen Sinngehalt von Musik zu eruieren. Doch ist hier gleichermaßen auch auf die Gefahr des Sinnverlustes, welche von der "anderen" Seite her droht, aufmerksam zu machen. Soll nämlich "ohne alle Beihilfe der Sinne durch bloße Verstandestätigkeit"[69] der Wirklichkeitsgrund ermittelt werden, so ist gerade hierdurch – durch exklusive Hinwendung zum "Geistigen" – ein geistloser Konstruktivismus angebahnt. Platon selbst scheint aufgrund seines künstlerisch-plastischen Philosophierens einigermaßen (wenn auch nicht ganz, wie seine musiktheoretischen Überlegungen im 'Timaios' zeigen[70]) derartiger Vereinseitigung entgangen zu sein. Denn wie Vittorio Hösle herausarbeitet, muß man bei Platon "viel eher an eine Ontologisierung der Mathematik als an eine Mathematisierung der Ontologie denken"[71].

147

Die Plotinische Einschränkung, daß sich "die Entstehung der einzelnen Dinge *unter Mithilfe der Zahlen*"[72] vollziehe, wird jedoch allzu leicht "übersehen" und "vergessen". Die den Seinsvollzug differenzierende Grenze zwischen *Wirklich-* und *Vernünftig*sein verflüssigt sich, wird "aufgehoben"[73] und in der sich dabei einstellenden "Verwechslung von erkenntnistheoretischen und ontologischen Kategorien"[74] ein gewisser Zustand der Verschwommenheit erreicht. *Innerhalb* dieses "Zustandes", in welchem die innere Vorgängigkeit der Realität vor der Idealität zum Verschwinden gebracht ist, entwerfen sich die aberwitzigen gnostischen Emanationssysteme (gegen die sich z.B. Irenäus von Lyon im 2. nachchristlichen Jahrhundert wandte[75]), ebenso aber auch gewisse rein-"geistige" Musikkonzeptionen unseres Jahrhunderts, z.B. der ausgetüftelte Serialismus, in welchem "man komponierte, ohne zu hören"[76].

Wie es indes scheint, lassen die damit angedeuteten musikologischen Einseitigkeiten – die uferlose Deskription akustischer "Phänomene" und die seinsblinde Numeralspekulation – eine methodisch höchst bedeutsame Vorgabe unbeachtet, welche in der Antike bereits durch Pythagoras entwickelt war. Denn harmonikale "Grundlagenforschung" bedeutet für Pythagoras eine prinzipiell unlösbare Bezogenheit von praktisch-empirischen Monochordversuchen *und* theoretisch-abstrakten mathematischen Studien[77]. Diese beiden Elemente können zwar (wie die weibliche Eizelle und das männliche Sperma) getrennt existieren; ja sie müssen sich sogar erst, bevor sie "zusammenkommen" können, zu einer gewissen Reife unabhängig voneinander ausbilden. Doch vermögen beide nur in der lebensvollen "Verschmelzung" fruchtbar zu werden und zu einem von innen her sich ausproportionierenden Organismus heranzuwachsen.

Musiktheorie, die Unfruchtbares und Abseitiges zu vermeiden versucht, steht, von daher gesehen, unter der Anforderung eines sokratischen Denkstiles. Denn der pädagogische Eros des Sokrates realisiert sich weder darin, daß er Empirisch-Körperliches mit dem "Sein" identifiziert[78], noch darin, daß er 'von oben herab'[79] deduziert, wie etwas der Idee nach sein soll. Sokrates mischt sich vielmehr in die "lebensweltlichen" Probleme ein, er-läutert diese durch kritische Fragen und leistet solchermaßen "Geburtshilfe" für das sachwillige Selbstbewußtsein. Methodisch ist hierbei wichtig, daß – *unter Wahrung des Realbezugs* – Allgemeinverbindlich-Ideales herausgearbeitet wird[80].

Die Geschichte der Philosophie und speziell der Musiktheorie zeigt immer und immer wieder, wie schwer es ist, diese lebendige Mitte von 'induktiven' und 'deduktiven' Elementen zu halten (und damit eine Entsprechung zum Selbstvollzug des Seinsgrundes ausfindig zu machen). Für das jeweils anzustrebende Ganze scheint hierbei der griechischen Tempelarchitektur eine paradigmatische Bedeutung zuzukommen. Sie entfaltet sich von einem 'Modul' (einem Grundmaß) her, das in proportionierter Vervielfachung in den markanten Punkten der Gebäudegliederung zum Ausdruck kommt. Dabei ist der Gedanke leitend, daß der Tempel "wie ein menschlicher Körper" wirken soll, welcher (z.B. im Verhältnis von Fußlänge und Gesamthöhe elementare musikalische Intervalle repräsentiert, welche am Monochord gewonnen werden[81].

Bezeichnenderweise spaltete sich aber bereits die antike pythagoreische Schule in "zwei sich scharf bekämpfende Richtungen ..., die 'Akusmatiker', welche dem Urteil des Ohres vertrauten, und die 'Mathematiker', welche die strenge Gesetzlichkeit der ... Zahlreihe verfochten"[82]. Die letztgenannte Richtung fand z.B. in Robert Fludd (einem Theoretiker aus der Renaissance-Zeit) einen Nachfolger, welcher in geometrischer Symbolik harmonikale Weltzusammenhänge (ein "Weltmonochord" u.ä.) konstruierte[83]. Derartige Spielereien im "luftleeren Raum" lehnte Johannes Kepler mit aller Entschiedenheit ab. Kepler faßte die pythagoreische Idee einer 'Weltharmonie'[84] als heuristisches Prinzip auf, ließ es zu, daß seine (anfänglich) "idealistische" Konzeption durch astronomische Messungen – also von der Empirie her – korrigiert wurde und gelangte gerade dadurch zu einer Bestätigung des traditionellen Theorems der 'Weltharmonie', die "exakter" war, als er es je zu hoffen gewagt hatte[85]. (Eine entfernt ähnliche Problemlage findet sich im Verhältnis zweier Hauptvertreeter des Pythagoreismus im 20. Jahrhundert, des Hans Kayser und des Rudolf Haase. Haase nimmt den Impuls der Kayserschen Zahlensymbolik auf und versucht deutlicher als sein Anreger deren Erfahrungsbasis herauszuarbeiten. Zu beachten ist hier freilich, daß Kayser bereits viel näher an der Empirie war als Robert Fludd[86].

2. 'Sancta Trinitas geometrizans'

Im Schlußkapitel seines Werkes 'über die Musik' drückt Augustinus ein gewisses Ungenügen an seinen diesbezüglichen Studien aus. Er sagt, daß eine systematische Weiterführung derselben bei denen zu erwarten ist, "welche die wesensgleiche und" [strukturell] "unveränderliche Trinität des einen höchsten Gottes, *aus* dem, *durch* den und *in* dem alles ist, ... verehren"[87]. Diese theoretische Selbsteinschätzung kommt freilich nicht von ungefähr; sie stellt auch nicht bloß eine rhetorisch beabsichtigte Untertreibung dar, sondern ist vielmehr von onto-triadischen Einsichten geleitet, welche bereits im frühen Augustinus präsent sind. Dieser überwindet den neuplatonischen Emanationsmonismus (und damit die mystizistische Reduktion alles endlich Seienden auf das indifferente 'Eine', das alles ist), indem er den Grund alles Seienden als triplizitäre Prozessualität auslegt. Er spricht von einer 'dreifachen Ursache' (causa trina), 'durch welche etwas überhaupt *ist*, durch welche es ein je *Bestimmtes* ist und durch welche es in *Übereinkunft* mit sich selbst' [und mit anderem] 'steht'[88].

In einem derartigen Wirklichkeitsverständnis ist die mathematisierende Einseitigkeit, die Aristoteles und Plotin am pythagoreischen Zahlenkonzept kritisieren, prinzipiell überwunden. Zahlen sind für Augustinus per se mit dem Kreativen verbunden und als ein Ausdruck desselben aufzufassen. Er kann daher sogar sagen: "Betrachte Himmel, Erde und Meer, die herableuchtenden Sterne oder unten die Lebewesen, welche kriechen, fliegen oder schwimmen! All dies hat Formen, weil es Zahlen hat. Beseitige diese, und es wird nichts mehr sein"[89].

Einen Erfahrungszugang bieten die Kunst-Tätigkeiten des Menschen. Denn "als Künstler aller körperhaften Formen haben die Menschen in ihrer Kunst die Zahlen, denen sie ihre Werke anpassen. Und sie bewegen Hände und Instrumente während des

Schaffensprozesses so lange, bis dasjenige, was draußen geformt wird, hinsichtlich des inneren Lichtes der Zahlen seine Vollkommenheit erlangt, soweit dies möglich ist ... Frage also, wer die Glieder des Künstlers bewegt; es ist die Zahl ... Wenn du nun aber von den Händen das Werk und vom Geist den Schaffensimpuls wegnimmst und wenn jene Bewegung der Glieder nur zur Freude ausgeführt wird, so nennt man dies Tanz. Frage nun, was beim Tanzen Freude macht; die Zahl wird dir antworten: ich bin's. Betrachte nun auch die Schönheit eines gestalteten Körpers: Zahlen werden im Raum gehalten. Betrachte die Schönheit körperlicher Bewegung: Zahlen bewegen sich in der Zeit. Tritt nun auch in die Kunst ein, aus welcher diese hervorgehen; suche in ihr Zeit und Raum. Niemals wird jene und nirgends wird dieser zu finden sein. Gleichwohl aber lebt in ihr die Zahl"[90].

Das aber heißt: Damit dasjenige, was in Raum und Zeit zahlenhaft gestaltet wird (und als Gestaltetes Wohlgefallen bereitet), von Grund auf verstanden werden kann, ist jene Fundamentalwirklichkeit aufzusuchen, die von der seinsmindernden Relativität von Raum und Zeit prinzipiell nicht betroffen wird. Würde diese Relativität nämlich unüberwunden bleiben, so wäre stets nur ein äußerliches (räumliches oder zeitliches) Nach-einander "feststellbar". Es könnte keine Einsicht in die darin sich auswirkende Grund-Gestalt zustande kommen. Damit aber wäre auch ein ganzheitliches Musikverständnis im letzten verunmöglicht. Denn wie oben gezeigt muß dieses so lange scheitern, als die innere Vorgängigkeit des Wirkgrundes vor dem zahlhaft Formenden sowie deren integrative Selbstdurchdringung nicht hinreichend deutlich gesichtet werden.

Sagt nun also Augustinus im Kontext der referierten Numeralästhetik: "Überschreite den Geist des Künstlers, damit du die ewige Zahl sehen kannst!"[91], so ist als Ziel dieses Überstiegs nicht mehr irgendeine bestimmte Zahl gemeint, sicherlich auch nicht eine unendlich "große" Zahl. Was aber dann? *Die Zahl ohne Zahl*, durch die alles geformt wird'[92]. Was *ist* jedoch diese 'Zahl ohne Zahl'? In prinzipien-theoretischer Hinsicht ist sie als das innerlich-ewige Aus-sich-Hervortreten des ursprungshaft Einen zu umschreiben. Wie oben erwähnt, partizipiert der menschliche Geist an diesem Hervortreten und repräsentiert es in sich – freilich stets nur in defizienter Weise –, so oft er gewisse Sachgehalte aus dem Gedächnis ins intellektuelle Gegenüber der Vernunft emporhebt. In dieser Selbst-Differenzierung verliert er seine "Identität" nicht nur nicht, sondern steigert und intensiviert sie vielmehr. Damit aber gewährt sich eine jedem einzelnen unmittelbar zugängliche Erfahrungsbasis, von der aus im Sinne *progressiver Interiorisation* gesagt werden kann, daß das absolute 'Eine' als Wirkursache eine "restlose" Selbst-Differenzierung darstellt, d.h. in sich in eine vollkommene, von raumzeitlicher Relativität unbetrübte Gleichheit zu sich selbst hervortritt.

Eben diese prozessuale Gleichheit aber *ist* die 'Zahl ohne Zahl'. Da diese *im* Hervortreten aus dem Ursprung auf diesen zurückbezogen bleibt, wird sie – auch indem sie gänzlich hervortritt – fortwährend durch dessen Seins-Energie belebt. Es wäre von daher ein Mißverständnis, die intellektuelle 'Zahl ohne Zahl' als blasses Raisonieren aufzufassen. Sie meint vielmehr eine in sich pulsierende energetische Spiritualität, welche als immanent-übergängliches Ordnungsgefüge ihren Ausgang vom seinshaft in-sistierenden Maßgrund (*mensura*) nimmt, um sich als geistig ek-sistierende (Proportionierungs-)Zahl (*numerus*) – mit jenem Maßgrund zusammen – zur liebevoll kon-sistenten Selbstgemäßheit alles Seienden (*pondus*) zu entfalten[93].

Im Lichte dieser onto-strukturalen Überlegungen ist unbefangenes Zählen und Aufzählen verschwunden; es ist (im wörtlichen Sinne) zu Grunde gegangen. Die hierbei vollzogene Umkehr der Denkungsart bringt es mit sich, den Grund selbst – die 'causa rerum quae facit nec fit'[94] – als einen durch die Zahl sich explizierenden Identitätsakt aufzufassen. Denn "die Zahl", sagt Augustinus, "fängt vom *Einen* her an; sie ist schön durch *Gleichheit* und Symmetrie; in der *Ordnung* aber findet sie Übereinkunft mit sich selbst"[95].

Damit aber wird deutlich, daß die Zahl ihrem ontischen Status nach nicht als Absolutes schlechthin verstanden werden kann; sie ist vielmehr als unmittelbarer Selbst-Ausdruck des 'Einen, welches alles ist', zu bestimmen. Die Zahl ist das absolute Eine *als* Eines; sie ist das Eine in der differnzierenden Gleichheit zu sich selbst. Der Zahl kommt, so besehen, eine Vermittlerfunktion zu. Sie stellt die Voraussetzung dafür dar, daß sich das Absolute mit sich selbst zu identifizieren und – metaphorisch gesagt – zu "akzeptieren" vermag. Das heißt, anders formuliert: Die 'vom Einen her' zahlenhaft ausgegliederte Proportions-Schönheit ist innere Bedingung für die in Liebe zu gewinnende 'kon-spirative' Selbstvollendung von Seiendem[96].

In ganzheitstheoretischer Sicht bedeutet dies: Die Rede von der Zahl als formgebender 'Mitte' impliziert sowohl einen erregenden 'Anfang', dessen Selbst-Mitteilung sich zahlenhaft ausgliedert, als auch ein abschließendes 'Ende', ein Ziel, in welchem alle Ausfaltungsbewegungen ihre Sinnerfüllung finden und "Frucht" bringen.

Der Ternar, der sich in 'Anfang', 'Mitte' und 'Ende' darstellt[97], erweist sich solchermaßen als "erste" und eigentliche Zahl. Denn unter ontologischem Aspekt ist die Drei-Zahl nichts anderes als die konstitutive Explikation dessen, was Eines überhaupt *ist*. Sie "umfaßt" das effiziente *Woher*, das formale *Worin* und das finale *Wohin* alles Seienden. Von daher aber ist sie nicht auf eine Zweiheit oder auf eine differenz- und relationslose Einheit zurückführbar; wie sie auch der Ergänzung durch ein 'Viertes' oder 'Fünftes' weder fähig noch bedürftig ist. Sie *ist* vielmehr das 'Ist' überhaupt als Ganzheitsvollzug: "Einheit ohne Verwirrung, Vielheit ohne Verschiedenheit, Unterschied ohne Widerspruch"[98]. In steter Berücksichtigung dieser ontotriadischen Überlegungen wird es nunmehr auch möglich, die "archetypische" Trinitas als 'numerus numerans'[99] zu umschreiben oder mit Cassiodor von einer 'sancta Trinitas geometrizans'[100] zu reden.

Anmerkungen

1   *G. W. Leibniz*, Scientia Generalis. Characteristica XI: "Iam inde a Pythagora persuasi fuerunt homines, maxima in numeris mysteria latere. Et Pythagoram credibile est, ut alia multa, ita hanc opinionem ex Oriente attulisse in Graeciam. Sed cum *vera arcani clavis* ignoraretur, lapsi sunt curiosiores in futilia et superstitiosa, unde nata est Cabbala quaedum vulgaris, a vera longe remota, et ineptiae multi-

plices cujusdam falsi nominis Magiae, quibus pleni sunt libri" [Philosoph. Schr., ed. C. I. Gerhardt. Bd. VII, Hildesheim-New York 1978, S. 184; Hervorh. E.S.]. – In diesem Zitat ist implicit die dringliche Aufgabe einer kritischen Durchmusterung der pythagoreischen Überlieferungen angesprochen. Zu dieser Durchmusterung hat in unserem Jahrhundert vor allem *Rudolf Haase* sehr wichtige Beiträge geliefert; vgl. von ihm u.a.: Geschichte des harmonikalen Pythagoreismus, Wien 1969; Aufsätze zur harmonikalen Naturphilosophie, Graz 1974; Der meßbare Einklang. Grundzüge einer empirischen Weltharmonik, Stuttgart 1976; Harmonikale Synthese, Wien 1980; ferner die Broschüre: Zwanzig Jahre Hans-Kayser-Institut für harmonikale Grundlagenforschung (an der Hochschule für Musik und darstellende Kunst in Wien), Wien 1987; schließlich: Keplers Weltharmonik heute, Ahlerstedt 1989.

2 Diese wurde vor allem durch den Umstand angeregt, daß jedem Buchstaben des griechischen und hebräischen Alphabets ein Zahlwert entsprach. Vgl. hierzu (neben den Erörterungen, welche *Irenäus von Lyon* im 2. Buch von 'Adversus haereses' gibt) *Franz Dornseiff*, Das Alphabeth in Mystik und Magie, Leipzig-Berlin 1925 [Repr. Leipzig 1980]; *Jean-René Legrand*, Méditations cabbalistiques sur des Symboles traditionnels. Préface de Jean Cocteau, Paris 1955. Bezeichnenderweise hat auch Schönberg einen Zugang zur kabbalistischen Spekulation gesucht; vgl. hierzu im einzelnen *Juan Allende-Blin*, Arnold Schönberg und die Kabbala. In: Musik-Konzepte. Sonderband: Schönberg, München 1980, S. 117-145.

3 Vgl. z.B. *Ernst Bindel*, Die ägyptischen Pyramiden als Zeugen vergangener Mysterienweisheit. Zugleich eine allgemeinverständliche Einführung in die Symbolik von Zahlen und Figuren, Stuttgart 1975; *Hermann Pfrogner*, Die sieben Lebensprozesse, Freiburg 1978; *Herbert Vollmann*, Die Zahl das Wesen aller Dinge. Eine Schrift über die Grundbedeutung der Zahlengesetze, Stuttgart 1979.

4 Vgl. z.B. *Ludwig Paneth*, Die Zahlensymbolik im Unbewußten, Zürich 1952; *Marie-Louise von Franz*, Zahl und Zeit. Psychologische Überlegungen zu einer Annäherung von Tiefenpsychologie und Physik, Frankfurt/M. 1980. Im 'Vorwort' (S. 7) macht die Autorin freilich darauf aufmerksam, daß sie "die Beziehung zur Sprachlogik und Musiktheorie unberücksichtigt" [lasse], "obwohl dort reiche Bezüge zu entdecken wären".

5 Vgl. hierzu insbes. *Werner Danckert*, Tonreich und Symbolzahl in Hochkulturen und in der Primitivenwelt, Bonn 1966; *Hans Kayser*, Lehrbuch der Harmonik, Zürich 1950, bes. S. 243-255; ferner *Georges Ifrah*, Universalgeschichte der Zahlen, Frankfurt/M. 1986; sowie den reichhaltigen Forschungsbericht: *Hermann Jung*, Zahlen und Zahlensymbolik in der Musik. In: Mnemosyne. Festschr. für Manfred Lurker zum 60. Geburtstag. Hrsg. von Werner Bies u. Hermann Jung, Baden-Baden 1988, S. 179-201. – Nach Jung sind "kritische Sorgfalt und ein spekulationsfreies Vorgehen" vonnöten, damit die Zahlensymbolik "jenen wissenschaftlichen Rang ..., der ihr als Mittler[in] zwischen den Disziplinen zukommt", zu erlangen vermag (vgl. ebd., S. 197). Das erste Glied dieser methodischen Forderung, die 'kritische Sorgfalt', wird sicherlich von niemandem in Frage gestellt. Wie steht es aber mit dem zweiten Glied, dem 'spekulationsfreien Vorgehen'? Jung versucht es hier offensichtlich, die beliebig ansetzenden Betrachtungsarten zu eliminieren, wohl kaum jemand wird ihm dabei widersprechen können. Es bleibt indes die Frage, ob *jedwede* Betrachtungsart – also auch die ontologische, den den Selbstvollzug von Seiendem widerzu-"spiegeln" versucht – aus der Zahlensymbolik zu verbannen ist. Würde dies von Jung angestrebt, so wäre allerdings in keiner Weise mehr einsichtig, wie das, was er berechtigtermaßen zu vermeiden trachtet – die bloße "Anhäufung subjektivistischer Detailbetrachtungen" (ebd.) – tatsächlich vermieden werden könnte.

6 Vgl. hierzu *Fr. Nietzsche*, Morgenröte 2, 130 [ed. K. Schlechta I, S. 1102]: "... Jene eisernen Hände der Notwendigkeit, welche den Würfelbecher des Zufalls schütteln, spielen ihr Spiel unendliche Zeit". Die Zwölfton-Komposition ist von daher als adäquater Ausdruck neuzeitlich-nihilistischer 'Seinsvergessenheit' zu verstehen. Es "gründet" in einem "absolut indeterminierten Determinismus"; vgl. hierzu *H. Beck*, Möglichkeit und Notwendigkeit. Eine Entfaltung der ontologischen Modalitätenlehre im Ausgang von Nicolai Hartmann, Pullach bei München 1961, S. 36. – Die Problematik des Hauerschen Komponierens ist auf ideengeschichtlichem Hintergrund zutreffend analysiert in: *W. Schulze*, Josef Matthias Hauer in der Sicht Ferdinand Ebners. In: Gegen den Traum vom Geist: Ferdinand Ebner. Beiträge zum Symposion Gablitz 1981. Hrsg. v. W. Methlagl, P. Kampitis [u.a.], Salzburg 1985, S. 46-69.

7 Vgl. *W. Neumaier*, Was ist ein Tonsystem? Eine historisch-systematische Theorie der abendländischen Tonsysteme, gegründet auf die antiken Theoretiker Aristoxenes, Eukleides und Ptolemaios, dargestellt mit Mitteln der modernen Algebra, Frankfurt/M.-Bern-New York 1986, S. 33.
8 Ebd., S. 125.
9 Ebd., S. 186 [Hervorh. E.S.].
10 Ebd., S. 187.
11 Ebd., S. 188.
12 Ebd.
13 Ebd., S. 45 [Hervorh. E.S.].
14 Ebd., S. 124 [Hervorh. E.S.] – Neumaiers Ausdrucksweise ist deswegen mißverständlich bzw. (in kennzeichnender Weise) undeutlich, weil sie suggeriert, als müßte der Oktave die Proportion 2:1 bzw. 1:2 erst von außen her durch einen dezisionistischen Setzungsakt 'zugeordnet' werden. Die Oktav *ist* indes vielmehr das Frequenzverhältnis 1:2 und erlaubt es, wenn man dieses Verhältnis nicht bloß mathematisch-numerisch, sondern im ontologischen Sinne als elementare Spannungs-Einheit interpretiert, die "Natur" des Musikalischen von ihrem Anfang her zu verstehen.
15 Ebd., S. 205.
16 Ebd., S. 191.
17 Ebd., S. 46.
18 Vgl. *Rudolph Berlinger*, Die Weltnatur des Menschen. Morphopoietische Metaphysik, Würzburg-Amsterdam 1988, S. 215: "Die gestaltlose Indifferenz selbst" [kann] "nicht Prinzip der Form sein und der Ungrund nicht zum Grund der Gestalt werden".
19 *W. Neumaier*, a.a.O., S. 46.
20 Ebd., S. 47.
21 Ebd., S. 124.
22 Vgl. *Herman Sabbe*, Karlheinz Stockhausen: ... wie die Zeit verging ... In: Musik-Konzepte. Bd. 19, München 1981, S. 5-96, Zitat S. 56.
23 Ebd., S. 43 [Kursive im Orig.].
24 *Kurt Honalka*, Vom Barock bis zur Gegenwart. In: Honalka (Hrsg.), Weltgeschichte der Musik, München-Zürich 1985, S. 223-606, Zitat S. 605.
25 Vgl. *Carl Dahlhaus*, Abkehr vom Materialdenken? In: Friedrich Hommel (Hrsg.), Algorithmus, Klang, Natur, Mainz 1984, S. 45-55, Zitat S. 54.
26 Ebd., S. 48. – Vgl. dazu auch *Heinz-Klaus Metzger*, John Cage oder: Die freigelassene Musik. In: Musik-Konzepte. Sonderband: John Cage, München 1978, S. 5-17.
27 *Alfred Baumgartner*, Musik des 20. Jahrhunderts, Salzburg 1985, S. 518.
28 Vgl. *Ulrich Dibelius*, Moderne Musik I, München 1985, S. 326.
29 Vgl. *Hermann Pfrogner*, Lebendige Tonwelt, München-Wien ²1981, S. 146.
30 So wird dies in einem ansonsten sehr resignativen Rückblick auf neueste Musikentwicklungen allen Ernstes von *Harry Halbreich* erhofft. Vgl. *ders.* Müde Helden, neue Hoffnung. In: Fr. Hommel (Hrsg.), Algorithmus, Klang, Natur, Mainz 1984, S. 56-59, Zitat S. 59.
31 Vgl. *Arnold Schönberg*, Stil und Gedanke. Aufsätze zur Musik, Frankfurt/M. 1976, S. 75.
32 Ebd. – Vgl. dazu auch *Hellmut Federhofer*, Neue Musik. Ein Literaturbericht, Tutzing 1977, S. 16, Anm. 12: "In seiner Schrift 'Musikalische Umweltverschmutzung', Wiesbaden 1975, S. 34, schreibt Peter Jona Korn, der in USA einige Zeit auch Schüler Schönbergs gewesen ist, daß dieser 'die Zwölftontechnik im letzten Abschnitt seins Lebens etwas defensiv als Privatlösung bezeichnete. Ein Vierteljahrhundert früher war sie freilich nicht weniger als eine Entdeckung gewesen, durch die Schönberg der deutschen Musik die Vorherrschaft für die nächsten hundert Jahre zu sichern glaubte, wie ein oft zitierter Ausspruch sinngemäß lautet'."
33 *Augustinus*' "Omne ... corpus, ut corpus sit, specie aliqua contineatur" (Div. quaest. 83, qu. 10) wäre musikologisch also umzuformen in ein 'Omnis sonus, ut sonus sit, proportione aliqua contineatur'. Vgl. dazu auch *Thomas von Aquin*, De ente et essentia, c. IV, § 60: "Impossibile est esse materiam sine aliqua forma"; ferner *Aristoteles*, De anim. gen. 4,2 [767 a. 16f.]: "Alles, was sich kunst- und natur-

gemäß entwickelt, verdankt sein Dasein einem bestimmten Verhältnis"; *Plotin*, En. VI, 6,3.2: "Alles, was Existenz hat und ist, ist damit schon durch Zahl erfaßt".

34 *Dieter Schnebel*, Denkbare Musik, Köln 1972, S. 352.

35 *Aristoteles* veranschaulicht diese Vollzugseinheit an einer Statue. Als Wesens-Konstituenten sind hier unterscheidbar: 1. das "an sich" noch relativ ungeformte, aber keineswegs nichts seiende Erz als 'Stoff', 2. die äußere Figur und die 'Form', welche der Statue Bestimmtheit verleiht, und 3. das 'aus beiden Verbundene', das 'Stoff' und 'Form' in distinkt-kompositiver Weise in sich ausmittelt (vgl. Metaph. VII, c. 3 [1029 a. 1-5]; De anima II,c. 1 [412 a.6-9]). *Josef Stallmach* kann demgemäß "Ursprung (Arche), Sinngestalt (Morphe) und Zielvollendung (Telos)" als Entfaltungsmomente der einen 'Entelecheia' entdecken (Dynamis und Energeia. Untersuchungen am Werk des Aristoteles zur Problemgeschichte von Möglichkeit und Wirklichkeit, Meisenheim 1959, S. 183). Vertiefende Erläuterungen hierzu bei *Heinrich Beck*, Der Akt-Charakter des Seins. Eine spekulative Weiterführung der Seinslehre Thomas v. Aquins aus einer Anregung durch das dialektische Prinzip Hegels, München 1965.

36 *Ferdinand Ebner*, Zum Problem der Sprache und des Wortes, 7. In: Ebner, Schriften Bd. 1, München 1963, S. 687 [Hervorh. E.S.].

37 *Eduard Hanslick*, Vom Musikalisch-Schönen, Leipzig 1854 [Repr. Darmstadt 1981], S. 32.

38 So kam es z.B. im Frankreich des 18. Jahrhunderts zu einer bezeichnenden Polarisation bzw. Konfrontation zwischen Jean-Jacques Rousseau und Jean-Philippe Rameau, wobei jener mehr der "natürlichen" Melodie, dieser aber mehr der "geistig" zu hörenden Polyphonie zuneigte (vgl. hierzu *Arnold Schering*, Vom Wesen der Musik, Stuttgart 1974, S. 152f.).

39 Vgl. *Fr. Nietzsche*, Von der Geburt der Tragödie aus dem Geiste der Musik § 1 [ed. K. Schlechta I, S. 21].

40 Ebd. § 21 [a.a.O., S. 120].

41 Ebd. § 20 [a.a.O., S. 113].

42 *Ders.*, Über Wahrheit und Lüge im außermoralischen Sinn § 2 [ed. K. Schlechta III, S. 321].

43 Vgl. ebd.

44 *Hellmuth Christian Wolff*, Ordnung und Gestalt. Die Musik von 1900-1950, Bonn-Bad Godesberg 1978, S. 21.

45 Ebd., S. 22.

46 Ebd., S. 21.

47 Hinsichtlich dieser Thomasischen Seins-Konzeption vgl. die 'Einführung' in E. Schadel (Hrsg.), Actualitas omnium actuum. Festschrift für H. Beck zum 60. Geb., Frankfurt/M.-Bern-New York-Paris 1989, S. 15-44.

48 Vgl. hierzu im einzelnen *Arnulf Rieber*, Trinitätsanalogie und ganzheitlicher Seinsbegriff. Ebd., S. 131-161.

49 *Werner Danckert*, Musik und Weltbild, Bonn-Bad Godesberg 1979, S. 435.

50 Ebd. – Vgl. hierzu auch die mythologische Erläuterung des damit verbundenen dialektischen Umschlagens ebd., S. 436: "... Stets unterwerfen sich die Licht- und Geistesmächte zuerst die Unterwelt der Elementargewalten, um sie späterhin abzuriegeln, das heißt: seelisch zu 'verdrängen'. So berichtet der Mythos. Aber in Zeiten, da der überformende, gespannte Kulturwille nachläßt, reißen sich die unterworfenen Elementardämonen los. Ihr Aufstand heißt Naturalismus. Die Möglichkeit unmittelbaren Umspringens von Logozentrik zu Naturalismus prägt Paul Valéry in die Formel: 'Rien ne mène plus vite à la barbarie que l'attachement exclusiv à l'esprit pur'".

51 Vgl. *Horst Seidl*, Der Begriff des Intellekts (νοῦς) bei Aristoteles, Meisenheim 1971, S. 172.

52 Da *Plotin* fürchtet, daß durch die Zweiheit von Erkennendem und Erkannten, die den 'Geist' kennzeichnet, die reine Einfachheit des originären 'Einen' getrübt werden könne (was freilich bei einer Interpretation desselben vermittels der reinen Relationalität nicht anzunehmen ist), ist es für ihn "unmöglich, daß der Geist das Erste ist" (En. VI, 9, 2.32f.). Im Plotinischen Emanationismus wird also vorausgesetzt, daß *jede* Vielheit per se schon "später" ist als das 'Eine', daß der 'Geist' *als* Zahl ein Aus-gegliedertsein aus dem 'Einen' (vgl. En. III, 8,9.1-5) und damit, wie jede Vielheit, einen "Abfall vom Einen" darstelle (vgl. En. VI,6,1.1). Im Gefolge einer solchen Auffassung des 'Einen' als

eines differenz- und geistlos Subsistierenden liegt es allerdings, daß – nach "Eliminierung" des zahlhaften 'Geistes' aus dem transzendenten Wirkgefüge von Seiendem – jenes 'Eine' der Formalursächlichkeit entbehrt und nicht mehr im eigentlichen Sinne als 'Archetyp' (En. VI,9,11.45: ἀρχέτυπος) verstanden werden kann. Damit aber ist – sicherlich *entgegen* der harmonistischen Grundtendenz des Plotinischen Denkens – aufgrund einer übermächtig werdenden theologia negativa dem analogen Wirklichkeitsverständnis die ontologische Legitimation entzogen und die dialektisch-antithetische Denkungsart vorbereitet. Plotin differenziert, wie es scheint, nicht hinreichend, daß seine Behauptung: "Alles, was auseinandertritt, tritt von seinem Selbst weg" (En. V,8,1.27f.) wohl auf raumzeitlich Prinzipiiertes anwendbar ist, nicht jedoch auf das sich selbst aktuierende Prinzip.

53 Vgl. *Augustinus*, De Trin. XV, 12,22.
54 Fassen wir – um die in Fußnote 52 angedeutete Konstitutionsproblematik weiterführend aufzuheben – die 'Idee' als zahlhaft-geistige *Selbst*-Differenzierung *innerhalb* des originären 'Einen', so bekommt es einen ontologisch prägnanten Sinn, wenn *Plotin* sagt: "Zu den sinnlichen Harmonien gehört es, von Zahlen gemessen zu werden, nicht jedoch in jedem beliebigen Verhältnis, sondern nur in demjenigen, welches dienlich ist zur Erzeugung der Idee" (En. I,6,3.31-33).
55 Vgl. *Aristoteles*, Metaph. I, 5 [986 a.1-3].
56 Dies kommt prägnant beim Pythagoreer *Philolaos* (5. Jh. v.) zum Ausdruck; für ihn gilt: "Erkenntnisspendend ist die Natur der Zahl und führend und lehrend für jeglichen in jeglichem, das ihm zweifelhaft oder unbekannt ist. Denn nichts von den Dingen wäre klar weder in ihrem Verhältnis zu sich noch zueinander, wenn die Zahl nicht wäre und ihr Wesen. Nun aber bringt diese innerhalb der Seele alle Dinge mit der Wahrnehmung in Einklang und macht sie dadurch erkennbar und einander entsprechend … Lug aber nimmt gar nicht die Natur der Zahl und der Harmonie in sich auf. Denn er ist ihnen nicht eigen" [Hermann Diels/Walter Kranz (Hrsgg.), Fragmente der Vorsokratiker. Bd. 1, Dublin-Zürich ^{13}1968, S. 409f.].
57 Vgl. *Aristoteles*, Metaph. I,6 [987 b.27f.].
58 *Ders.*, ebd. [987 b. 11f.].
59 Ebd. XIII,8 [1083 b.11f.].
60 Ebd. [1083 b.10].
61 Ebd. XIV,5 [1092 b. 8f.]. Diese Aristotelische Anfrage ist, wie es scheint, bis heute noch nicht hinreichend durchdiskutiert. Auch für zeitgenössische Physiker grenzt daher das Verhältnis zwischen Mathematik und Naturwissenschaft "ans Mysteriöse"; auffallend häufig sprechen sie vom 'Rätsel', ja sogar vom 'Wunder' dieser Bezogenheit. Vgl. hierzu *Erhard Scheibe*, Calculemus! Das Problem der Anwendung von Logik und Mathematik. In: Ingrid Marchlewitz (Hrsg.), Leibniz. Tradition und Aktualität. V. Internat. Leibniz-Kongreß, Hannover, 14.-19. Nov. 1988. Vorträge II, Hannover 1989, S. 340-349, bes. S. 346ff.
62 *Aristoteles*, Metaph. XIV, 5 [1092 a.22-25].
63 *Plotin*, En. VI,6,6.30-34.
64 *Ders.*, En. V,5,12.38.
65 Vgl. *Aristoteles*, De anima III,4 [429 a.27f.]: τόπος εἰδῶν.
66 Vgl. *Plotin*, En. I,8,2.21; entsprechend charakterisiert bereits *Aristoteles* (Metaph. XII,7 [1072 b.27]) den Selbstvollzug des Absoluten und Göttlichen als νοῦ ἐνέργεια. Vgl. dazu im einzelnen *Hans Joachim Krämer*, Der Ursprung der Geistmetaphysik. Untersuchungen zur Geschichte des Platonismus zwischen Platon und Plotin, Amsterdam ^{2}1967.
67 Vgl. *Platon*, Politeia VII,12 [531 b].
68 Ebd. [531 c].
69 Vgl. ebd. VII,13 [532 a].
70 Vgl. hierzu etwa *Werner Schulze*, Logos – Mesotes – Analogia. Zur Quaternität von Mathematik, Musik, Kosmologie und Staatslehre bei Platon. In: Schulze (Hrsg.), Festschrift für Rudolf Haase, Eisenstadt 1980, S. 107-180.
71 *Vittorio Hösle*, Zu Platons Philosophie der Zahlen und deren mathematischer und philosophischer Bedeutung. In: Theol. und Philos. 59 (1984) 321-355, Zitat 326.

72 Vgl. *Plotin*, En. VI,6,15.36. Entsprechend heißt es im Johannes-Prolog hinsichtlich des 'bei Gott' seienden 'Logos', daß "*durch* ihn" – und nicht: aus ihm – "alles geschaffen ist".

73 Vgl. z.B. *G.W.F. Hegel*, Grundlinien der Philosophie des Rechts, Frankfurt/M. 1975, S. 24: "Was vernünftig ist, das ist wirklich; und was wirklich ist, das ist vernünftig".

74 Vgl. *Julián Pacho*, Ontologie und Erkenntnistheorie. Eine Erörterung ihres Verhältnisses am Beispiel des Cartesianischen Systems, München 1980, S. 40; vgl. hierzu meine Rezension in: Zeitschr. für Religions- und Geistesgesch. 38 (1986) 375-376.

75 Vgl. *Irenäus von Lyon*, Adv. haereses I, c 1; II, c. 15-17; II, c. 20-25.

76 *Hans Vogt*, Neue Musik seit 1945, Stuttgart ³1980, S. 29.

77 Von dieser Methode berichtet *Diogenes Laertius* VIII, § 12; vgl. ferner *Aristeides Quintilianus*, Von der Musik, Berlin-Schöneberg 1937, S. 311: [Es wird überliefert,] "Pythagoras" [habe], "als er sich anschickte, aus dem Erdenleben abzuscheiden, seinen Jüngern ans Herz gelegt, das Monochord zu spielen (μονοχορδίζειν)". – Dazu: *Jan van der Maas*, Das Monochord als Instrument des Harmonikers, Bern 1985.

78 So ist in *Platons* Schilderung der 'Gigantomachie um das Sein' die 'materalistische' Auffassungsweise gekennzeichnet; vgl. Sophistes 246 b.1.

79 Vgl. ebd. 246 b.7 das ἄνωθεν, das die 'idealistische' Position charakterisiert.

80 Sokrates' Mäeutik realisiert also dasjenige, was im Sinne des Aristotelischen Philosophierens als 'entelechiale' Selbstentfaltung bezeichnet werden könnte. Sokrates verhindert m.a.W. den 'Chorismos' (die Abtrennung des Allgemeinen und Idealen gegenüber dem Realseienden) und erlangt dadurch *Aristoteles*' ausdrückliche Zustimmung; vgl. Metaph. XIII,4 [1078 b. 30-32]; XIII,9 [1086 a.35-b.5].

81 Vgl. hierzu z.B. *Vitruvius*, De architectura III, c. 1; IV, s.1; V, c.4.

82 *Hermann Koller*, Musik und Dichtung im alten Griechenland, Bern-München 1963, S. 182.

83 Vgl. hierzu im einzelnen *Peter J. Ammann*, The musical theory and philosophy of Robert Fludd. In: Journ. of the Warburg and Courtauld Institutes 30 (1967) 198-227; weitere Literatur zu Robert Fludd in: *Wilhelm Totok*, Handbuch der Gesch. der Philosophie. III, Frankfurt/M. 1980, S. 486f.

84 Zur Tradition dieser Idee vgl. *Hans Schavernoch*, Die Harmonie der Sphären, Freiburg-München 1981.

85 Vgl. hierzu *Georg Nádor*, Die heuristische Rolle des Harmoniebegriffs bei Kepler. In: Studium generale 19 (1966) 555-558; ferner *Rudolf Haase*, Keplers Weltharmonik heute, Ahlerstedt 1989.

86 Vgl. hierzu *Dieter Brünn*, Moderner Pythagoreismus zwischen Idealismus und Empirismus. Harmonikale Weltauffassung bei Hans Kayser und Rudolf Haase, Philosoph. Magisterarb. Univ. Bamberg 1984. – Die oben gemachten methodologischen Überlegungen haben nicht *nur* musikologische Bedeutsamkeit; sie lassen sich auch auf andere Bereiche, die eine analoge Problemkontur aufweisen, übertragen. In der Ethik z.B. exponieren sich die beiden Extreme des apriostischen Formalpurismus (Kants Pflichtethik) und des erlebnishaften Materialpurismus (Schelers Wertethik). Auch hier liegt, wie es scheint, die Wahrheit in der 'Mitte' als dem ausgleichenden 'Dritten'. Hinsichtlich des Konzepts einer solch integrativen Ethik vgl. neuerdings *Peter Koslowski*, Prinzipien einer Ethischen Ökonomie, Tübingen 1988.

87 *Augustinus*, De musica VI, 17,59 ('Conclusio operis'): "Sermonem ... nostrum ... si qui legunt, sciant multo infirmioribus haec esse scripta, quam sunt illi qui unius summi Dei consubstantialem Trinitatem, ex quo, per quem, in quo omnia, ... venerantur".

88 Vgl. *ders.*, Div. quaest. 83, qu. 18 ('De Trinitate'): "Causam ..." [universae creaturae] "trinam esse oportet, qua *sit*, qua *hoc* sit, qua *sibi amica* sit". Denn: "Omne quod est, aliud est *quo constat*, aliud *quo discernitur*, aliud *quo congruit*" (ebd.). Vgl. auch oben Anmerkung 35.

89 *Ders.*, De lib. arbitrio II, 16,42: "Intuere caelum et terram et mare, et quaecumque in eis vel desuper fulgent vel deorsum repunt vel volant vel natant! Formas habent, quia numeros habent: adime illis haec, nihil erunt". – Vgl. *ders.*, De genesi ad litt. IV,3,7: "Numerus omni rei speciem praebet".

90 *Ders.*, De lib. arbitrio II, 16,42: "Omnium quidem formarum corporearum artifices homines in arte habent numeros, quibus coaptant opera sua. Et tamdiu manus atque instrumenta in fabricando movent, donec illud quod formatur foris, ad eam quae intus est lucem numerorum relatum, quantum potest impetret absolutionem ... Quaere deinde artificis ipsius membra quis movet; numerus erit ... Et si

detrahas de manibus opus et de animo intentionem fabricandi, motusque ille membrorum ad delectationem referatur, saltatio vocabitur. Quaere ergo quid in saltatione delectet; respondebit tibi numerus: Ecce sum. Inspice iam pulchritudinem formati corporis: numeri tenentur in loco. Inspice pulchritudinem mobilitatis in corpore: numeri versantur in tempore. Intra ad artem unde isti procedunt. Quaere in ea tempus et locum; numquam erit, nusquam erit. Vivit in ea tamen numerus".

91 Ebd.: "Transcende ergo animum artificis, ut numerum sempiternum videas". Ähnlich *ders.*, De musica VI,9,23: "Conemur ... numeros judiciales transcendere". Vgl. hierzu *Adolf Nowak*, Die numeri judiciales des Augustinus und ihre musiktheoretische Bedeutung. In: Archiv für Musikwiss. 32 (1975) 196-207.

92 Vgl. *Augustinus*, De genesi ad litt. IV,4,9: "Numerus sine numero est, quo formantur omnia". Dabei ist allerdings zu beachten: "Magnum paucisque concessum ... excedere omnia quae numerari possunt, ut videatur numerus sine numero" (ebd. IV,3,8).

93 In diesem Sinne interpretiert *Augustinus* (ebd. IV,3,7) den Bibelvers "Omnia in mensura et numero et pondere disposuisti" (Sap. XI,21). Zur Tradition dieser Auslegung, die sich über mittelalterliche Autoren, über Nicolaus Cusanus und J. A. Comenius bis hin zu Franz v. Baader verfolgen läßt, vgl. *E. Schadel* (Hrsg.), Bibliotheca Trinitariorum. Bd. II, München-New York-London-Paris 1988, S. 58. Der neuplatonische Hintergrund der Augustinischen Zahlenspekulation wird beleuchtet in: *Werner Beierwaltes*, Augustins Interpretation von 'Sapientia 11,21'. In: Rev. des études augustiniennes 15 (1969) 51-61; vgl. auch *C. Harrison*, Measure, number and weight in St. Augustine's aesthetics. In: Augustinianum 28 (1988) 591-602; ansonsten: *Beda Venerabilis*, Quaestiones super Genesim [PL 93, Sp. 238D-239A]: "*Discipulus*: ... Si omnia in numero et mensura et pondere Deus disponuit, ipsum numerum et mensuram et pondus ubi disposuit? *Magister*: Numerus et mensura et pondus ipse est Deus. Ipse est enim numerus sine numero, a quo est omnis numerus; ipse est mensura sine mensura, a quo est omnis mensura; ipse est pondus sine pondere, a quo est omne pondus ... Non ... accedit Deo aliqua nova cogitatio ad formandam creaturam, proinde omnia in se Trinitas Deus disposuit, quia in se cuncta habuit quae fecit".

94 Vgl. *Augustinus*, De civ. Dei V,9,4.

95 *Ders.*, De musica VI, 17,56: "Numerus ... ab *uno* incipit, et *aequalitate* ac similitudine pulcher est, et *ordine* copulatur". Hinsichtlich einer historischen und systematischen Entfaltung dieser Zahlauffassung vgl. *W. Beierwaltes*, Aequalitas numerosa. Zu Augustins Begriff des Schönen. In: Wiss. und Weisheit 38 (1975) 140-157. – Daß Augustinus' triadisches Zahlenverständnis in engster innerer Verbundenheit zu seinem trinitarischen Gottesverständnis zu sehen ist, zeigt sich in De doctr. christ. I,5,5; hier heißt es: "In Patre" [est] "*unitas*, in Filio *aequalitas*, in Spiritu Sancto unitatis aequalitatisque *concordia*". Eben dieser Deus trinus wird auch als '*auctor*', '*formator*' und '*ordinator*' alles Seienden umschrieben (vgl. De lib. arbitrio III, 21, 60); etwas emphatischer heißt es von ihm, er sei "summa *origo* ... et perfectissima *pulchritudo* [!] et beatissima *delectatio*" (De Trin. VI, 10,21). Dem entspricht sachlich die Transzendentalientriade '*modus*', '*species*', '*ordo*' (vgl. De natura boni c. III).

96 Hinsichtlich dieser im Sein selbst sich vollziehenden Wende vom Schönen zum Guten vgl. *H. Beck*, Der Akt-Charakter des Seins, a.a.O. [Anm. 35], S. 197; ferner *Carl Feckes*, Die Harmonie des Seins, Paderborn-Zürich 1937 (bes. S. 17-30); *Josef Tscholl*, Gott und das Schöne beim hl. Augustinus, Heverlee-Leuven 1967 (S. 136-142: Belegstellen zu den trinitarischen Appropriationen aus ästhetischer Sicht).

97 Vgl. *Augustinus*, De musica I, 12,20: "In ternario numero quandam esse perfectionem vides, quia totus est; habet enim *principium, medium et finem*". Der hier genannte Ternar findet sich bereits bei *Aristoteles*, der (De coelo I,1 [268 a. 10-13]) berichtet: "Die Pythagoreer sagen, daß alles ... von der Drei begrenzt wird. Denn Ende, Mitte und Anfang haben die Zahl des Ganzen; dies aber ist die Triade". Aber auch schon bei den Orphikern heißt es: "Die Gottheit hält Anfang und Ende und Mitte von allem" [H. Diels/W. Kranz, Die Fragmente der Vorsokratiker. Bd. 1, Berlin [6]1951, S. 8]. Von *Platon* aus (vgl. etwa: Parmenides 145a-b) verläuft die Tradition dieses Ternars über den Neuplatonismus – über Proklos, Dionysius Areopagita, Eriugena – bis zu Cusanus hin; vgl. hierzu *Rudolf Haubst*, Das Bild des Einen und Dreieinen Gottes in der Welt nach Nikolaus von Kues, Trier 1952, bes. S. 86-92;

speziell zur Proklischen Interpretation: *W. Beierwaltes*, Proklos. Grundzüge seiner Metaphysik, Frankfurt/M. ²1979, S. 72-89. – *G. W. F. Hegel* erklärt hinsichtlich der genannten Aristoteles-Stelle: "Was vollkommen ist oder was Realität hat, hat es in der Dreiheit: Anfang, Mitte und Ende. Das Prinzip ist das Einfache, die Mitte sein Anderswerden (Dyas, Gegensatz), die Einheit (Geist) das Ende: Rückkehr seines Andersseins in die Einheit" (Vorl. über Gesch. der Philos. I, Frankfurt/M. 1971, S. 253f.). Damit ist sicherlich die in der Trias liegende Vollendungsbewegung ausgedrückt. Verständnisschwierigkeiten ergeben sich allerdings hinsichtlich des Hegelschen 'Mitte'-Verständnisses. Denn Mitte als 'Anderswerden' kann gemäß den vorangehenden Überlegungen keineswegs eine inhaltliche oder zahlenmäßige Differenz gegenüber dem Ursprung, den sie repräsentiert, bedeuten. Da jedoch der einfache Seins-Ursprung, wie Hegel zu Beginn seiner 'Logik' herausstellt, mit dem Nichts "identisch" sein soll, hat das anfänglich 'Eine' unter diesen Bedingungen freilich nichts, was es vermitteln oder mit-teilen könnte. D.h. m.a.W.: Solange die reine Relationalität nicht mit völliger Klarheit innerhalb der Prinzipienbewegung erfahren und erfaßt wird, muß dialektisches 'Anderswerden' als dezisionistische Ab-setzung vom ungründigen Nichts bzw. als in sich gebrochene Mitte, welche keine wahrhaft Voll-endung erlaubt, interpretiert werden.

98 So sagt etwa *Alanus ab Insulis* in seinem Sermo de Trinitate: "In hac Trinitate est unitas sine confusione, pluralitas sine diversitate, differentia sine contradictione" [Alain de Lille. Textes inédits. Publ. par Marie-Thérèse d'Alverny, Paris 1965, S. 252-262, Zitat S. 257].

99 Vgl. ebd., S. 255: "Haec est ... Trinitas numerus quasi supercelestis, *numerus numerans*, non numerus numeratus" [Hervorh. E.S.]. Zum 'numerus numerans' vgl. *Aristoteles*, Physik IV, 11 [219 b.6f.]; dazu auch *Plotin*, En. V, 5, 4.11-14.

100 Vgl. *Cassiodorus*, Institutiones 1. II, c. V ('De musica'), § 11: "Geometrizat ..., si fas est dicere, sancta Trinitas, quando creaturis suis, quas hodieque fecit existere, diversas species formulasque concedit; quando cursus stellarum potentia veneranda distribuit, et statutis lineis facit currere quae moventur certaque sede quae sunt fixa constituit" [ed. R.A.B. Mynors, Oxford 1963, S. 150]. Zu der damit angesprochenen harmonikalen Tradition vgl. im einzelnen *Friedrich Ohly*, Deus geometra. Skizzen zur Geschichte einer Vorstellung von Gott. In: Norbert Kamp/Joachim Wollasch (Hrsgg.), Tradition als historische Kraft, Berlin-New York 1982, S. 1-42.

REZENSIONEN

Triadische Theomorphie versus monistische Technomorphie. Die Welt als Gleichnis des dreieinigen Gottes (C. Kaliba) – Redundanz gegen Reduktion?

I. Hinführung

Mit der Neuauflage von Kalibas Buch "Die Welt als Gleichnis des dreieinigen Gottes"[1], erstmals 1952 erschienen, hat sich Heinrich Beck auf ein schwieriges Terrain begeben. Allein der Titel wird manchen Kritiker veranlassen, Occams Rasiermesser zu wetzen in der Erwartung einen kräftigen "Bart der Metaphysik" abschneiden zu können. Denn die scientific community hat sich eher an eine glattrasierte Welt gewöhnt, vom Typus "Alles ist Oberfläche. Die Welt hat keine Tiefe"[2] (Otto Neurath). In einer so verstandenen Welt wird das Phänomen des Lebendigen bisweilen auf "molekulare Maschinenbaukunst"[3] und der Mensch selbst auf eine "Überlebensmaschine für egoistische Gene"[4] reduziert. Gewiß, das sind Extreme, aber mit den Folgen reduktionistischer Weltinterpretation wird unsere technische Zivilisation nachhaltig konfrontiert. Wenn verlangt wird, daß "metaphysisch fühlende Menschen ihre theoretischen Neigungen unterdrücken sollen"[5], darf man sich nicht wundern, daß dieses Denkverbot, das praktisch ein Berufsverbot für Theologen darstellt, Folgen hat. Der Zulauf vor allem vieler junger Menschen zu Sekten und esoterischen Zirkeln spricht für sich selbst. Nun wird gewiß eingewandt werden, daß mit einem Werk wie dem Kalibas, vom Titel her keiner dieser jungen Menschen gewonnen werden kann. Damit wird man sicherlich recht behalten. Der Wert des Werkes Kalibas liegt jedoch in seiner spekulativen Kraft, die wie die Glut unter der Asche einer antiquiert anmutenden Weise zu philosophieren verborgen ist. Kaliba unternimmt es von der "Oberfläche der Welt" her, Höhen und Tiefen zu erschließen, Felder also, deren philosophische Bestellung von gewissen Kreisen als "obsolet"[6] angesehen wird. Die Hochkonjunktur von Jugendreligionen zeigt aber, daß diese Felder deshalb nicht brach liegen bleiben, sondern vielmehr von einer irrationalen Ratio bewirtschaftet werden[7], statt von einer Ratio des Irrationalen[8], was eine eminent philosophische Aufgabe ist. Das Verdikt Wittgensteins "Worüber man nichts sagen kann, soll man schweigen" ist der Tod jeder spekulativen Philosophie. Die Fragen nach Grund, Sinn und Ziel dieser Welt verlangen so sehr zum Ausdruck im Menschen, daß buchstäblich "die Steine[9] anfangen zu reden" (Lk 19,40), wenn man diese Fragen apodiktisch verbietet.

Eine spekulative Philosophie wird notwendigerweise immer redundant erscheinen. Diese Redundanz ist aber immer noch einer reduktiven Weltsicht vorzuziehen, die uns Umwelt- und Sinnkrise beschert haben. Darauf weist sogar ein Mann wie Konrad Lorenz in seinem Buch "Der Abbau des Menschlichen" hin, der ganz gewiß nicht im Ruf eines spekulativen Denkers steht: "Wer an einen Gott glaubt – und sei es an den eifersüchtigen, mit den Eigenschaften eines jähzornigen Stammeshäuptlings ausgestatteten Gott Abrahams –, weiß immerhin mehr über den Kosmos als jeder ontologische Reduktionist."[10]

Der Wert des Werkes von Kaliba liegt allerdings philosophisch nicht in seiner theologischen Darstellung christlichen Welt und Gottesverständnisses, sondern vor allem in seiner spekulativen Kraft, das eindimensionale technomorphe Wirklichkeitsverständnis weiter Teile der gegenwärtigen scientific community aufzubrechen. Denn allein schon aus heuristischen Gründen müßte ein Denkmodell, das vom ontologisch vollständigsten Seienden (dem Menschen)[11] seinen Ausgang nimmt und – in philosophischer Sicht – hypothetisch ein Suprahumanes als Maß ansetzt, weiterführen, als ein Denkmodell, das bloß an einem Artefakt (unserer technisch-mechanistisch begriffenen Welt), und damit an einem Subhumanen Maß nimmt. Mit diesem subhumanen Maß maßt man sich dann an, den im eigentlichen Sinne nichttechnischen, humanen Geist zu verstehen.[12]

Für Kaliba ist nun allerdings das Suprahumane nicht bloß ein heuristischer Begriff, sondern geoffenbarte Wahrheit. Der nicht religiöse, aber spekulativ aufgeschlossene Skeptiker braucht ja so weit nicht mitzugehen und wird wenigstens heuristisch Pluspunkte für dieses redundant erscheinende in seiner inneren Struktur triadischen Modells gegenüber dem reduktiven monistisch-materialistischen ausmachen können. Nun könnte weiter eingewandt werden, weder ein suprahumanes noch ein subhumanes, sondern ein humanes sei das angemessenste Maß die Wirklichkeit zu verstehen. Aber auch dieses Maß greift insoweit

159

zu kurz, wenn es nicht beachtet, daß zum Phänomen des Menschlichen eben gehört, daß es sich immer schon übersteigt. Werden aber Aussagen über die Wirklichkeit als ganze gemacht, so gilt es den weitesten Horizont zu wählen. Der mögliche menschliche Erfahrungsbereich (über den Bereich der kontrollierten Erfahrung der Naturwissenschaften hinaus) darf keine Einschränkung erfahren. Es ist leichter vom weitesten Horizont, quasi von einer Adlerperspektive her Eingrenzungen vorzunehmen oder Abstriche zu machen, als von einem zu eng gewählten Horizont her, quasi aus der Froschperspektive Neuland zu sichten. Der Bereich der kontrollierten Erfahrung, wie ihn die Naturwissenschaften kennen, ist für das Unterfangen Kalibas jedenfalls zu eng gefaßt.

II. Dasein – Sein zwischen Noch-nicht- und Nicht-mehr-Sein

Kaliba beginnt mit einer Spekulation über das Dasein in der Zeit, wobei er unter Dasein allerdings nur ein bloßes An-wesen zu verstehen scheint: das pure *daß*, nicht unterschieden nach dem *was* des Seienden, jedoch mit der Mächtigkeit begabt ein 'Mehr' von bloßem An-wesen und Vorhandensein hervorbringen zu können. Die herausstechende Eigenschaft dieses Daseins ist, daß es hinfällig ist: "Das Jetzt ist der Pulsschlag des Daseins" (S. 13), schreibt Kaliba, es <das Jetzt> "zeigt eine eigentümliche Enge des Daseins an, auf Grund deren es seiner selbst nicht mit einem Male und zur Gänze teilhaftig wird. Es ist im Kerne irgendwie Möglichkeit, die sich verwirklicht, ihr Wirklichsein aber nicht festzuhalten vermag" … Das Dasein ist "im Grunde nicht seine eigene Wirklichkeit, sondern die Wirklichkeit eines anderen, das seiner selbst mächtig ist" (S. 14). Das Dasein kann sich also nicht selbst im Sein halten, von Jetzt zu Jetzt droht es im Nichtsein zu versinken. Das ist offensichtlich. Zu unserer Erfahrung gehört, daß Seiendes zwischen Nicht-gewesen-sein und Nicht-mehr-sein-werden gehalten ist. Wenn man nun Von-jetzt-zu-jetzt-sein mit Kaliba – alles zeitlich Seiende betreffend – Dasein nennt, dann wird offensichtlich, daß dieses Dasein seiner selbst nicht mächtig ist und die Frage nach dem Grund dieses Von-jetzt-zu-jetzt-seins auftaucht. Kaliba gibt die Antwort: "Das Dasein gründet im Sein, das Sein ist die Wirklichkeit des Daseins" (S. 14).

Exkurs

D.h. das Dasein gründet in etwas, das nicht diesem Von-jetzt-zu-jetzt-sein unterworfen ist, das mehr als das bloße Ist im einzelnen Seienden ist, sondern das Ist in allem Seienden. Das Sein ist in dem Sinne wirk-lich, als es das Ist des einzelnen Seienden in der Zeit be-wirkt, aber selbst nicht in die Zeit eintritt und von uns daher nicht sinnlich erfaßt werden kann. Es ist für unsere Wahrnehmung wie ein Feuer, von dem wir nur den Rauch sehen. Kritiker werden Kaliba entgegenhalten, etwas Rauch zu nennen, ohne je beobachtet zu haben, daß Rauch eine Wirkung von Feuer ist. Hier treffen wir den spekulativen Kern der Konzeption Kalibas. Er schließt in einem Analogieschluß, daß alles, was sich in der Zeit zeigt, eine Ursache hat, also nicht Wirkung ohne Ursache ist, sondern wie alles, was uns in der lebensweltlichen Erfahrung begegnet, letztlich seinen Grund nicht in sich selbst hat. So gesehen ist dann Kaliba gar nicht mehr exklusiv spekulativ. Denn es stehen zwei Spekulationen einander gegenüber. Die andere Spekulation behauptet nämlich letztlich, es gäbe eine Wirkung – im zur Debatte stehenden Falle das Seiende – ohne Ursache –, was bezogen auf unsere lebensweltliche Erfahrung ebenfalls spekulativ ist. So gesehen ist jede Ontologie notwendig spekulativ und bewegt sich zwischen der Scylla der Redundanz und der Charybdis der Reduktion. Sinn dieser Zeilen ist es also, das Für und Wider einer in diesem Falle zur Redundanz neigenden Ontologie zu prüfen.

Kaliba nennt das Dasein das 1. Selbst des Seins (S. 27) bzw. eine erste Selbstverwirklichung des Seins, in dem Sinne, daß durch das Dasein etwas in Erscheinung tritt, das nicht in dieser vollends aufgeht, sondern durch sein Sich-nicht-auf-Dauer-in-dieser-Erscheinung-halten-können darauf hinweist, daß es sich hier im Dasein um die Erscheinung, nach Kaliba um das Selbst, eines im eigentlichen Sinne eben nicht zum Erscheinen kommenden, unterhalb der Erfahrungsschwelle Liegenden handelt.

III. Bewußtsein und Ichsein – Sein in der Weise des Wissens und Sich-Wissens

Nach dieser denkerischen Erschließung des Seins von der Kontingenz des Daseins her, glaubt Kaliba noch zwei weitere Selbstheiten unterscheiden zu können, das Bewußtsein und das Ichsein als 2. und 3.

Selbst des Seins. Die Tatsache, daß offenbar Gestalten des Daseins Entitäten desselben intern abzubilden vermögen, bewegt Kaliba dazu ein 2. Selbst des Seins anzunehmen. Evolutionsgeschichtlich – oder mit Heidegger gesprochen "seinsgeschichtlich" – ist ebengenannte Fähigkeit nicht gleichursprünglich mit dem Dasein entstanden, sondern später in neuen Gestalten hinzugekommen, die die bisher als Selbstheit fixierte Wesenheit des Daseins transzendiert. Da das Dasein mit dieser Fähigkeit ursprünglich nicht in Erscheinung trat und es sich als kontingentes Sein erweist, rechnet Kaliba diese neue Fähigkeit die mit bestimmten Gestalten des Daseins auftritt, dieses aber selbst übersteigen, einer – nochmals mit Heidegger gesprochen – "Schickung des Seins" zu: "Das Bewußtsein ist das zweite Selbst des Seins. Es ist eine Grundbeziehung des Seins zu sich selbst, durch die das Sein seiner mächtig wird in der Weise des Wissens" (S. 31). Zu ergänzen ist allerdings, nicht in der Weise des Sich-wissens. Auch hier kann evolutionsbzw. seinsgeschichtlich festgestellt werden, daß Bewußtsein ursprünglich nicht schon in der Weise des Sich-wissens aufgetreten ist. Erst im Auftreten des Ichseins wird diese Qualität erreicht. Sie ist identisch mit Teilhards Auftreten des "phénomène humaine". Kaliba charakterisiert das Ichsein nicht explizit als menschliches Phänomen, beschreibt Ichsein aber auch nicht im Rahmen einer Kosmologie bzw. Anthropologie, sondern im Rahmen einer Ontologie, ja einer Ontotheologie. Denn die das Ichsein auszeichnende Fähigkeit des Sich-wissens schreibt Kaliba einer "Schöpfung" des Seins zu, ja er nennt es sogar den "schöpferischen Abschluß des Seins" (S. 37). Doch was sich hier weiß, ist nicht wie man meinen könnte, das Sein, sondern das "endliche Ich" (S. 37): Das endliche Ichsein "weiß auch nicht durch sein Ichsein die unendliche Wirklichkeit des Seins, sondern muß sich auf anderes Seiende beziehen, um sich als wissendes Wesen zu vollenden" (S. 37). Richtiger müßte es heißen, es kann anderes Seiendes nicht in der Weise des Ichseins durchdringen. Das "Guckloch in das Innere der Materie"[13] betrifft nur das eigene Ichsein, nicht Dasein, Bewußtsein und Ichsein anderer Gestalten des Seienden.

Wenn Kaliba an anderer Stelle schreibt: "Während das Sein sich als Dasein überhaupt nicht weiß, als Bewußtsein sich zwar weiß, aber als Sein in seinem Wissen untergeht, weiß sich das Sein als Ichsein als das Seiende, das es ist" (S. 36) – dann kann hier Sein nur als in Ichsein zerstückelt, verstanden werden, denn in mir denkt nicht es (das Sein), sondern ich denke. Das Sein selbst besitzt damit keine personale Ich-Qualität, sondern ist eine unpersonale Mächtigkeit, aus der Dasein, Bewußtsein und Ichsein zwar hervorgehen, aber nicht in der Weise des Ichseins personal durchdrungen werden können. Diese Fähigkeit behält Kaliba dem reinen göttlichen Sein vor: "Während das endliche Ichsein vom Dasein und Bewußtsein verschieden ist, durchdringt das göttliche Ichsein die unendliche Wirklichkeit seines Seins und weiß sich durch sein Sein als Ichsein" (S. 37). Auch hier sind mit Sein nicht die eben beschriebenen Formen endlichen Seins gemeint, sondern was hier durchdrungen wird, ist die trinitarische Struktur des göttlichen Seins.

IV. Das reine Sein – die Vollendung von Dasein, Bewußtsein und Ichsein

Im zweiten Teil des Buches stellt Kaliba diese trinitarische Struktur als Geoffenbarte dar. Das reine göttliche Sein ist das vollendete Sein, das sich in jeder Weise seiner trinitarischen Struktur durchdringt und seiner absolut mächtig ist. Ichsein ist hier keine Zerstückelung mehr des Seins, sondern seine höchste Vollendung. In der Weise des Ichseins besitzt und weiß sich das göttliche Sein in seinem ganzen Wesen. Das endliche Sein stellt Kaliba als ein Abbild dieses vollendeten göttlichen Seins dar. Insofern ist das Werk Kalibas eine fundamentale Ausfaltung des Gedankens Gustav Siewerths "Das Sein als Gleichnis Gottes"[14].

Weil Kaliba selbst den dritten Teil als den eigentlichen Teil seines Buchs deklariert hat, soll nun dieser 2. Teil nach dieser Kurzskizze übersprungen werden und sich dem letzten Teil zugewandt werden.

V. Daseinswelt, Bewußtseinswelt, Geisteswelt

Im dritten Teil seines Buches beschreibt Kaliba nun die Welt, wie sie ihm im Lichte der göttlichen Offenbarung erscheint. Insbesondere dieser hermeneutische Standpunkt erweckt den Verdacht der Redundanz, weil er von einer Theomorphie der Welt ausgeht, was nicht mehr und nicht weniger heißt, daß empirisch ein Sachverhalt behauptet wird, der transempirisch (aus der Offenbarung) deduziert worden ist, also durch Erfahrung nicht gedeckt ist. Die eingangs von Lorenz zitierte Bemerkung zeigt jedoch, daß eine in der

Weise redundant erscheinende Weltsicht, auch von hartgesottenen Empirikern Anerkennung erfährt, wenn sie das Welt- und Naturganze plausibler zu erklären vermag als eine reduktive Sicht. Umgekehrt muß sich eine technomorphe Deutung der Welt daher den Vorwurf der Reduktion gefallen lassen. Eine redundant erscheinende Sicht ist allerdings einer reduktiven insofern immer überlegen, da sie sich wie eine Hypothese als unangemessen erweisen kann und für Abstriche offen ist, während eine reduktive Weltsicht in ihrem Sichern konservierend wirkt, indem sie nur kontrollierte Erfahrung zuläßt. Erfahrungen, die singulär sind oder transempirische, aber rationale Spekulationen, die das herrschende Paradigma sprengen würden, werden ausgegrenzt. Während also Theomorphie von einem technomorphen Ansatz her schon per definitionem ausgeschlossen bleibt, braucht der technische Asepkt der Welt in einem theozentrischenWeltbild nicht bestritten zu werden. Kaliba versucht ihn sogar innerhalb seiner Hermeneutik zu begreifen.

Entsprechend der dreifachen Selbstheit des Seins teilt Kaliba die Welt in Daseinswelt, Bewußtseinswelt und Geisteswelt ein. Insbesondere in der Daseinswelt, im Bereich der "toten Materie", setzt Kaliba sich mit dem technischen Aspekt der Wirklichkeit auseinander, wobei sich zeigt, daß die physikalischen Phänomene Schwerkraft, Licht und Energie von Kaliba nicht in ihrem funktional-kausalen Zusammenhang ausgewählt und dargestellt werden, sondern ganz aus der Absicht heraus gewählt worden sind, eine trinitarische Theomorphie in der Physik zu entdecken. Kernphysikalisch ergibt es nämlich keinen Sinn, eine Triade Schwerkraft, Licht und Energie zu bilden, weil Schwerkraft und Licht physikalisch differentia specifica von Energie sind und so die Triade aus einem Oberbegriff mit zwein seiner Unterbegriffe besteht und somit nicht als echte Triade angesehen werden kann. Das Interesse Kalibas ist jedoch kein kernphysikalisches. Kernphysik gehört für ihn – um einen Begriff Portmanns zu gebrauchen – zur "Betriebsstruktur" der Wirklichkeit. Kaliba will jedoch Aussagen über die "Erscheinungsstruktur" der Wirklichkeit machen.

Exkurs

Und diese Erscheinungsstruktur ist für ihn theomorph. Zwischen Betriebs- und Erscheinungsstruktur besteht eine teleologische Beziehung. Die erstere dient der zweiten. Anders gewendet heißt dies, daß etwa die 15 Gesichtsmuskeln zur Betriebsstruktur unserer Mimik gehören. Die Gesichtsmuskeln sind sozusagen die "technische Ausrüstung" dafür, daß wir lachen können. Kontraktionen und Retraktionen sowie Kombinationen derselben bewirken Lachen, Weinen, Wut, Trauer, Zorn. Letztere sind dann das, was durch unsere Mimik erscheint. Sie sind Nachrichten an der Peripherie unseres Leibes aus dem Kern unserer Person. Die "Betriebsstruktur" unserer Gesichtsmuskeln, überhaupt unser Leib, steht im Dienst eines erst durch sie ins Erscheinen kommenden. Sie unterrichten über die Stimmungslage. Das ungegenständlich Geistige unserer Person äußert sich etwa durch die Kapillarität und Durchblutung unserer Haut und durch Gesichtsrötung als Scham oder Freude, bzw. umgekehrt Erbleichen zeigt Angst. Unser Blutkreislauf jagt also nicht ziellos durch den Körper oder Muskeln bewegen sich ebenfalls nicht chaotisch auf dem Gesichtsskelett, sondern stehen im Dienst des Personkerns, der so für alle sichtbar meldet, was er fühlt und empfindet. Wenn nun von einer "Erscheinungsstruktur" der Wirklichkeit gesprochen wird, so ist damit in analoger Weise die eben skizzierte teleologische Beziehung von Betriebs- und Erscheinungsstruktur in unserem Psychophysikum gemeint. Übertragen auf die außermenschliche Wirklichkeit "durchscheint" Gott seine Schöpfung wie unsere Person unseren Körper im wahrsten Sinne des Wortes ein personare des Leibes durch den Geist ist.

Mit Schwerkraft, Licht und Energie meint Kaliba denn auch etwas ganz anderes als die Worte gewöhnlich bezeichnen. Schwerkraft, Licht und Energie sind vielleicht nicht gerade glückliche Bezeichnungen für die Betriebsstruktur, was als Erscheinungsstruktur sich wie folgt darstellt:

Schwerkraft steht für Masse, Raum und Materie (122). Gemeint ist also alles, was raum- und materiehaft, ausgedehnt ist, sich als res extensa repräsentiert, oder anders gewendet all das, dessen "Bild" in einem Subjekt zu erscheinen vermag.

Licht steht für das "schöpferische Bildvermögen" (123) der Materie, worunter Kaliba Sensibilität und schließlich Intelligibilität der Welt schlechthin meint, nämlich die Eigenschaft "Bild" in einem Subjekt werden zu können.

Energie schließlich steht für die Potenz der Materie, Gestalten aus sich herauszutreiben. Kaliba nennt es das "Strebevermögen der Materie" (129).

Diese ungewöhnliche Terminologie und Sicht der Dinge wird dem Buch sicherlich schwerlich Freunde gewinnen. Was Kaliba also hier in der "toten Materie" zu entdecken vermeint, ist Materie mit dem Phänomenbereich "Schwerkraft" in seiner *passiv-objektiven* Struktur. Materie, verstanden unter dem Phänomenbereich "Licht" dagegen ist die *aktiv-objektive* Struktur derselben, d.h. Kaliba begreift Materie schon in sich auf Vernehmbarkeit hin strukturiert: Sie erwartet nicht passiv den An-blick der Erkenntnissubjekte, sondern wird zum Medium des Bewußtseins (vgl. S. 29). An dieser Stelle wird auch ersichtlich, daß die Konzeption Kalibas als eine realistische verstanden werden will: Licht ist der Ausdruck für die Vernehmbarkeit des materiellen Daseins im Bewußtsein. Eine idealistische Konzeption braucht den Terminus Licht als Medium nicht, weil erst im Bewußtsein Wirklichkeit entsteht. Erscheinen ist damit keine reine Bewußtseinskategorie, sondern schon eine Botschaft des *objektiv* Seienden selbst an das mit Bewußtsein begabte *subjektiv* Seiende. Energie steht schließlich für die Dynamik und Wirkkraft der Materie, für ihre physikalischen und chemischen Kräfte, aber auch für die Kraft, die die Gestalten des Lebendigen aus ihr heraustreibt. "Licht" ist somit nicht bloßes physisches Ereignis mit Wellen- und Korpuskelcharakter – was als seine Betriebsstruktur zu charakterisieren wäre. Licht steht vor allen Dingen für die Erscheinungsstruktur der Wirklichkeit, mittels der sie sich "ins Bild setzt". Die Worte "Es werde Licht" des Schöpfungsberichtes hat der Kolumnist des Figaro André Frossard in diesem Sinne gedeutet: "Es soll die Welt verständlich werden. Es sollen die Dinge ein Bild ihrer selbst aussenden und sagen, was sie sind, damit man sie begreifen und lieben könne!"[15]

Während die tote Materie von Kaliba als erste Grundgestalt des Daseinsgrundes angesehen wird (S. 135), tritt in der Pflanze die zweite Grundgestalt hervor, die Kaliba als erstes Subjekt des Weltganzen bezeichnet. Die Pflanze folgt einem doppelten Gesetz, dem Gesetz der eigenen Selbstgestaltung und dem Gesetz der toten Materie. Es gibt nur *eine* tote Materie, die ihr ganzes Aktfeld (in Gestalt der Naturgesetze) beherrscht (S. 136), nicht so das Lebendige, das nicht sein ganzes Aktfeld beherrscht. Es ist zugleich res extensa und res intensa. Die Naturgesetze seines res-extensa-Seins, setzen dem Lebendigen den Bedingungsrahmen, innerhalb dessen es sich zu entfalten vermag. Dennoch vermag es Materie umzugestalten. Das Lebendige verwandelt die Materie in die eigene Körpermasse und -form und trotzt ihr einen Innenhorizont ab, was überhaupt das Wesen des Lebendigen am meisten ausmacht[16]. In diesem Raum kann dann Freiheit wachsen, die in der Lebensform des Menschen ihren höchsten materiegebundenen Ausdruck findet. Kaliba macht aber auch auf die unterschiedlichen Gestaltungskräfte der lebenden und toten Materie aufmerksam: "Während das Bildvermögen der toten Materie aus dem Geiste der Geometrie gestaltet, bildet das Lebewesen den Reichtum seiner Gestalten aus dem Geiste der Kunst" (S. 149)[17].

Mit dieser komplexeren Strukturierung der Gestalt des Lebewesens geht die Entstehung eines Innenhorizonts der Materie einher. Die Daseinswelt erfährt eine Abbildung in lebenden Subjekten, vergleichbar damit, wie sich dieWelt in Regentropfen spiegelt. Bewußtseinswelt ist damit etwas, was die Daseinswelt transzendiert und kein Teil derselben ist. Kaliba unterteilt sie in das objektive Weltbewußtsein und das subjektive Selbstbewußtsein (S. 165): "Wie die Daseinswelt sich in die eine objektive Materie und die Vielheit der Lebenssubjekte unterscheidet, so unterscheidet sich die Bewußtseinswelt in das eine objektive Weltbewußtsein und die Vielheit der Bewußtseinssubjekte ..." (S. 165). Das objektive Weltbewußtsein darf jedoch nicht noch einmal als ein quasi Über-Subjekt verstanden werden. Es besitzt "kein Empfinden und Bewußthaben eines Subjektes" (S. 165). Es ist dies eine sehr eigenwillige Konzeption Kalibas, die praktisch identisch ist mit "Licht" aus dem ersten Teil des Buches. Gemeint ist damit offenbar, daß Wirklichkeit nicht diskret, nominalistisch bzw. positivistisch existiert, zerstückelt in Einzelobjekte und Subjekte und daß erst das menschliche Bewußtsein Ähnlichkeiten, Klassen und Arten erkennt und Beziehung stiftet, sondern daß Wirklichkeit mit einem Feldbegriff zu fassen ist, einen Beziehungsraum darstellt. Die Einzelsubjekte korrespondieren mittels ihrer Sinne mit dem objektiven Weltbewußtsein. Die Sinne "liegen an der Grenzscheide zwischen objektivem Weltbewußtsein und dem subjektiven Selbstbewußtsein". Sie sind "deren verbindende Mitte" (S. 165). Das objektive Weltbewußtsein ist die Erscheinungsweise der Weltgegenstände in ihrem Beziehungsgefüge, wie sie lebendigen Subjekten begegnen. Erscheinen ist damit zugleich ein realer und idealer Begriff: Mit dem objektiven Weltbewußtsein ist das

"Offenbarwerden des Gegenstandes" (S. 168) gemeint, insoweit es nicht dem einzelnen Subjekt zugeschrieben werden kann, sondern insoweit es allen wahrnehmenden Subjekten gemeinsam zuteil wird (vgl. S. 168)[18]. Erst das Erleben der Erscheinung eines Weltgegenstandes in seinen Beziehungen ist diskret und kommt allein einem Subjekt zu. Erkennen ist somit kein rein subjektives Geschehen, ein Wort des Verstandes an die Dinge, sondern umgekehrt auch ein Wort der Dinge an den Verstand. Mit dem Auftreten des Lebendigen ist jedoch nicht nur die Darstellung der Daseinswelt im Bild als eine Transzendierung derselben erreicht worden. Im Lebendigen ist durch das Gefühl[19] eine weitere Qualität aufgetreten, die die Daseinswelt übersteigt.

Das Rezeptionsvermögen bzw. das passive Bildvermögen ohne Gefühl wäre etwa der Abbildung eines Gegenstandes auf einem lichtempfindlichen Film in einer Kamera zu vergleichen. Mit dem Gefühl erhalten die Dinge der Welt in einem Lebendigen einen Stimmungston[20]. Die Welt wird farbig, duftend, klingend und schmackhaft mit den entsprechenden negativen Konnotationen. Damit ist die Bewußtseinswelt, die in ihrer differentia specifica zur Daseinswelt durch das Auftreten des Lebendigen gekennzeichnet ist, bestimmt.

In einem letzten Teil beschreibt Kaliba die Geisteswelt. Hierher gehören für Kaliba der Mensch, der Engel und das Gottesreich. Bestimmt ist die Geisteswelt durch das Auftreten von personaler Innerlichkeit. Es gilt alles, was über das Ichsein gesagt worden ist. Mensch, Engel und Gott sind drei Weisen des Ichseins. Der Mensch ist in dieser Hinsicht "die geschichtliche Gestalt des Geistes. Die Geschichtlichkeit des Menschen ist darin begründet, daß das Menschengeschlecht eine Folge von Generationen bildet, deren jede ihr Erbe der vorausgehenden übernimmt und weiterführt. Dem gegenüber kann ein Geistesreich gedacht werden, das mit einem Male alle Unterschiede vollendet, die zu seinem Wesen gehören ... Daß ein solches Reich tatsächlich begründet wurde, wird uns durch die göttliche Offenbarung bezeugt" (S. 221) Kaliba meint damit die Engel. Die Engel sind somit ein logisches Glied in Kalibas Sicht der Wirklichkeit. Sie sind das Verbindungsglied zwischen Mensch und Gott in der Geisteswelt. Der Mensch als das Wesen, das als kontingentes Geistwesen um seine Vollendung ringt und sie verfehlen kann, der Engel dagegen das kontingente Geistwesen, das von seinem Ursprung her schon als Geistwesen vollendet ist und folglich weder eine Generationenfolge noch Lebensaltersstufen kennt. Gott schließlich ist das nichtkontingente Geistwesen schlechthin, das keinem Wandel und keiner Kontingenz unterworfen ist. Er ist seiner ganz mächtig. Im reinen göttlichen Sein werden im Unterschied zum Sein das göttliche Dasein und Bewußtsein in der Weise des Ichseins durchdrungen. Demgegenüber ist das Sein zerspalten in Dasein, Bewußtsein und Ichsein. Das Dasein wird zwar vom Sein in der Wirklichkeit gehalten und im Bewußtsein abgebildet. Dasein und Bewußtsein werden jedoch vom Sein nicht in der Weise des Ichseins durchwirklicht. Das heißt, weder die Gehaltenheit im Sein noch die Abbildung im Bewußtsein werden vom Sein subjekthaft in der Weise des Ichseins erfahren. Ein Ichsein des Seins gibt es nicht. Nur im Ichsein des endlichen Geistes wird Sein gleichsam zerstückelt als sich selbst wissendes Sein erfahren. Nur der endliche Geist vermag in der Weise des Ichseins sein begrenztes Sein zu erfahren. Was über sein begrenztes Sein hinausgeht, erfährt er nur als fremdes, nicht als eigenes Sein, durchwirklicht erfährt er nur, was ihm in den Zäunen des eigenen Ichseins begegnet. Demgegenüber durchdringt der dreifaltige Gott sein Dasein und Bewußtsein unbegrenzt in der Weise des Ichseins.

Der Mensch ist damit nach Kaliba insofern theomorph, als er im Dasein geschöpflich die Wirkmächtigkeit des Vaters besitzt, im Bewußtsein geschöpflich die Erkenntniskraft des Sohnes und im Ichsein geschöpflich die Durchwirklichung des eigenen Seins des Geistes besitzt. In bezug auf das Sein als Ganzes ist der Mensch die geschöpfliche Verwirklichung des göttlichen Ichseins, akzentuiert in der dritten Person; das Dasein der toten Materie ist die geschöpfliche Verwirklichung des göttlichen Daseins, akzentuiert in der Wirkmächtigkeit des Vaters und das Bewußtsein der lebendigen Materie die geschöpfliche Verwirklichung des ursprünglichen Bildvermögens bzw. Erkenntnisvermögens des Sohnes.

VI. Schluß

Durchwirklichung des eigenen Seins im Gestimmtsein[21], die Gestalten aus sich heraustreibende Kraft der toten Materie und das Bildvermögen der lebenden Materie sind in dieser Dreiheit kein Thema der modernen Naturtheorie, die sich gar nicht mehr darum bemüht, Naturontologie zu sein. Die moderne Evolutionstheorie hat die Aufgabe der Naturontologie übernommen und die genannten drei Akte (Wirkakt, Erkenntnisakt, Stimmungsakt) auf einen reduziert, nämlich den Wirklichkeit schaffenden Akt. Die evolutionäre Erkenntnistheorie hat den Erkenntnisakt auf den Wirklichkeitsakt reduziert[22] und die Tatsache, daß Lebewesen gestimmt sind, findet keine Beachtung. Das hat Heidegger wohl gemeint, als dessen Schüler sich Kaliba bezeichnet, wenn er schreibt: "Das Dasein begann in eine Welt hineinzugleiten, die ohne jene Tiefe war, aus der jeweils das Wesentliche auf den Menschen zu- und zurückkommt, ihn so zur Überlegenheit zwingt und aus einem Rang heraus handeln läßt. Alle Dinge gerieten auf dieselbe Ebene, auf eine Fläche, die einem blinden Spiegel gleicht, der nicht mehr spiegelt, nichts mehr zurückwirft. Die vorherrschende Dimension wurde die der Ausdehnung und der Zahl."[23] Kein Wunder, daß die Welt immer mehr sinnleer und sinnlos geworden ist, wenn der Mensch sein Weltverstehen aus einer Hermeneutik seiner Artefakte herleitet und nicht mehr zu verstehen sucht aus dem Grund, der die Welt und ihn selbst mit allen seinen Artefakten hervor gebracht hat. Die Neuauflage von Kalibas Buch ist ein mutiger Versuch, Weisen des Weltverstehens wieder zu beleben, die nach wie vor einer Beachtung wert sind.

Helmut Müller

Anmerkungen

1 Kaliba, Clemens: Die Welt als Gleichnis des dreieinigen Gottes. Entwurf zu einer trinitarischen Ontologie. Mit einem Vorwort zum Neudruck von Heinrich Beck. In: Schriften zur Triadik und Ontodynamik, Band 4, Hg. v. Heinrich Beck, Frankfurt/Bern/New York/Paris 1991.
2 Wiedergabe in Popper, K. R. / Eccles, J. C.: Das Ich und sein Gehirn, München/Zürich ^{3}1984, S. 215, Anm. 1.
3 Nach einem von Manfred Eigen mitgeteilten Ausspruch Sidney Brenners "It's all engineering, molecular engineering", in: Eigen Manfred: Das Spiel. Naturgesetze steuern den Zufall. München/Zürich ^{5}1983, S. 188.
4 Vgl. dazu: Dawkins, Richard: Das egoistische Gen. Berlin 1978.
5 Schulz, Walter: Philosophie in der veränderten Welt. Pfullingen ^{4}1980, S. 35.
6 So Willy Hochkeppel in der Feuilleton-Beilage der Süddeutschen Zeitung vom 18./19./20.5.91 in einem Beitrag anläßlich des 100. Geburtstages von Rudolf Carnap, in dem Hochkeppel sinnigerweise zugibt, daß die "Söhne" der reduktionistischen Philosophie Carnaps, den "versprochenen Schatz im Weinberg des Vaters nicht fanden, denn es gab keinen". Alles in allem ein bemerkenswertes Eingeständnis der Unfruchtbarkeit analytischer Philosophie in ontologischer Hinsicht.
7 Vgl. dazu von Hans Jörg Hemminger: Die Rückkehr der Zauberer. New Age. Eine Kritik. Reinbek 1987. Hemminger beschreibt darin Tendenzen in unserer heutigen Gesellschaft, die von der Moderne längst überwunden schienen, nun aber fröhliche Urständ feiern.
8 Nicht nur New Age Apostel, Astrologen, Kartenleger und Psychosekten haben Hochkonjunktur, auch seriöse kirchliche Autoren wie Josef Sudbrack (Christliche Mystik) und eugen Drewermann, die neue Wege gehen und sich zudem wie der letztere mit ihrer Kirche überworfen haben, finden große Anhängerschaften bis hinein in Schichten des konservativen Kirchenvolkes.
9 Anders gewendet Kaffeesatz, Pendel und Kristallkugeln.
10 Lorenz, Konrad: Der Abbau des Menschlichen. München ^{2}1983, S. 284.
11 Vgl. dazu: Jonas, Hans: Organismus und Freiheit. Göttingen 1973: "Vielleicht ist in einem richtig verstandenen Sinne der Mensch doch das Maß aller Dinge – nicht zwar durch die Gesetzgebung seiner Vernunft, aber durch das Paradigma seiner psychophysischen Totalität, die das Maximum uns bekannter, konkreter ontologischer Vollständigkeit darstellt, von dem aus die Klassen des Seins durch fortschreitende ontologische Abzüge bis zum Minimum der bloßen Elementar-Materie reduktiv bestimmt werden (anstatt daß die vollständigste von dieser Basis her durch kumulative Hinzusetzung aufgebaut wird)." S. 39.
12 Vgl. dazu Hilary Putnams Rede vom Organismus als "probabilistischem Automaten" in: Mind, Language and Reality. Philosophical Papers. Vol. 2, Cambridge 1975, S. 433ff.

13 Jonas, a.a.O., S. 142.
14 Siewerth, Gustav: Das Sein als Gleichnis Gottes. Heidelberg 1958.
15 Frossard, André: Es gibt eine andere Welt. Freiburg/Basel/Wien ²1977, S. 78.
16 Vgl. dazu Plessner, Helmuth: Die Stufen des Organischen und der Mensch. Einleitung in die philosophische Anthropologie. Berlin/New York ³1975, insbesondere S. 99-105.
17 Vgl. dazu Portmann, Adolf: Die Tiergestalt, Studien über die Bedeutung der tierischen Erscheinung. Freiburg ²1965. Was Kaliba hier in seiner schwer verständlichen kryptischen Sprache beschreibt, dem hat der britische Astrophysiker John D. Barrow sein neuestes Buch gewidmet, in dem er die These vertritt, daß Naturgesetze überhaupt primär ästhetisch sind und erst sekundär mathematisch. (Vgl. dazu Barrow, John D.: The World within the World. Oxford: Clarendon Press 1988).
18 Kaliba meint hier wohl kein ontisches Gegebensein im Sinne von Uexkülls Umwelttheorie, in der ein Baum einem Fuchs, einem Menschen oder einem Vogel je verschieden gegeben ist, sondern ein grundsätzliches ontologisches Erschlossensein von Welt für Sinnenwesen überhaupt.
19 Vgl. Whiteheads Begriff des "feeling" in Prozeß und Realität, der dasselbe meint, wobei Whitehead "feeling" aber als eine durchgängige Bestimmung der Wirklichkeit ansieht. Angefangen bei Quantenobjekten bis hin zu Gott.
20 Vgl. zum Begriff Stimmung Adolf Portmann: Das Tier als soziales Wesen. Frankfurt 1978. S. 172-203.
21 Vgl. dazu Heideggers Ausführungen über Stimmung und Befindlichkeit.
22 Vgl. dazu das Kapitel: Vom Regelkreis zum Denken, in: Riedl, Rupert: Die Strategie der Genesis. München ⁷1989, S. 195-220.
23 Heidegger, Martin: Einführung in die Metaphysik. Tübingen ⁴1976, S. 35.

KATHARINA COMOTH, Quasi Perfectum. Subjektivität im Umkreis der Trinität (Beiträge zur Philosophie: Neue Folge) Carl Winter Universitätsverlag Heidelberg 1992, 49 Seiten, DM 18,--

Die Verfasserin geht in ihrer Arbeit von der geometrisch-triadischen "Idee des Dreiecks" in der Antike aus, um die christliche Trinität darzustellen: Wenn zwei Dinge oder Bestimmungen einem Dritten gleich sind, so sind sie untereinander gleich. Diese Erkenntnis ist bei den Kirchenvätern zum Symbolon geworden: Das Allgemeine muß danach notwendig als dreieinig gedacht werden. Im Bick auf diese antike Logik spricht Thomas v. Aquin von der "perfectio der Dreizahl". Hegel findet bei Thomas zwar "gründliche metaphysische Gedanken", allerdings "entzieht sich der metaphysische Begriff Gottes als Dreieinigkeit der Vorstellung" und läßt sich nicht fassen, auch wenn sich die Trinität arithmetisch darstellen läßt.

Das bedeutet aber, daß die Frage nach der (biblischen) Herkunft der Trinität offen bleiben muß. Auch wenn man Origenes' Johanneskommentar bemüht, in dem es zu Joh. 4,23f. heißt: Weil der Nus zur Anbetung des Pneuma bedürfe, "scheint der Heilige Geist zu seiner Hypóstasis den Dienst des Sohnes zu benötigen" (S. 29.32), läßt sich weder die Homousie noch die Pneumatologie logisch bzw. exegetisch begründen.

P. Gerlitz

Unseren verstorbenen Mitgliedern bewahren wir ein ehrendes Andenken:

Donna Albahary, Freiburg i.Br.
Hans Ferber, Manolzweiler
Pater Cyrill Graf Korvin Krasinski, Kloster Maria Laach
N. Luitse, Den Haag, Niederlande
Manfred Lurker, Bühl
Anna Ute Reichert, Köln
Rosa Schweighardt, Kreuth/Tegernsee

BIOGRAPHISCHE UND BIBLIOGRAPHISCHE NOTIZEN

HEINRICH BECK, geb. 1929, o. Professor an der Universität Bamberg, Honorarprofessor an den Universitäten Paris, Salzburg, Rom, Madrid, Buenos Aires. Aus seinen zahlreichen Veröffentlichungen: Möglichkeit und Notwendigkeit. Eine Entfaltung der ontologischen Modalitätenlehre im Ausgang von Nicolai Hartmann, Pullach b. München 1961; Der Akt-Charakter des Seins. Eine spekulative Weiterführung der Seinslehre Thomas v. Aquins aus einer Anregung durch das dialektische Prinzip Hegels, München 1965; Anthropologie und Ethik der Sexualität (zus. mit A. Rieber), München/Salzburg 1982; Anthropologischer Zugang zum Glauben. Eine rationale Meditation, München/Salzburg ^{2}1982; Natürliche Theologie. Grundriß philosophischer Gotteserkenntnis, München/Salzburg ^{2}1988; Ek-in-sistenz: Positionen und Transformationen der Existenzphilosophie, Frankfurt/M., Bern u.a. 1989.

Anschrift: Eisgrube 1, 96049 Bamberg

OTTO BETZ, bis 1985 Professor für allgemeine Erziehungswissenschaft und Religionspädagogik an der Universität Hamburg. Aus seinen zahlreichen Veröffentlichungen: Elementare Symbole. Zur tieferen Wahrnehmung des Lebens, Freiburg i.Br. 1987 (als Herder-Taschenbuch 1992); Das Geheimnis der Zahlen, Stuttgart 1989; Der Leib als sichtbare Seele, Stuttgart 1991; In geheimnisvoller Ordnung. Urformen und Symbole des Lebens, München 1992; Bettine und Arnim. Briefe der Freundschaft und Liebe (zus. mit Veronika Straub), Frankfurt/M. 1986/87; Perlenlied und Thomasevangelium. Texte aus der Frühzeit des Christentums (zus. mit Tim Schramm), Zürich 1985 (3. Aufl. in Vorbereitung).

Anschrift: Karrenbergstraße 4, 86470 Thannhausen

INGEBORG CLARUS, Dr. med., geb. 1917; Fachärztin für Psychiatrie, Lehranalytikerin und Dozentin an der Stuttgarter Akademie für Tiefenpsychologie, Gastdozentin am C. G. Jung-Institut Stuttgart. Wissenschaftl. Schwerpunkte: Ägyptische, griechische und keltische Mythologien, Märchenforschung. Veröffentlichungen: "Du stirbst, damit du lebst". Ägyptische Mythologie in tiefenpsychologischer Sicht, Fellbach 1979; Odysseus und Ödipus, Fellbach 1986; Keltische Mythen. Der Mensch und seine Anderswelt, Olten 1991; zahlreiche Beiträge in der Zeitschrift für Analytische Psychologie.

Anschrift: Leibnizstraße 31 B, 70193 Stuttgart

NIKOLITSA GEORGOPOULOU-NIKOLAKAKOU, Dr. theol. (Athen), Dr. phil. habil. (Bamberg), o. Professorin für Philosophie an der Universität Athen. Wissenschaftl. Schwerpunkte: Altgriechische Philosophie, philosophische Ethik. Veröffentlichungen: Das Naturrecht. Das philosophische Verständnis des Göttlichen in der altgriechischen Philosophie, Athen 1985; Der platonische Mythos von Diotima, Athen 1989; Die Ethik der Katharsis bei Plotin, Athen 1991.

Anschrift: Makrygianni 23, 15772 Zographos, Athen

HERMANN JUNG, Prof. Dr. phil., geb. 1943, studierte Schulmusik, Germanistik und Musikwissenschaft in Heidelberg; Wissenschaftlicher Assistent am Musikwissenschaftlichen Seminar der Universität Heidelberg, Studienrat am Gymnasium Weinheim/Bergstraße, seit 1983 Professor für Musikwissenschaft an der Staatlichen Hochschule für Musik Heidelberg-Mannheim, seit 1989 Prorektor.

Veröffentlichungen, u.a.: Die Pastorale. Studien zur Geschichte eines musikalischen Topos, 1980; Zur Phänomenologie musikalischer Symbole, 1981; Textscopus und poetische Idee. Zur Problematik des Verstehens sprachgebundner Musik, 1985; Schütz und Monteverdi, 1986; Nacht und Musik, 1988; Zahlen und Zahlensymbolik in der Musik, 1988; Idylle und Utopie. G. Fr. Händel und die Pastoraltradition, 1989; Zeichen und Symbol. Bestandsaufnahme und interdisziplinäre Perspektiven, 1991; Ein vollendeter Torso. Zur Rezeption von Mozarts Missa in c KV 427, 1993.

Mitherausgeber der Bibliographie zur Symbolik, Ikonographie und Mythologie (BSIM), seit 1982.

Anschrift: Richard-Lenel-Weg 3, 69151 Neckargemünd

EMMANUEL XIPOLITAS KENNEDY, geb. 1952 auf der Insel Kalymnos, Griechenland; Psychotherapeut in Zürich und Gommiswald, Schweiz. Studium der Humanwissenschaft am Hunter College der New York University, USA. Promotion zum Dr. phil. in Psychologie, Universität Innsbruck; Thema der Dissertation: "Archetypische Erfahrungen in der Nähe des Todes: Ein Vergleich zwischen 'Todeserlebnissen' und 'Todesträumen'" (1975-1981).

Klinischer Psychologe und Psychotherapeut in der psychiatrischen Klinik im Luftwaffenspital Athen, Griechenland (1981-83). Analytische Ausbildung für das Erwachsenen- und Kinderprogramm im C. G. JUNG-Institut, Küsnacht, Schweiz. Thema der Diplomarbeit: "The Alchemy of Death: An Analysis of Dreams concerning the Psychic Origin of Death" (1983-1988).

Anschrift: Speerstraße 26, CH-8738 Uetliburg SG

ERNST THOMAS REIMBOLD, geb. 1907, Dr. jur., Dr. phil., Syndikus. Besuch der Bildhauerklasse der Kölner Werkschule und der stattlichen Kunstakademie Berlin, Meisterschüler der Düsseldorfer Kunstakademie. Wissenschaftliche Schwerpunkte: Symbolforschung, vergleichende Religionswissenschaft, Philosophie, Psychologie. Von 1970 bis 1984 Vorsitz in der Gesellschaft für wissenschaftliche Symbolforschung; Herausgeber des Symbolon in neuer Folge, Bände 1-8. Veröffentlichungen: Die Nacht im Mythos, Kultus, Volksglauben und in transpersonaler Erfahrung, Köln 1970; Die Brücke als Symbol, in: NF Symbolon 1, 1972; Geistliche Seelenlust. Ein Beitrag zur barocken Bildmeditation: Hugo Hermann, Pia desideria, Antwerpen 1624, in: NF Symbolon 4; Der Pfau. Mythologie und Symbolik, München 1983.

Anschrift: Hauptstraße 1, 50996 Köln-Rodenkirchen

ERWIN SCHADEL, Dr. phil., geb. 1946, seit 1980 an der Universität Bamberg am Lehrstuhl für Philosophie I, Akad. Oberrat; Studium in Erlangen und Würzburg (Klassische Philologie, Theologie und Philosophie). 1975 Promotion mit einem Kommentar zu Augustinus' "De magistro"; 1977-79 Mitarbeiter am DFG-Projekt "Wilhelm Totok, Handbuch der Geschichte der Philosophie" (Bd. 3: Renaissance, Bd. 4: 17. Jahrhundert). Leiter des DFG-Projektes "Bibliotheca Trinitariorum" (Bd. I: Autorenverzeichnis, München-New York, 1984; Bd. II: Register und Ergänzungsliste, ebd. 1988).

Veröffentlichungen über sprachphilosophische, musikologisch-harmonikale, modalanalytische und vor allem trinitätsmetaphysische Probleme, z.B. Tonale Musik als Trinitätssymbol. Einführung in die harmonikale Metaphysik 1993.

Herausgeber: Origenes, Die griechisch erhaltenen Jeremiahomilien (dt.), Stuttgart 1980; Johann Amos Comenius, Antisozinianische Schriften (lat.), Vol. 1.2, Hildesheim-New York 1983; Pforte der Dinge (dt.), Hamburg 1989. Actualitas omnium actuum. Festschrift für H. Beck zum 60. Geb., Frankfurt/M.-Bern-New York-Paris 1989.

Anschrift: Sandstraße 10, 91080 Spardorf.

Anschrift des Herausgebers: Dr. theol. Dr. phil. habil. Peter Gerlitz, Privatdozent, Bgm.-Martin-Donandt-Platz 7, 27568 Bremerhaven (Tel. 0471-43287)

Symbolik von Weg und Reise
Herausgegeben von Paul Michel

Bern, Berlin, Frankfurt/M., New York, Paris, Wien, 1992. XV, 336 S., Abb.
Schriften zur Symbolforschung. Bd. 8
ISBN 3-906750-33-7
br. DM 87.--

Wegsymbolik verwenden wir überall. Viele Wörter der Alltagssprache enthalten (oft verblaßte) Weg-Metaphern: *Erfahrung – grenzüberschreitend – dies ist mir unzugänglich – abwegig – unentwegt – Fortschritt – bahnbrechend – vorübergehend – vorläufig – Auf- oder Abstieg? – verstiegen – wegweisend – jemanden nicht über den Weg trauen – eine Sache gerät in Bewegung – die Zeit vergeht – wer den Satzungen nicht folgt, begeht ein Vergehen – da bis du aber auf dem Holzweg* – usw. Vom 18. bis 20. April 1991 fand in Zürich das 9. Kolloquium der Schweizerischen Gesellschaft für Symbolforschung mit dem Thema "Symbolik von Weg und Reise" statt. Die in diesem Band in überarbeiteter Form abgedruckte Referate-Reihe wurde um die Aufsätze von St. Deeg, B. Fassbind, K. Horn und M. Hutter ergänzt. *Thomas Fleischauer:* Zum Bild des Weges in der Literatur des Antiken Griechenland – *Felix Mathys:* Gott und Mensch auf dem Weg. Einige Hinweise zur hebräischen Bibel, ausgehend von Jes. 55,9 – *Karl H. Henking:* Zum Motiv des Weges im Buddhismus – *Niklaus Largier:* Aufstieg und Abstieg. Zur Metapher des Weges bei Rudolf von Biberach, Meister Eckhart und Johannes Tauler – *Andreas Beriger:* Die Wegmetapher in den Autobiographien von Johannes Butzbach und Ignatius von Loyola – *Ursula Ganz-Blättler:* Unterwegs nach Jerusalem: die Pilgerfahrt als Denkabenteuer – *Maria Hutter:* John Bunyan, "Die Pilgerreise nach dem Berge Zion" – *Barbara Haab:* Weg und Wandlung: Ethnologische Feldforschung zur Spiritualität heutiger Jakobs-Pilger und -Pilgerinnen – *Stefan Deeg:* Das Eigene und das Andere. Strategien der Fremddarstellung in Reiseberichten – *Günther Kapfhammer:* Ahasver. Studien zur Sage über den Ewigen Juden – *Katalin Horn:* Das Bild der Brücke in Märchen und Sage – *Ueli Gyr:* Sightseeing, Shopping, Souvenirs und Spezialitäten: Symbole und Symbolkonsum in massentouristischer Sicht – *Allen Reddick:* The Way Inward; or, Swift's Knife – *Bernard Fassbind:* "Es gibt ein Ziel, aber keinen Weg": Zum Motiv des Weges bei Franz Kafka – *Peter Seidmann:* Weg und Fahrt im Traum – *Rens J.P. van Loon:* Way Symbolism in Personal Life, Illustrated and Explained from a Taoist Perspective – *Hermann Levin Goldschmidt:* Weg – Richtung – Gericht.

Verlag Peter Lang Frankfurt a.M. · Berlin · Bern · New York · Paris · Wien
Auslieferung: Verlag Peter Lang AG, Jupiterstr. 15, CH-3000 Bern 15
Telefon (004131) 9411122, Telefax (004131) 9411131
- Preisänderungen vorbehalten -